현대생활과 경제학

현대생활과 경제학

조 윤 기

한국학술정보㈜

머리말

우리는 매일 수많은 경제문제에 직면하면서 살고 있습니다. 현대사회에서 생활하는 우리의 삶 그 자체가 경제활동이라고 할 수 있지요. 따라서 개별 경제주체들의 합리적인 의사결정과 경제원리를 공부하는 경제학이야말로 우리의 생활과 가장 밀접한 학문이라고 할 수 있을 것입니다. 하지만 경제학은 딱딱하고 어려운 학문으로 인식되어 일반인뿐만 아니라 경제학을 전공하는 학생들마저 흥미를 잃어온 것도 사실입니다.

저자는 대학에서 강의하면서 경제학이 결코 어렵고 딱딱한 학문이 아니라 정말로 재미있고 현실생활에 유용한 살아있는 학문임을 알리고 싶었습니다. 감사하게도 1년 동안 연구에만 전념할 수 있는 시간이 주어졌습니다. 결국 저자는 일상생활에서 접하게 되는 주요 경제이론괴 개념만을 선별하여 이를 현실과 접목시키는 차별화된 책을 집필하기로 용기를 내었습니다.

이 책을 집필하는 과정에서 저자가 역점을 두었던 점들은 다음과 같습니다. 첫째, 경제학 전공자들에게나 필요한 복잡한 수식이나 그래프 등은 과감히 제외하고 우리가 현실에서 접할 수 있는 경제이론과 개념만을 선별하여 독자들이 이해하기 쉽도록 이야기형식으로 설명하고자 했습니다.

둘째, 현실경제를 이해하는 데 꼭 필요하다고 판단되는 경제학의 기본이론들만을 간추려 소개하면서도 경제학의 기본체계를 유지하고자 노력했습니다. 책을 제1편과 제2편으로 나누고 '제1편 시장경제의 이해' 부분에서는 수요와 공급 이론을, 그리고 '제2편 국가경제의 이해'부분에서는 수요와 공급 이론을 국민경제로 확장시킨 총수요 총공급 이론을 중심적으로 다룸으로써 전체적으로 경제학 교재의 일관성을 유지하도록 하였습니다.

셋째, 중요한 경제 원리와 개념을 현실과 연결하는데 많은 노력을 하였습니다. 기초 이론들을 현실생활에 응용할 수 있도록 각 단원마다 공부한 이론과 관련된 신문기사내용을 '생활경제뉴스'라는 이름으로 가능한 많이 소개하고자 했습니다. 이를 통해 쉽고 재미있게 경제원리를 이해하고 습득할 수 있을 것이며 강의 중에는 학생들과의 토론이 가능하리라 생각합니다.

또한 각 장의 마지막에는 그 장의 핵심적인 내용들을 간단히 요약하여 공부한 내용을 다시 한번 정리할 수 있도록 하였습니다.

언제나 처음이 그렇듯 저자도 충분한 시간을 갖고 기존의 서적들과는 분명히 차별화된 책을 만들겠다는 의욕을 갖고 집필을 시작하였습니다. 그러나 집필이 완료된 시점에서 돌이켜보니 원래의 의도가 충분히 달성되었는지는 자신할 수 없습니다. 아무래도 저자의 학문적 역량이나 표현력 부족을 인정해야 할 것 같습니다. 다만 독자들이 경제학에 흥미를 느끼고 현실경제를 이해하는데 이 책이 조금이마 도움이 되기를 간절히 바라며 부족한 부분에 대해서는 독자 여러분들의 질책과 이해를 기다릴 뿐입니다.

마지막으로 저자는 항상 자식걱정에 노심초사하고 계신 부모님의 헌신적인 사랑에 감사를 드리며, 언제나 옆에서 웃는 얼굴로 함께 하고 있는 가족들에게도 고마운 마음을 전하고 싶습니다.

2006년 10월

조 윤 기

목 차

●● 제1편 시장경제의 이해

표 목차

그림 목차

제1장 경제문제와 경제학

1. 경제란?

우리는 아침에 일어나서부터 저녁에 잠자리에 들 때까지 수많은 재화나 용역을 생산하고 소비하게 됩니다. 이처럼 재화와 용역을 생산하고 분배하고 소비하는 일체의 행위를 경제행위라고 합니다. 그리고 경제행위가 반복되어 일정한 사회질서를 형성할 때 그것을 경제라고 합니다.

경제는 그 포괄범위에 따라 여러 가지로 구분됩니다. 개인이나 가정단위로 이루어진 경제를 가정경제 혹은 가계라고 하고 지역적으로 이루어지는 경제를 지역경제, 국가적으로 이루어지는 경제를 국가경제 혹은 국민경제라고 합니다. 또한 한 국민경제가 다른 국민경제와 교류를 가질 때 그 국민경제를 개방경제(open economy)라고 하고 다른 경제와 교류를 가지지 않을 때 이를 폐쇄경제(closed economy)라고 합니다. 오늘날의 대부분의 국민경제는 개방경제라고 할 수 있습니다.

한편 경제행위를 수행하는 개인 또는 집단을 경제주체라고 합니다. 경제주체는 크게 가계, 기업, 그리고 정부로 분류할 수 있습니다. 가계는 개인 및 가족으로 구성되어 있으며 주로 소비활동에 종사하는 소비주체입니다. 동시에 가계는 생산요소를 공급하는 요소공급자로서 생산요소를 판매하여 얻은 소득으로 소비를 위한 지출을 하고 나머지는 저축을 합니다. 따라서 가계는 저축의 주체이기도 합니다.

기업은 주로 생산요소를 구입하고 이를 생산과정에 투입함으로써 제품을 생산하는 생산의 주체입니다. 또한 제품의 판매수입을 다시 생산요소 구입에 투자하는 투자의 주체이기도 합니다. 이러한 생산의 주체인 기업과 소비의 주체인 가계로 이루어진 것을 민간경제라고 합니다.

정부는 가계와 기업으로 구성된 민간경제를 적절히 규제하고 조화시킴으로써 국민경제의 성장과 안정을 도모하는 경제주체입니다. 정부는 가계와 기업으로부터 조세를 징수하여 재정수입을 확보하고 이를 토대로 재정지출을 함으로써 민간경제에 영향을 주게 됩니다. 정부는 국방, 치안, 교육, 사법 등 공공활동을 수행하면서 소비자가 되기도 하고 공기업을 통해 생산활동을 함으로써 생산자가 되기도 합니다. 따라서 정부는 그 자체가 하나의 거대한 소비주체이고 또 생산의 주체가 되기도 합니다. 민간경제와 정부로 구성된 경제를 우리는 국민경제라고 합니다.

<생활경제뉴스 1-1>
"윤리적 잣대로만 기업평가 말아야"

"한국 사회에서는 이윤 추구가 본질인 기업을 윤리적 잣대로만 평가하려 듭니다. 경제에 대한 무지(無知)가 초래한 결과지요." 한국개발연구원(KDI) 김중수(金仲秀·사진) 원장은 2일 본보와의 인터뷰에서 "경제에 대한 몰이해가 현실과 동떨어진 이념의 과잉을 낳는다"며 경제 교육의 중요성을 강조했다.

얼마 전 중고교 교사를 대상으로 한 경제교육 세미나에서 있었던 일화. "한 젊은 교사가 세미나가 끝나갈 무렵 '그래도 기업은 사회적 환원이 중요한 것 아닙니까'라고 반문을 하더군요. 돈을 벌고 싶어 하는 개인의 욕망은 부정하지 않으면서 기업에 대해서만은 이타적 행위를 강요하는 전형적인 이중 잣대입니다." 김 원장은 "교사가 기업에 대한 시각이 이렇다면 학생들의 기업관, 경제마인드도 편협한 사고에서 벗어날 수 없다"며 안타

까워했다. 한국 사회의 경제에 대한 막연한 불신이나 거리감은 미국 등 선진국과 매우 대조적이라는 게 그의 설명.

미국에서는 어렸을 때부터 현실에 기반을 둔 경제 교육을 받아 경제학이 일상생활과 밀접한 관련을 맺는 실용 과목으로 자리 잡았다는 것. 이 때문에 고등학교에서 경제학은 매우 인기 있는 강의 중 하나다. 반면 한국의 고교 교과 과정에서 선택 과목인 경제는 점수 따기가 어려운 기피 대상이다.

김 원장은 "미국에서는 효과적인 경제 교수법을 위해 주(州) 정부가 기업과 교사의 주기적 만남을 주선하고 있다"면서 "현실적인 경제 교육을 받은 학생이 일찌감치 돈에 대한 관념을 키워 사회에 진출해도 자연스럽게 적응한다"고 설명했다.

한편 김 원장은 "한국의 대학 경쟁력이 저급한 수준에서 헤어나지 못하는 것은 그동안 교육계에 경쟁과 시장의 원리가 도입되지 못했기 때문"이라며 "대학도 '시장의 논리'를 받아들여야한다"고 주장했다.(동아일보, 2005.2.2)

2. 희소성의 법칙과 경제원칙

인간의 욕망은 무한합니다. 그리고 인간의 욕망을 충족시키기 위한 재화와 용역을 생산하기 위해서는 자원이 필요하게 됩니다. 만일 자원이 얼마든지 존재한다면 사람들이 필요로 하는 재화나 용역을 무제한 생산하여 무한한 욕망을 충족시킬 수 있을 것입니다. 그러나 무한한 인간의 욕망을 충족시켜 줄 자원은 제한되어 있는 것이 현실입니다. 이와 같이 인간의 욕망은 무한한데 이를 충족시키기 위한 자원은 상대적으로 부족한 현상을 희소성의 법칙(law of scarcity)이라고 합니다. 희소성의 법칙 때문에 인간사회에는 여러 가지 경제문제가 발생하게 됩니다. 따라서 한정된 자원으로 무한한 인간의 욕망을 어떻게 최대한 충족시킬 수 있을까? 이것이 경제학의 출발점이 되는 것입니다.

희소성의 법칙이 존재하기 때문에 사람들은 여러 가지 욕망 가운데 채워야 할 욕망과 억제해야 할 욕망을 구별하지 않으면 안 됩니다. 결국 희소성의 법칙 때문에 사람들은 지속적인 선택의 문제에 직면하게 되는 것이지요. 또한 부족한 자원을 조달하는 것이기 때문에 경제행위는 합리적이고 효율적이어야 합니다. 자원의 효율적인 사용은 두 가지 측면에서 접근할 수 있습니다.

첫째는 최대효과의 원칙입니다. 사람들은 주어진 자원량으로 최대의 만족을 얻고자 합니다. 소비자가 주어진 소비지출로 만족을 극대화하려는 경우나 생산자가 일정량의 생산요소를 투입하여 생산량을 극대화하고자 하는 것 등이 여기에 해당됩니다.

다른 한편으로는 자원의 사용을 극소화함으로써 일정한 욕망을 얻고자 하는데 이를 최소비용의 원칙이라고 합니다. 여기에는 일정한 제품을 생산하기 위해 생산비용을 최소화하려는 경우 등이 해당됩니다. 최대효과의 원칙과 최소비용의 원칙은 동전의 양면과 같은 불가분의 관계를 가지며, 최대효과의 원칙과 최소비용의 원칙을 합하여 경제원칙이라고 합니다.

\<생활경제뉴스 1-2\>
"잘못 알려진 경제상식 적지 않다"

한국 경제와 산업, 기업을 둘러싼 최근 이슈와 관련해 오해를 빚고 있는 경제상식이 적지 않다는 주장이 제기됐다.

대한상공회의소는 11일 '우리 경제와 산업의 실제와 오해' 보고서를 통해 ▲1인당 국민소득, ▲고령화, ▲전통산업의 역할, ▲영화관객점유율, ▲기술도그마 등 경제와 산업, 기업과 관련해 오해를 빚고 있는 경제상식 7가지를 제시했다.

보고서는 먼저 1인당 국민소득 2만 달러에 대한 환상을 지적했다. 소득 2만 달러 달성이 선진국 대열에 합류하는 지표로 인식되고 있으나 지난

95년 국민소득 1만 달러 달성이후 성급한 제몫 찾기와 집단이기주의가 경제에 나쁜 영향을 미쳤듯이 경제구조의 질적 개선이나 사회, 문화지표 발전이 병행되지 않으면 2만 달러 시대가 되더라도 선진국과의 격차는 지속될 수밖에 없다는 것이다.

이어 보고서는 '고령화＝생산성 저하'라는 선입견을 꼽았다. 최근 인구구조가 고령화 현상을 보이고 있음에 따라 생산성에 대한 부정적 인식이 팽배해 있지만 고령화와 생산성 저하의 직접적인 연관성은 찾기 힘들다는 것이다. 오히려 고령사회로 진입한 2020년과 초고령 사회인 2030년 이후 노동생산성 증가율이 현재보다 높을 것으로 전망되고 있다는 것이다. 문제는 고령화가 아니라 고용유연성을 가로막는 노동체계나 기술혁신에 대한 제약이라고 보고서는 평가했다.

전통산업의 역할축소와 국산영화 관객점유율에 대한 착시현상도 오해사례로 꼽혔다. 백색가전이나 섬유, 의류 등 전통제조업은 중국의 저가공세에 밀려 시장을 잠식당하면서 성장한계가 제기되고 산업공동화까지 발생하고 있으나 여전히 국내 경제를 이끄는 캐시카우 역할을 하고 있다는 것이다. 또 올해 한국영화 관객점유율은 60%를 넘어설 것으로 기대되나 관객점유율 상승이 수익성과 영화산업의 질적 성장에 직결되지 않는다는 것이다.

기술이 경쟁력의 전부라는 기술도그마도 대표적인 오해로 꼽혔다. '기술＝최고의 경쟁력'이라는 사실은 부인할 수 없지만 핵심기술이 범용화, 모듈화되는 첨단제품일수록 주변기술과 함께 디자인과 같은 소프트한 서비스를 덧칠함으로써 부가가치를 창출해야 한다는 것이다.

이밖에 보고서는 ▲기업정보화가 생산성을 향상시킨다는 정보화 만능시각, ▲주가가 오르는 회사는 우량기업이라는 생각 등도 오해현상들이라고 지적했다.

보고서는 오해를 빚을 수 있는 경제상식이 오해에 머물지 않고 자원분배의 왜곡, 기회비용 증대, 효율성저하 등 경제에 나쁜 영향을 미치지 않도록 바로 잡아야 한다고 주장했다. (중앙일보, 2005.12.11)

3. 경제문제와 경제체제

모든 경제사회는 제한적이고 희소한 자원을 사용하여 그 사회의 후생을 극대화하려고 노력합니다. 이 과정에서 경제문제가 발생하게 되는데 노벨 경제학상 수상자인 사무엘슨(Paul A. Samuelson)은 국민경제가 해결해야 할 세 가지 기본문제를 다음과 같이 제시하였습니다.

첫째, '무엇을 얼마만큼 생산할 것인가(what & how much to produce)' 하는 문제입니다. 자원은 한정되어 있으므로 어떤 재화를 많이 생산하면 다른 재화는 그만큼 적게 생산할 수밖에 없습니다. 따라서 무엇을 얼마나 생산할 것인가 하는 문제는 우선적으로 해결해야 할 경제문제인 것입니다.

둘째, '어떤 방법으로 생산할 것인가(how to produce)' 하는 생산방법의 문제입니다. 즉 생산할 재화의 종류와 양이 결정되면 어떤 방법으로 생산하는 것이 가장 효율적인가를 결정해야 합니다.

셋째, '누구를 위해 생산할 것인가(for whom to produce)' 하는 문제로 생산한 재화를 누가 얼마만큼씩 소비할 것인가 하는 분배의 문제입니다. 희소한 자원으로 생산한 재화를 공평하게 분배하는 것도 중요한 문제이겠지요. 이와 같은 세 가지 경제문제를 경제의 3대 기본문제라고 합니다.

최근에는 세 가지 경제문제 외에 '언제 생산할 것인가' 하는 것이 또 하나의 경제문제로 주목받고 있습니다. 석유나 석탄과 같은 광물자원들의 경우 부존양이 한정되어 있기 때문에 지금 많이 써버리면 미래에 쓸 것이 없어지게 됩니다. 따라서 부존양이 일정한 자원을 현재와 미래에 걸쳐 어떻게 나누어 쓸 것인가 하는 시간배분의 문제가 중요한 경제문제로 대두되고 있는 것입니다.

이와 같은 경제문제를 해결하기 위해서 국민경제는 경제체제에 의존하게 됩니다. 경제체제란 국민경제 내의 경제행위를 위한 사회적인 질서나 제도를 말합니다. 이러한 경제체제는 시대적으로 지역적으로 다양하게 존재하여 왔으나 현재는 크게 자본주의 경제체제, 사회주의 경제체제, 그리고 혼합경제체제 등이 존재합니다.

자본주의 경제체제는 사유재산제도와 경제적 자유를 근간으로 경제문제들이 시장기구를 통해 해결되도록 방임하는 체제를 말합니다. 따라서 자본주의 경제체제를 시장경제체제라고도 합니다. 자본주의 경제체제가 갖는 장점은 대부분 자유시장기구의 기능에서 찾을 수 있습니다. 우선 시장기구는 가격을 통한 자동조절작용에 의해 자원을 효율적으로 배분하게 됩니다. 둘째, 경제주체들의 사적 이익과 행복추구를 위한 자유로운 경쟁은 높은 생산성과 빠른 기술진보의 원동력이 됩니다. 셋째, 시장에 참여하는 모든 경제주체는 소비선택의 자유, 직업선택의 자유 그리고 기업활동의 자유 등 동등한 경제적 기회를 보장받습니다.

이상과 같은 장점에도 불구하고 자본주의 경제체제는 다음과 같은 단점을 지니고 있다고 지적됩니다. 첫째는 부와 소득분배의 불평등입니다. 둘째, 실업과 인플레이션 등 주기적으로 경기변동이 발생하여 경제가 불안정합니다. 마지막으로 개인들의 탐욕스러운 이윤추구과정에서 자연파괴나 인간소외 등의 문제가 발생하게 됩니다.

사회주의 경제체제란 경제문제가 중앙정부의 계획에 의해서 해결되는 체제를 말합니다. 사회주의 체제는 부익부 빈익빈의 빈부격차와 경제불안 등과 같은 자본주의의 단점을 극복하고자 출현한 경제체제입니다. 사회주의 경제의 기본 특징은 생산수단의 국공유화와 중앙계획입니다. 생산수단을 개인이 소유하는 것이 아니라 국가가 소유하고 생산 분배 교환 소비가 국가의 계획에 의해 이루어지는 경제체제가 사회주의체제입니다. 무엇을 얼마나, 어떻게, 누구를 위하여, 언제 생산할 것인가 하는 기본적인 경제문제 모두가 중앙정부의 계획에 의해 해결되기 때문에 사회주의경제를 계획경제 (planned economy)라고도 합니다.

자본주의가 개인의 이윤추구와 영리주의를 근간으로 하고 있는 데 반해 사회주의는 사회의 이익과 공동의 이익을 추구하고 있습니다. 따라서 자본주의는 자유주의 사상과 결부되어 있고 사회주의는 평등주의 사상을 추구하고 있다고 할 수 있습니다. 이러한 사회주의 경제체제는 형평성을 지나치게 강조한 나머지 개인의 경제적 자유와 자원배분의 효율성을 크게 희생시키게 되어 결국 체제경쟁에서 자본주의에 패하게 됩니다.

혼합경제체제는 시장경제의 요소와 계획경제의 요소가 혼합되어 있는 경제체제를 말합니다. 오늘날 시장경제라고 불리는 대부분의 선진자본주의 경제는 자본주의를 근간으로 하고 정부의 규제와 조정기능을 보완적으로 활용하는 혼합경제체제입니다. 서구의 자본주의 국가들이 혼합경제체제를 채택하게 된 것은 1930년대의 대공황을 경험한 이후부터입니다. 대공황으로 시장경제체제가 갖고 있는 경제의 불안정성과 분배의 불평등 같은 문제점들이 나타나자 서구자본주의 국가들은 사유재산제도와 경제적 자유 그리고 시장경제라는 큰 틀을 유지하면서 자본주의의 단점을 보완하기 위해 일부 기간산업의 국유화, 사회보장제도와 경제안정화정책의 실시 등 정부가 경제에 부분적으로 간여하게 된 것입니다.

<생활경제뉴스 1-3>
중국인 "사유재산 보호 대환영" 도시주민 93%가 희망,
기업 투자도 증대 전망

중국에서는 1949년 혁명 이래 사유재산이 만악의 근원으로 치부돼 왔다. 그러던 중국이 헌법을 개정, 사유재산을 보호키로 하자 중국인들이 쌍수를 들어 환영하고 있다.

5일 개막되는 제10기 전국인민대표대회(全人大) 제2차 전체회의는 지난해 11월 공산당 제16기 중앙위원회 제3차 전체회의(16기 3중전회)가 채택, 상정한 사유재산권 보호 헌법 수정안을 통과시킬 것이 확실시되고 있다.

베이징(北京) 재래시장인 슈수이(秀水)시장에서 옷 장사를 하는 장 모씨(43·여)는 지난 98년 3년여 동안 옷을 팔던 산리툰(三里屯)시장에서 환경정비를 한다며 당국이 철거하는 바람에 강제로 쫓겨나 하루아침에 생활근거지를 잃고 전전하다 이곳에 정착했다. 이 같은 경우는 장 씨뿐만 아

니다. 수대째 살아오던 집, 가게, 수십 년간 경작해오던 농토도 국가 이름
으로 필요로 하다면 공고문 한 장에 한마디 불평도 못하고 쫓겨났던 중국
인들이 비일비재했다.

중국 경제경기 감측센터와 CC-TV가 공동조사한 설문에서는 도시주민
93%가 헌법 개정을 통한 국민의 사유재산권 보호를 희망한 것으로 조사
됐다. 현재 중국은 경제의 50% 이상을 개인경제가 점유하고 있어 헌법개
정과 입법을 통해 사유재산권을 보호하는 것은 민심을 반영하는 조치로
받아들여지고 있다.

이번 헌법개정안이 통과되면 개인이 소유한 동산과 부동산이 모두 보호
돼 도시계획 때도 집 토지의 자의적 수용이 금지된다. 왕자오궈(王兆國)
당 정치국원 겸 전인대 상무위 부위원장은 헌법 수정안에는 "국민의 합법
적 사유재산권은 침해 받지 않는다"고 명시돼 있어 사유재산이 공공재산
과 동등하게 인정된다고 설명했다.

사유재산권 보호는 기업가들의 기대를 높임으로써 투자도 증대될 것으
로 전망된다. 그러나 사유재산을 인정하는 이번 헌법수정안은 또 다른 수
사(修辭)일 뿐이어서 정책이 얼마나 잘 이행되는지 지켜볼 필요가 있다고
평가절하하는 견해들도 있다. 중국공산당은 1949년 혁명 직후 잠시 사기업
을 허용했다가 1년 뒤 금지했으며, 정부는 1999년 사영기업을 국유산업의
부속물이 아닌 경제의 핵심요소로 선언하는 헌법 개정을 한 바 있다. (한
국일보, 2004.3.4)

4. 경제학이란?

경제학이란 인간의 무한한 욕망을 충족하기 위하여 희소한 자원을 배분
하는 방법에 관해 연구하는 학문이라고 정의할 수 있습니다. 경제학은 연

구대상에 따라 크게 미시경제학과 거시경제학으로 나눌 수 있습니다.

미시경제학(microeconomics)은 말 그대로 현미경으로 물체를 들여다보듯이 개별경제주체의 경제행위와 경제현상을 분석합니다. 즉 미시경제학은 개별경제주체인 가계와 기업 그리고 정부의 행동원리를 분석하고 그 행위의 결과로 나타나는 수요와 공급 그리고 시장에서의 가격결정과정 등을 분석하게 됩니다.

거시경제학(macroeconomics)은 개별경제주체들로 구성된 국민경제 전체의 경제행위 및 경제현상을 연구대상으로 합니다. 따라서 거시경제학에서는 국민경제에서 발생하는 국민소득, 고용, 물가, 통화량, 국제수지, 환율 등과 같은 총체적인 경제변수들의 개념과 이들 간의 상호관계가 주요 연구대상이 됩니다. 미시경제학이 숲을 구성하고 있는 개개의 나무들을 분석대상으로 한다면 거시경제학은 개개의 나무들이 아닌 숲 전체를 연구한다고 볼 수 있습니다.

그러나 미시경제학과 거시경제학의 연구대상이 다르다고 해서 이 두 가지 이론이 완전히 분리되어 연구될 수는 없습니다. 국민경제적 총량을 연구대상으로 하는 거시경제학과 개별경제주체의 경제행위와 경제현상을 연구하는 미시경제학이 유기적으로 연관될 때 보다 정밀한 경제현상의 분석이 가능하기 때문입니다.

한편 경제학은 가치판단의 개입여부에 따라 실증경제학과 규범경제학으로 분류됩니다. 실증경제학(positive economics)은 경제주체의 행위 및 경제현상을 객관적으로 서술하고 경제현상들 간의 상호의존관계를 분석하고 체계화하는 것으로 대부분의 현대 경제이론이 여기에 속합니다. 실증경제학은 그 가정에서부터 결론이 이르기까지 객관적이고 논리적이어야 하며 또한 현실과 일치하는가가 검정되어야 합니다. 결국 실증경제학의 가치는 그 이론의 현실설명력과 예측능력에 의해 결정된다고 할 수 있습니다.

규범경제학(normative economics)이란 윤리적 또는 사상적 가치판단이 개입되어 어떤 경제 상태는 바람직하고 어떤 경제 상태는 바람직하지 못한지 경제제도의 운영과 경제 상태를 평가하는 것을 말합니다. 규범경제학의 가치는 어떤 경제상태가 바람직한 것인가를 판단하는 데 있습니다. 그러나 바람직한 경제상태에 대한 평가는 주관적인 가치판단에 기초하기 때문에 사람들마다 의견이 다를 수 있습니다. 따라서 규범경제학이 하나의 과학이 되기 위해서는 객관적이고 논리적인 전개과정에 기초해야 합니다. 이러한 점에서 규범경제학과 실증경제학은 상호보완적인 관계에 있다고 할 수 있습니다.

<생활경제뉴스 1-4>

선진국선 '經盲'퇴치에 나섰다는데 ……

'경맹(經盲)' 또는 '금맹(金盲)'이라는 이야기를 들어보신 적이 있으십니까? 글을 읽거나 쓸 줄을 모르는 사람을 '문맹(文盲·illiteracy)'이라고 하듯 경제나 금융에 대한 지식이 모자라는 경우를 경맹(또는 금맹)이라고 부릅니다.

영어의 'economic illiteracy' 또는 'financial illiteracy'를 번역한 것입니다.

경맹 하니까 생각나는 이야기가 하나 있군요. 아르헨티나의 경제장관을 지낸 도밍고 카바요(Domingo Cavallo)가 이런 말을 했습니다. "일본인들은 기업을 세울 때 온 가족이 달려들어 내 일처럼 도와준다. 미국인들은 친구들이 돈을 투자하면서 격려해 준다. 하지만 아르헨티나에서 기업을 세우겠다고 하면 가족들은 안 될 거라면서 말리고, 친구들은 골치 아프게 그러지 말고 축구나 하자고 권한다." 이런 상황이라면 어느 나라가 더 잘살 것이라고 생각하십니까?

아르헨티나도 20세기 초·중반까지는 세계 5~6대 부국에 들 정도로 잘사는 나라였습니다. 하지만 1980년대 이후 외환위기를 여러 차례 겪었을 뿐 아니라 지금은 외채를 갚지 못해 나라가 부도상태입니다. 축구는 잘한다지만 실업률이 20%에 가깝고 전 국민의 3분의 1 이상이 가난에 시달리고 있습니다.

문맹이 많은 나라일수록 문화·정치적 발전은 물론 경제적 발전이 어려운 것과 마찬가지로 경맹이 많은 나라일수록 경제적 발전이 더디지 않을까요? 이 같은 점을 인식한 미국을 비롯한 주요 선진국들은 정부는 물론 민간 차원의 범국민 운동으로 경맹퇴치에 나서고 있습니다.

반면 우리나라는 초·중·고교에서 경제교육이 거의 이뤄지지 않고 있습니다. 지난달 한국개발연구원(KDI)이 전국 25개 고교생 2658명을 대상으로 경제에 대한 기초분야에 대한 시험을 치른 결과 100점 만점에 평균 55.7점을 받는 데 그쳤습니다. 비슷한 시험에서 미국의 고교생들은 60.0점을 받았다니까 우리 학생들의 경제실력이 4점 이상 낮은 셈입니다. 최근 들어 언론들이 '신문을 통한 경제교육(Newspaper in Education·NIE)'에 나서고 있는 것도 바로 이 같은 이유 때문입니다. (조선일보, 2003.4.9)

요약 및 복습

재화와 서비스를 생산하고 분배하고 소비하는 일체의 행위를 경제행위라고 합니다. 그리고 경제행위가 반복되어 일정한 사회질서를 형성할 때 그것을 경제라고 합니다.

경제행위를 수행하는 개인 또는 집단을 경제주체라고 하는데 경제주체는 크게 가계, 기업, 그리고 정부로 분류할 수 있습니다.

인간의 욕망은 무한한데 이들 인간이 욕망을 충족시키기 위한 자원은 상대적으로 부족한 현상을 희소성의 법칙이라고 합니다.

경제학이란 인간의 무한한 욕망을 충족하기 위하여 희소한 자원을 배분하는 방법에 관해 연구하는 학문이라고 정의할 수 있습니다.

무엇을 얼마만큼 생산할 것인가, 어떻게 생산할 것인가, 누구를 위해 생산할 것인가 하는 문제를 3대 경제문제라고 합니다.

자본주의 경제체제는 사유재산제도와 경제적 자유를 근간으로 경제문제가 시장기구를 통해 해결되는 체제를 말합니다.

사회주의 경제체제란 경제문제가 중앙정부의 계획에 의해서 해결되는 체제를 말합니다.

혼합경제체제는 자본주의를 근간으로 하고 정부의 규제와 조정기능을 보완적으로 활용하는 시장경제의 요소와 계획경제의 요소가 혼합되어 있는 경제체제를 말합니다.

제2장 소비자의 합리적 선택

1. 소비의 목적은?

우리의 삶은 소비의 연속이라 할 수 있습니다. 우리가 매일 음식을 먹고 옷을 사 입고 아파트에 거주하는 것도 소비이며 애인과 연극을 보거나 친구들과 어울려 맥주를 마시는 것 역시 소비행위입니다. 의식주와 관련된 기본적인 소비는 인간이 삶을 영위하기 위해 반드시 필요한 행위일 수 있습니다. 그러나 어떤 사람들은 수천만 원짜리 시계도 구입하고, 수십만 원을 내고 공연을 보기도 합니다. 그렇다면 사람들이 이렇게 다양한 형태의 소비활동을 하는 이유는 무엇일까요? 의식주와 관련된 생필품을 소비하든 사치품을 소비하든 사람들은 이러한 소비활동을 통해 만족을 얻기 때문이라고 할 수 있습니다.

사실 살다 보면 갖고 싶은 물건도, 먹고 싶은 음식도 많습니다. 그리고 보고 싶은 영화나 공연도 많습니다. 이 모든 것들을 원하는 만큼 갖고 먹고 볼 수 있다면 정말 좋겠지요. 그러면 우리는 어려운 경제학을 배울 필요도 없을 것입니다. 그러나 모든 것들을 소비하기 위해서는 반드시 돈을 지불해야 되고 반면에 소득은 제한되어 있는 것이 현실입니다. 결국 사람3

들은 자신의 제한된 소득범위 내에서 자신의 만족을 극대화하기 위해 가장 필요한 것, 가장 갖고 싶은 것을 선택적으로 소비할 수밖에 없을 것입니다. 경제학에서는 소비자가 자신의 만족을 극대화하도록 소비하는 것을 합리적인 소비라고 상정합니다. 이 장에서는 소비자가 자신의 소득 범위 내에서 어떻게 소비를 할 때 자신의 만족을 극대화할 수 있는지, 즉 합리적인 소비를 위한 조건들에 대해 공부하기로 합니다.

<생활경제뉴스 2-1>
"넌 사서 쓰니? 난 빌려 쓴다!" 새로운 소비패턴 렌털族 늘어

○소비의 중심은 '소유'가 아닌 '사용'

'오토바이 광'인 김인국(29) 씨는 주말이면 1700만 원짜리 일본 혼다 '블랙버드' 오토바이를 빌려 스피드를 즐긴다. 렌털 비용으로 10만 원 안팎이 들지만 효용 가치는 그 이상이라는 게 그의 생각이다. 회사원 윤진애(32) 씨는 거의 매주 두 자녀에게 10만 원이 넘는 고급 목재 장난감을 빌려 준다. 윤 씨는 "똑같은 금액으로 좀 더 가치 있는 소비를 할 수 있다는 점이 렌털의 매력인 것 같다"고 말했다. 빌려서 쓰는 '렌털 소비'가 확산되고 있다. 소비의 목적을 '소유'보다 '사용'에 두는 똑똑한 소비자들이 늘어나면서 생활용품 렌털 서비스가 다양해지고 있는 것. 자동차, 책, 유아용품, 정수기, 비데, 한복에 이어 최근에는 오토바이, 실내조경용 화단, 애완견, 각종 명품 소품 등이 주요 렌털 품목으로 등장하고 있다. 패션 사업을 하는 김정은(42) 씨는 "사업상 파티에 자주 참석하게 되는데 매번 같은 옷을 입고 갈 수 없어 파티복을 자주 빌려 입는다"고 말했다.

명품 가방을 즐겨 쓰는 김수진(27·회사원) 씨는 명품 대여 업체에 연회비 20만 원을 내고 10회 가량 가방 등을 빌려 쓰고 있다. 얼마 전 200만 원짜리 샤넬 검은색 퀼트 가방을 단돈 2만 원에 빌려 기분이 좋았다고 귀띔했다. 인천 부평구 십정동에 사는 김현민(27) 씨는 "최근 트레드밀(러닝머신)을 월 6만 원에 빌렸다"며 "달리기가 싫증이 나면 다른 제품으로 바꿔 사용할 계획"이라고 말했다. 참살이(웰빙) 바람이 불면서 면 기저귀를 빌려 쓰는 엄마들도 늘어났다. 면 기저귀는 세탁과 항균 서비스가 추가돼 렌털 비용이 오히려 비싸지만 그래도 많이 찾는다고 한다. 이제는 화단도 빌려준다. 이재호(42) 현진원에 사장은 "나무와 꽃을 좋아하지만 관리 요령을 모르거나 시간이 없는 사람들을 위해 화단 렌털 사업을 시작했다"고 말했다.

숙명여대 김용자(金容子) 경제학부 교수는 "부모 세대는 돈 주고 물건 빌리는 것을 이상하게 보지만 젊은 세대는 그렇지 않다"며 "유행과 개성을 추구하고, 소유보다는 사용을 중시하는 계층이 새로운 구매 주체로 부상하면서 렌털 소비가 주목받고 있다"고 말했다.

○유행의 속도에 적응하는 소비방식

회사원 유준희(28) 씨는 평균 3개월에 한 번씩 디지털카메라를 새것으로 바꾼다. 현재 사용하는 제품은 삼성케녹스 '#1 MP3'지만 곧 큰 렌즈가 달린 고급 제품으로 바꿀 계획이다. 사용한 제품은 옥션 등 온라인 장터에서 팔아 새 제품을 사는 데 보태 쓴다. 유 씨는 "이런 식으로 상품을 교체하면 월 평균 6만~7만 원의 임대료를 내고 새 상품을 빌리는 것과 같다"며 "온라인 장터에는 비슷한 소비 방식을 가진 얼리 어댑터(제품을 먼저 써 보고 기능 등을 주변에 전파하는 소비자)들이 많다"고 전했다.

새 제품을 할부로 사면 할부금을 다 갚기도 전에 구입한 제품이 구형이 되는 것이 요즘 정보기술(IT) 제품의 개발 추세. LG전자 휴대전화 마케팅팀 유승영 차장은 "2~3년 전 10개월이던 휴대전화 교체 주기가 지금은 6개월로 단축됐다"며 "IT 제품은 시판 시기를 놓치면 판매에 큰 지장을 줄 정도로 속도 경쟁이 치열하다"고 말했다.

명품 렌털 수요도 유행에 민감한 젊은층이 주요 소비 계층으로 부상하면서 늘고 있다. 명품 대여 업체 피폭스의 김성년(48) 기획이사는 "유행을 타는 명품이 많아지면서 명품 가방 1개로 치장하던 시절은 지났다"며 "젊은이들에게 명품은 '소장품'이 아닌 '장신구'가 되고 있다"고 말했다.

트렌드 컨설팅 업체 아이에프네트워크 김해련(金海蓮) 사장은 "정보 공유 속도가 빨라지면서 유행과 소비 행태도 빠르게 변하고 있다"며 "변화와 자극의 수단으로 렌털이라는 '실용적인' 방법이 주목받고 있다"고 분석했다.

○중산층과 2635세대가 주도

렌털 소비의 중심에는 고학력 중산층이 있다. 한국렌탈산업협회 전성진(全成振) 사무총장은 "소유에 집착하지 않을 정도의 경제적인 여유가 있고, 빌릴 때와 구매할 때의 장단점을 따져 보는 중산층이 렌털 소비의 중심 고객"이라고 말했다.

상대적으로 풍요로운 유년기를 보낸 2635세대(26~35세)도 렌털 소비의 주역이다. 2635세대는 과거 X세대에 해당하는 계층으로 공동체가 안고 있는 문제보다는 개인주의와 개성을 중시하는 성향을 보인다. 2635세대가 소비 주체로 등장하면서 소유에 대한 집착이 덜한 소비 행태가 나타나고 있는 것이다. 전문가들은 이들이 '작은 사치'를 즐기고 있다고 분석한다. 트렌드 예측 전문가인 미국의 페이스 팝콘 씨는 작은 사치를 향후 10년 동안 지속될 트렌드 중 하나로 지목했다.

삼성경제연구소 신형원(愼馨原) 수석연구원은 "렌털 산업은 고객이 한 번 접해 보면 쉽게 이탈하지 않는 '록인(Lock-in) 효과'가 크다"며 "렌털 소비가 자리 잡기 시작하면 시장도 빠르게 성장할 가능성이 높다"고 전망했다. (동아일보, 2005.12.28)

2. 효용(utility)이란?

소비자가 어떤 재화나 용역을 소비함으로써 얻는 주관적인 만족감을 경제학에서는 효용(utility)이라고 합니다. 여기서 '주관적'이라는 말을 덧붙인 것은 동일한 재화를 소비하더라도 만족감은 사람에 따라 서로 다를 수 있다는 의미이지요. 똑같은 생맥주를 한 잔 먹더라도 사람마다 느끼는 만족감은 다르기 마련이니까요.

경제학에서는 소비자가 일정기간 동안 일정한 양의 재화를 소비함으로써 얻는 만족감의 총량을 총효용(total utility)이라고 합니다. 총효용은 재화의 소비량이 늘어날수록 감소하는 비율로 증가합니다. 다시 말해 재화의 소비

량을 한 단위 증가시킬 때마다 총효용은 증가하지만 그 증가율은 감소한다
는 것입니다.

　여기서 소비자가 재화를 한 단위 더 소비함으로써 추가되는 만족감의 증
가분을 한계효용(marginal utility)이라고 하며 이는 소비량의 증가분에 대
한 총효용의 증가분으로 나타냅니다.

$$한계효용 = \frac{총효용의\ 증가분}{소비량의\ 증가분}$$

　〈표 2-1〉은 생맥주 소비량과 예림이의 효용을 보여주고 있습니다. 예림
이가 생맥주를 처음 한 잔 마셨을 때의 만족감, 즉 총효용은 30이고 두 잔
을 마셨을 때의 총효용은 50입니다. 예림이가 생맥주를 처음 한 잔 마셨을
때 총효용은 0에서 30이 되기 때문에 이 경우 생맥주 1잔의 한계효용은 30
이 됩니다. 그 다음 두 번째 생맥주를 마셨을 때는 효용이 30에서 50으로
증가하기 때문에 두 번째 생맥주 한 잔의 한계효용은 20이 되겠지요. 이
같은 논리로 생맥주 매 한 잔의 한계효용을 구할 수 있을 것입니다.

　그런데 우리는 예림이의 생맥주 소비의 예에서 흥미로운 사실을 발견할
수가 있습니다. 예림이가 생맥주를 일곱 잔 마실 때까지는 총효용이 증가하
여 일곱 잔째 총효용이 극대가 되더니 여덟 번째 마신 생맥주는 효용의 변
화가 없다가 아홉 번째 생맥주를 마실 때에는 오히려 효용이 감소하고 있습
니다. 이는 여덟 번째 잔의 생맥주는 전혀 만족을 주지 못하며 아홉 번째 잔
의 맥주는 오히려 고통을 주고 있다는 것을 의미합니다. 이렇듯 총효용이 극
대가 되는 점은 이미 예림이가 더 이상의 생맥주를 먹기가 힘들다는 것을
의미하는데 총효용이 극대가 되는 점을 포화점(saturation point)이라 합니
다. 이를 한계효용개념을 통해 살펴보지요. 생맥주 소비량이 늘어날수록 한
계효용은 감소하고 있습니다.

〈표 2-1〉 생맥주의 총효용과 한계효용

생맥주 소비량	총효용(TU)	한계효용(MU)
0	0	-
1	30	30
2	50	20
3	65	15
4	75	10
5	83	8
6	87	4
7	89	2
8	89	0
9	87	-2

이러한 현상을 이렇게 설명해 보겠습니다. 여러분들, 뜨거운 여름 날 농구경기를 끝낸 후 시원한 생맥주 한 잔을 마실 때의 만족감은 그 무엇에 비할 수 없을 만큼 크겠지요. 이때의 만족감이 바로 맥주 첫 잔의 한계효용입니다. 맥주 한 잔으로 갈증이 완전히 해소가 되지 않는다면 한 잔을 더 마셔도 효용은 증가하겠지요. 그러나 첫 잔만큼 만족감이 증가하지는 않을 것입니다. 계속해서 생맥주를 마실수록 생맥주 한 잔이 주는 만족감의 증가분 즉 한계효용은 작아질 것입니다. 이제 술이 취해 더 이상 마실 수 없게 된 예림이에게 친구가 아홉 번째 생맥주를 권해서 마시게 된다면 총효용이 감소하게 되는데 이는 한계효용이 음(-)이 된다는 것을 의미합니다. 이렇듯 재화의 소비량을 증가시키면 총효용의 증가분 즉 한계효용은 감소하게 되는데 이러한 현상을 한계효용체감의 법칙(law of diminishing marginal utility)이라고 합니다.

한편 위의 〈표 2-1〉에서 우리는 재미있는 사실을 발견할 수 있습니다. 즉 생맥주를 마실 때 한계효용이 양(+)의 값을 가지면 총효용은 증가하고 한계효용이 음(-)의 값을 가지면 총효용은 감소합니다. 또 한계효용이 0이 될 때 총효용은 가장 커지게 된다는 사실입니다. 이제 〈표 2-1〉에서 한계효용만 남겨두고 총효용을 모두 지워버리면 여러분들은 생맥주 두 잔을 마셨을 때의 총효용이 얼마인지 알 수 있을까요? 총효용과 한계효용의 관계를 잘 생각해 보세요. 이는 생맥주 첫 번째 잔의 한계효용과 두 번째 잔의 한계효용을 더하면 구할 수 있습니다. 물론 생맥주 다섯 잔을 마셨을 때의 총효용은 다섯 잔 마셨을 때까지의 한계효용을 전부 더하면 됩니다. 따라서 우리는 총효용은 한계효용의 누적합계와 일치한다는 것을 알 수 있지요. 이는 여러분들이 직접 확인해 보기 바랍니다.

<생활경제뉴스 2-2>
직장인 음주의 '두 얼굴'

"돈도 들고 건강도 해치지만 안 마실 순 없다"
인천 중구보건소가 직장인들을 대상으로 설문조사한 음주실태 결과는 술로 인해 고통받는 직장인들의 어려움과 그릇된 우리 음주 문화의 현주소를 잘 보여주고 있다. (중략)
특히 직장인들은 술을 마시면 사회생활에 긍정적인 효과가 있다고 믿는 것으로 나타났다. 응답자의 42.9%는 음주 후 '다른 사람들과의 관계가 좋아졌다'고 답했고 '말이 잘 통하게 됐다'(23.4%), '집단 결속력이 강해졌다'(19.1%) 등을 좋은 점으로 들었다. 때문에 직장인 두 명 중 한 명꼴인 53.5%는 동료들과 한 달에 2~3번 이상 술자리를 갖는 것으로 조사됐다. 직장생활을 유지하기 위해선 음주가 불가피하다는 직장인들의 생각이 드러나는 대목이다.
하지만 직장인들은 음주로 인해 상당한 '대가'도 치르고 있는 것으로 나타났다. 우선 건강이 문제다. 응답자의 절반이 넘는 59.1%는 술을 마신 후 '토하거나 속쓰림'이 있었고 '묽은 변이나 설사'(42.4%), '지방간. 알코올성 간염. 위염'(8.7%) 증상을 보이는 등 상당수가 음주로 인해 부정적인 신체 경험을 한 것으로 조사됐다.(하략) (조선일보, 2001.3.21)

3. 어떻게 소비하면 효용이 극대화될까?

합리적인 소비자의 목적은 자신의 효용을 극대화하는 것입니다. 만일 앞의 예에서 예림이가 총효용이 극대가 되는 점까지 생맥주를 마셨다면 예림이의 소비행위는 합리적인 소비행위였을까요? 아마 여러분들 중에는 예림이가 총효용이 극대가 되는 점까지 생맥주를 마시는 것이 합리적인 소비라고 생각할 수도 있을 것입니다. 그러나 여기에서 하나 생각할 것이 있습니다. 만일 여러분들이 맥주공장에 견학을 갔는데 생맥주를 마음껏 먹으라고 한다면 여러분들은 분명 자신의 총효용이 극대가 되는 포화점까지 맥주를 마실 것입니다. 하지만 이것은 어디까지나 맥주가 공짜일 때 이야기입니다. 소비자는 자신의 일정한 소득으로 생맥주 소비 이외에 옷도 사 입고 외식도 하고 또 애인과 데이트를 하는 등 여러 가지 용도로 소비를 해야 합니다. 그런데 총효용이 극대가 되는 점까지 맥주를 먹었다는 것은 무엇을 의미할까요? 이는 맥주 소비에 돈을 물 쓰듯 썼다는 말이 됩니다. 결국 아침에 후회하겠지요. 이는 합리적인 소비가 될 수 없을 것입니다.

이제 소비자가 자신의 주어진 소득을 가지고 어떻게 소비를 할 때 효용이 극대화될 수 있는지에 대해 분석하기로 합니다. 상욱이는 주어진 소득으로 배와 사과를 구입하고자 합니다. 이때 상욱이는 자신의 효용을 극대화하기 위해서 배를 얼마만큼 구입하고 사과를 얼마나 구입해야 할까요? 만일 배 한 단위를 더 구입하면 효용이 40만큼 증가하고 사과를 한 단위 더 구입하면 효용이 30만큼 증가한다고 가정해보지요. 같은 값이라면 상욱이는 사과 구입량을 줄이고 배를 더 구입하고자 할 것입니다. 그러나 배의 가격이 2000원이고 사과가격은 1000원이라면 어떨까요? 그러면 상욱이는 얼른 머릿속으로 계산을 할 것입니다. 계산을 마친 상욱이는 배 1원어치의 한계효용은 $0.02(40/2000)$이고 사과 1원어치의 한계효용은 $0.03(30/1000)$

이라는 것을 알 수 있습니다. 이제 합리적이고 현명한 상욱이는 사과를 더 구입하고 배를 덜 구입하는 것이 자신의 효용을 증대시키게 된다는 것을 알게 됩니다.

상욱이의 예에서 우리는 다음과 같은 사실을 도출할 수 있습니다. X재와 Y재의 한계효용을 각각 MU_X와 MU_Y라 하고 가격을 P_X와 P_Y라 합시다. 만일 $MU_X/P_X > MU_Y/P_Y$이면 X재 1원어치의 한계효용이 Y재 1원어치의 한계효용보다 크다는 것을 의미합니다. 이 경우 소비자는 X재 소비량을 늘리고 Y재 소비량을 줄임으로써 더 큰 효용을 얻을 수 있습니다. 반대로 $MU_X/P_X < MU_Y/P_Y$이면 소비자는 X재 소비량을 줄이고 Y재 소비량을 증가시키는 것이 유리합니다. 이처럼 소비량을 조정함으로써 효용을 증가시킬 수 있는 여지가 있다는 것은 현재의 소비가 합리적이지 못하다는 것을 의미합니다. 결국 $MU_X/P_X = MU_Y/P_Y$일 때 소비자는 더 이상 사과와 배의 구입량을 변화시킬 필요가 없게 됩니다. 이렇게 되면 사과의 구입량과 배의 구입량을 조절함으로써 효용을 더 이상 증가시킬 수 없는 가장 유리한 상태가 되는 것입니다. 이와 같이 각 재화 1원어치의 한계효용이 모두 같아지도록 재화의 구입량들을 조정할 때 소비자는 자신의 총효용을 극대화시킬 수 있게 됩니다. 이 원리는 여러 개의 재화를 구입할 때도 그대로 적용됩니다. 이러한 소비자의 효용극대화 조건을 한계효용균등의 법칙이라고 합니다.

$$\frac{MU_X}{P_X} = \frac{MU_Y}{P_Y} = \cdots\cdots = \frac{MU_N}{P_Z}$$

한계효용균등의 법칙이 갖는 의미를 이렇게 한 번 더 생각해 볼 수 있습니다.

$\dfrac{MU_X}{P_X} = \dfrac{MU_Y}{P_Y}$ 은 $\dfrac{MU_X}{MU_Y} = \dfrac{P_X}{P_Y}$ 로 다시 쓸 수 있습니다. 이 식이 의미하는 바를 생각해 보지요. 이는 두 재화의 한계효용의 비율이 두 재화의

가격비율과 같아야 함을 의미합니다. 즉 시장에서 X재 가격이 Y재 가격의 두 배라면 X재를 구입함으로써 얻는 한계효용이 Y재를 구입함으로써 얻는 한계효용의 두 배이어야 함을 말하는 것이지요.

<생활경제뉴스 2-3>
[프로슈머 혁명] 아주 비싸거나, 아주 싼 것만 찾는다

회사원 서민석(37·서울 강남구 개포동) 씨의 애마(愛馬)는 BMW 오토바이다. 보통 오토바이보다 5~6배 비싸다. 그는 이 오토바이를 갖기 위해 2년 동안 돈을 모았다. 술값과 용돈 등 생활비를 악착같이 절약했다. 서 씨는 오토바이를 타면서 '자유'를 느낀다. 어디든지 마음대로 달릴 수 있는 오토바이를 사랑한다고 말한다. 이처럼 '스스로의 존재 가치를 높여주는 상품'이라고 판단되면 과감하게 지갑을 여는 소비자가 늘고 있다. 생활필수품은 조금이라도 싸게 사려 하면서 자신의 정체성을 표현해 주는 제품은 아무리 비싸도 갖고야 만다. 소비의 양극화다.

서울 강남구 압구정동 갤러리아백화점 스포츠 브랜드숍 강인찬(28) 매니저의 취미는 희귀 신발 수집이다. 지난해 아디다스가 35주년을 기념해 디자인이 다른 35켤레의 '슈퍼스타' 운동화를 발매했을 때 강 씨는 31켤레를 사 모았다. 여기에만 1000만 원을 썼다.

회사원 성진경(25·여·서울 마포구 도화동) 씨는 주변 사람들에게 '명품 패션리더'로 통한다. 지난해 한창 유행하던 200만 원짜리 '발렌시아가' 핸드백도 누구보다 먼저 들었다. 미국 할리우드 영화배우들의 최신 유행을 조사하고 구입 방법을 알아낸 뒤 기어코 샀다.

화장품 의류 액세서리 등 자신을 드러내 보이는 제품일수록 고가 제품이 잘 팔린다. 태평양의 고급 한방화장품 '설화수'는 매출이 2001년 1650억 원에서 2004년 3330억 원으로 갑절로 늘었다. 같은 기간 중급 브랜드 '라네즈'의 매출은 1120억 원에서 760억 원으로 크게 줄었다. 고급 세탁기 바람을 일으킨 LG전자의 드럼세탁기는 2001년 처음 시판된 이후 4년 만인 지난해 일반 세탁기보다 많이 팔렸다.

고가제품 판매가 늘고 있는 사례		
고가 제품	제품군	일반제품
백화점에서 판매되는 고가 브랜드 매출 증가	화장품	매출 지속적으로 감소
양문형 냉장고와 드럼세탁기 판매 증가	가전제품	일반 냉장고와 세탁기 판매 비중 감소
30만 원이 넘는 고가 청바지 인기	청바지	백화점에서 중·저가 청바지 매장이 없어지는 추세
내수 부진에도 수입차 판매증가 두드러짐	자동차	국내 소형차 판매 부진 지속

자료: 각 업계

　　LG상사 패션부문 구본걸(具本杰) 부사장은 "요즘 소비자들은 자기 기준에 예쁘다는 판단이 서면 쉽게 구매결정을 내린다. 가격은 그다지 민감하지 않다"고 말했다. 200만 원짜리 핸드백을 들고 다니는 성 씨도 생필품 쇼핑은 '알뜰족'이다. 화장품 샘플 쿠폰을 받기 위해 백화점으로 달려가고, 샴푸를 덤으로 주는 행사에 줄을 선다.

비싸더라도 명품을 사겠다고 응답한 비중
(단위: %)
19~25세 36 36
13~18세 33~42세
33 32 33 33
28 28
26 26 26 26~32세
25 26
1997년 2000년 2004년
전국 5개 도시 남녀 3500명 대상 면접조사. 자료: 제일기획

　　생필품은 싸지 않으면 안 팔리는 추세가 갈수록 뚜렷해지고 있다.
　　할인점에서 가장 많이 팔리는 상품은 할인점 자체 브랜드(PB)가 붙은 생필품이다. 이마트의 PB 상품 매출은 2002년 2700억 원에서 2004년 8500억 원으로 늘었다.
　　제일기획은 이달 초 발표한 '포스트 디지털 시대의 소비자' 보고서에서 "13~24세 연령층은 야누스(두 개의 얼굴을 가진 신)적인 소비 행태를 보인다"고 분석했다. 갖고 싶은 물건은 값에 구애받지 않는 소비 행태를 보이면서도 쿠폰, 마일리지 등 할인 기회는 악착같이 쓴다는 것이다.
　　경영컨설팅회사인 IBM 비즈니스컨설팅서비스(BCS)의 이성열(李誠烈) 대표는 "감성 제품은 상향 구매를 하고, 생필품은 하향 구매를 하는 소비 경향은 전 세계적인 추세"라고 설명했다. 보스턴컨설팅은 이런 소비 경향을 '트레이딩 업'과 '트레이딩 다운'이라는 용어로 표현했다. 소비 패턴의 변화가 유통업계에 던지는 메시지는 분명하다. 저가 상품을 파는 할인점과 고가 상품 중심의 명품 백화점 또는 '카테고리 킬러'(전문점)만이 살아남는다는 것이다.

통계청에 따르면 국내 할인점 매출은 2001년 13조 9000억 원에서 2004년 21조 4000억 원으로 늘었다. 같은 기간 백화점 매출은 16조 4000억 원에서 16조 5000억 원으로 제자리걸음. 할인점 삼성테스코 이승한(李承漢) 사장은 "중가(中價) 제품 일색이던 일본의 대형 양판점이 침체에 빠진 것은 이런 소비 경향을 간과했기 때문"이라며 "유통업은 고가와 저가로 나뉘어 일대 격전이 벌어질 것"으로 내다봤다.

'아주 비싸거나, 아주 싼' 제품의 구매를 늘리는 소비 패턴은 해외에서도 쉽게 찾아 볼 수 있다. 갭사(社)는 고가, 중가, 저가 브랜드를 모두 갖추고 있는 미국의 대표적 의류업체. 최근 5년(1999~2003년) 동안 가격대별 대표 브랜드의 연평균 매출 성장률을 조사한 결과 뚜렷한 차이를 보였다. 저가 브랜드 '올드 네이비'와 고가 브랜드 '바나나 리퍼블릭'은 각각 연평균 13%, 9%가량 성장한 반면 중가 제품인 갭은 평균 2% 성장에 그쳤다. 옷입는 데 가치를 두는 소비자는 바나나 리퍼블릭에서 만족을 얻었고 옷을 생활필수품처럼 여기는 소비자는 올드 네이비를 구매한 것. 화장품도 고가와 저가 브랜드가 잘 팔리는 반면 중가 브랜드는 매출이 줄어드는 추세다. 슈퍼마켓에서 살 수 있는 미국의 저가 화장품 '커버 걸'은 1999~2002년 연평균 4.3%의 성장세를 보였다. 고가 화장품 '클리니크'는 같은 기간 7.6% 성장했다. 반면 중가 제품인 '레블론'은 매출이 5.2% 감소했다.

중산층 소비자까지 명품 구매에 합류하면서 매스티지(Masstige·대중명품) 브랜드도 호황을 누리고 있다. 경제적 부담 때문에 명품을 사지 못하지만 고급스러운 제품을 원하는 중산층 소비자를 겨냥한 것이다.

속옷 브랜드 '빅토리아 시크릿'은 최고가 제품 '라펠라'와 중가 제품 '메이든 폼' 사이의 매스티지 브랜드로 세련된 매장의 실내장식과 고품질, 감성을 추구해 인기를 얻었다. 중저가 스웨덴 의류업체 'H&M'이 '샤넬'의 수석디자이너 칼 라거펠트와 손잡고 지난해 11월 선보인 준명품 '라거펠트 컬렉션'은 발매 30분 만에 모두 팔렸다. (동아일보. 2005.5.30)

제2장 소비자의 합리적 선택 43

4. 수요곡선의 도출

수요와 수요곡선에 대해서는 제4장에서 자세히 설명하겠지만 여기서는 간단하게 소비량과 가격 간의 관계에 대해서만 설명하기로 하겠습니다. 우리는 앞에서 소비자가 자신의 효용 즉 만족감을 극대화하기 위해서는 $\dfrac{MU_X}{P_X} = \dfrac{MU_Y}{P_Y}$가 되도록 X재와 Y재의 구입량을 결정한다는 것을 공부하였습니다. 만일 이때 Y재의 가격은 변함이 없는데 X재의 가격이 하락하는 경우를 가정해보지요. 그러면 $MU_X/P_X > MU_Y/P_Y$가 되게 됩니다. 이 경우 X재의 소비를 늘려 MU_X가 하락해야 만 X재 1원어치의 한계효용과 Y재 1원어치의 한계효용이 일치하게 되고 소비자는 자신의 효용을 극대화하게 됩니다. 반대로 Y재의 가격은 변함이 없는데 X재의 가격이 오른 경우는 $MU_X/P_X > MU_Y/P_Y$가 되어 소비자는 자신의 효용을 극대화하기 위해 X재의 소비를 감소시키게 됩니다. 이렇듯 가격이 오르면 소비량이 감소하고 가격이 하락하면 소비량이 증가하는 관계를 알 수 있는데 이러한 가격과 소비량과의 관계를 나타낸 것이 바로 수요곡선입니다. [그림 2-1]에는 가격이 $P_X{}^0$일 때 수요량은 X_0 이지만 가격이 $P_X{}^1$으로 하락하는 경우 수요량은 X_1으로 증가하는 것으로 나타나 있습니다.

[그림 2-1] 수요곡선의 도출

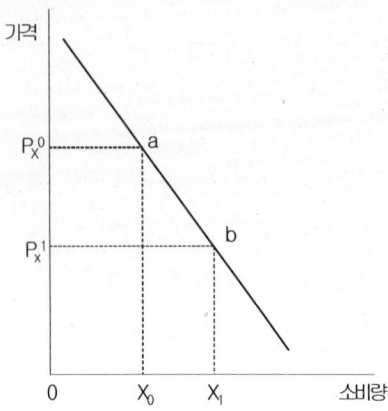

5. 남이 사면 나도 산다?

지금까지 개인의 소비는 자신의 선호와 소득을 기준으로 이루어지는 것으로 설명하였습니다. 따라서 어떤 사람의 소비는 다른 사람의 소비에 의해 영향을 받지 않는 것으로 간주하였습니다. 그러나 실제로 어떤 사람의 소비는 다른 사람들의 소비행태에 의해 영향을 받는 경우가 많습니다. 이렇게 특정 상품에 대한 한 사람의 소비가 다른 사람의 소비에 의해 영향을 받는 것을 네트워크효과(network effect)라고 합니다.

네트워크효과는 악대차효과(bandwagon effect)와 속물효과(snob effect) 두 가지로 구분할 수 있습니다. 우리는 주위에서 어린 아이가 롤러스케이트를 사달라고 부모를 조르는 것을 흔히 볼 수 있습니다. 이때 아이의 부모가 '왜 사려고 하는데' 하고 아이에게 물어보면 아이의 답은 대부분 '다른 애들도 다 있어요'라고 대답합니다. 이처럼 주위의 다른 사람들이 어떤 상품을 사기 시작하여 일종의 유행이 되면 그 유행을 따라 그 물건을 사게 되는 것을 악대차효과라 합니다.

이와는 반대로 어떤 상품을 소비하는 사람의 수가 많아질수록 그 상품의 수요가 감소하는 경우가 있는데 이를 속물효과라 합니다. 즉 어떤 사람들은 남이 소비하지 못하는 것을 자신만이 소비할 수 있다는 과시욕 때문에 값비싼 물건을 고집하는 경향이 있습니다. 우리는 주변에서 명품들을 고집하는 사람들을 볼 수 있으며 이들 명품들의 특징은 제품에 일련번호를 붙여 판매량을 제한하거나 세일을 하지 않는 것을 볼 수 있습니다. 이는 명품을 구입하는 소비계층의 이탈을 막기 위한 판매 전략이라 할 수 있습니다.

<생활경제뉴스 2-4>
WSJ "젊은 여성 술 소비량 급증"

여성의 사회진출 확대로 인한 소득증대와 늦은 결혼, 포화상태에 빠진 시장확대를 위한 주류업체의 적극적인 마케팅 등으로 젊은 여성들의 술 소비량이 크게 증가하고 있다. 15일(현지시간) 월스트리트저널의 보도에 따르면 지난 2004년 미국과 영국에서 24세 이하 성인 여성들의 술 소비량이 이전 해에 비해 무려 33%나 늘어난 것으로 나타났다. 시장조사업체인 데이터모니터는 선진국을 중심으로 젊은 여성들의 음주량이 늘어나고 있으며 특히 영국과 미국에서 여성들의 술 소비량이 크게 증가하고 있다고 전했다.

여성의 음주량이 늘어나고 있는 데는 경제력을 갖춘 여성들이 늘어나고 있으며 가정을 이루는 것도 예전보다 뒤로 미루는 경향을 보이고 있는 것과 무관치 않다는 지적이다. 여기에 일부 유명 드라마에 나오는 젊은 여성 배우들이 하나의 대중문화 아이콘이 되면서 드라마에 나오는 이들의 음주 행태를 모방하려는 심리도 젊은 여성들의 음주를 부추기고 있다는 것.

이에 따라 젊은 여성들은 주류업체들이 마지막으로 공략할 수 있는 새로운 고객층으로 부상하고 있다는 평가까지 나오고 있다. (조선일보, 2006.2.16)

<생활경제뉴스 2-5>

"비과시적 소비 …… 진짜 부자의 돈 쓰는 법"

중국과 러시아, 인도 등 신흥 경제대국의 '신흥 부자'들이 미친 듯이 명품을 사들이고 있지만 미국과 유럽의 '진짜 부자'들은 더 이상 이런 과시적인 소비 행태를 선호하지 않는다고 영국의 경제주간지 이코노미스트 최신호(1월 6일자)가 분석했다.

잡지는 진짜 부자들이 차별적 신분을 확인해 주는 상징으로 여겨졌던 명품을 멀리하게 된 것은 우선적으로 '일반 부자'의 증가와 '명품의 대중화'에서 비롯됐다고 진단했다. 경제성장이 지속되면서 부자의 기준이 되는 백만장자는 주변에서 쉽게 찾아볼 수 있게 됐다. 2004년 기준으로 전 세계에서 100만 달러 이상의 재산을 보유한 가정은 8천 300만에 이른다. 전년보다 7%가 증가한 수치다. 이들 신흥 부자들은 신분을 과시하려고 기존 부자들이 소비했던 사치품들을 마구 사들인다. 사치품 소비와 신분이 동일시되는 이런 현상은 국가 전체가 골고루 부유하지 않은 신흥경제국에서 유독 심하게 나타난다. 러시아, 인도, 브라질, 중국의 명품 소비는 가히 폭발적이다. 메릴린치증권 분석에 따르면 중국의 신흥 부자들이 지난해 해외에서 사들인 사치품은 전 세계 사치품회사 매출의 11%를 차지했다. 2014년에는 중국 부자들이 미국과 일본 부자들을 제치고 사치품 소비의 24%를 차지해 세계 최대의 사치품 구매자로 등장할 것으로 전망된다.

이런 신흥 부자들의 등장과 사치품 회사들의 대중화 전략은 전통 부자들의 과시적 소비를 어렵게 하고 있다. 미국과 영국에서는 최고급 자동차인 페라리와 벤틀리, 디자이너 핸드백, 전용비행기 등을 상대적으로 저렴한 가격에 임대해주는 회사들이 성업하고 있다. 과거 0.001%의 최상위층만이 누렸던 호사가 일반화하고 있다는 얘기다.

이코노미스트는 이런 과시적 소비의 대중화 시대를 맞아 진짜 부자들은 더욱 은밀하고 복잡한 방법으로 소비 방법을 찾고 있다고 전했다. 진짜 부자들은 우선 '자기만족'을 중시한다. 전문 감식가 수준의 지식을 갖추거나 새로운 기술을 가장 먼저 채택하는 방법으로 남다른 취향을 드러낸다. 예를 들어 전문가 이상의 지식을 자랑하며 최고급 와인이나 스위스산 수제 시계를 사들인다든지 수륙양용 차량을 남보다 먼저 사들여 출퇴근 때에

운행을 해보거나 애완동물 복제에 큰돈을 들이기도 한다는 것이다. 자녀를 하버드대학에 보내는 것도 고상한 명품 소비의 일종으로 해석된다.

가장 극단적인 형태는 '과시적 비소비'로 나타나기도 한다. 엄청난 부를 가졌지만 싸구려 차를 몰고 꾀죄죄한 옷차림을 하고 다닌다. 이는 돈이 너무 많아 어떻게 써야 할지 모를 정도라는 점을 과시하는 수단이 된다는 것.

빌 게이츠 부부가 자선재단을 설립해 천문학적인 돈을 기부하고 있는 것도 이런 '과시적 비소비'의 사례로 해석할 수가 있다. 이코노미스트는 빌 게이츠의 아버지, 조지 소로스, 워렌 버핏 등 일부 거부들은 한 걸음 더 나아가 부자들에게 더 많은 세금을 부과하라고 주장하고 있다면서 '과시적 비소비' 또는 '비과시적 소비'가 뼈대 있는 진짜 부자들의 새로운 '패션'이 되고 있다고 진단했다. (조선일보, 2005.12.26)

요약 및 복습

효용(utility)이란 소비자가 어떤 재화나 용역을 소비함으로써 얻는 주관적인 만족감을 말합니다.

총효용(total utility)은 소비자가 일정기간 동안 일정한 양의 재화를 소비함으로써 얻는 만족감의 총량입니다.

한계효용(marginal utility)이란 소비자가 재화를 한 단위 더 소비함으로써 얻게 되는 총효용의 증가분을 말합니다.

한계효용체감의 법칙은 재화의 소비량을 증가시키면 총효용의 증가분 즉 한계효용은 감소하는 현상을 말합니다.

소비자는 각 재화 1원어치의 한계효용이 모두 같아지도록 재화들의 구입량을 조정할 때 자신의 총효용을 극대화시킬 수 있게 됩니다. 이러한 소비자의 효용극대화 조건을 한계효용균등의 법칙이라 합니다.

주위의 다른 사람들이 어떤 상품을 사기 시작하여 일종의 유행이 되면 그 유행을 따라 그 물건을 사게 되는 것을 악대차효과라 합니다.

어떤 상품을 소비하는 사람의 수가 많아질수록 그 상품의 수요가 감소하는 경우가 있는데 이를 속물효과라 합니다.

제3장 기업의 생산재 공급

1. 기업의 본질과 목표는?

기업이란 생산요소를 고용하여 상품과 서비스를 생산하는 경제주체를 말합니다. 현대 자본주의 경제에서 기업이 차지하는 위상은 매우 높으며 한 나라의 경제를 좌우하는 중요한 역할을 하고 있습니다. 기업은 생산요소를 투입하여 상품을 생산하는 과정에서 생산비(cost)를 지출하고 생산된 상품을 소비자에게 판매함으로써 판매수입을 얻게 됩니다. 기업이 얻는 판매수입과 생산비용의 차이가 바로 이윤인데 기업의 목표는 바로 이 이윤을 극대화하는 것이라고 할 수 있습니다.

$$기업의\ 이윤 = 총수입 - 총비용$$

그렇다면 현대 경제에서 생산 활동이 주로 기업이라는 조직에 의해서 이루어지는 이유는 무엇일까요? 이는 기업을 통한 생산활동이 다음과 같은 편익을 얻을 수 있기 때문입니다. 첫째는 단체생산에 의한 분업의 이점입니다. 기업의 생산활동은 여러 개의 팀으로 구성되는데 이 팀 간 또는 팀

내에서의 분업이 산출량을 증대시키고 생산의 효율성을 높이는 역할을 하게 됩니다.

둘째, 기업은 생산요소와 생산물의 거래를 내부화함으로써 거래비용(transaction cost)을 절약할 수 있습니다. 거래비용이란 독립적인 경제주체들 간의 거래에 따르는 비용으로 거래 상대방을 선택하고 거래계약을 체결하며 계약의 내용대로 생산이 이루어질 수 있도록 감시하는 데 따르는 제반 비용들을 의미합니다. 이러한 거래에 관련된 주체들이 한 기업으로 흡수되면 거래비용이 감소될 수 있는데 이때 기업은 거래비용을 내부화하는 조직체로 인식됩니다.

<생활경제뉴스 3-1>
"이윤 추구만 기업역할 아니다" 84%

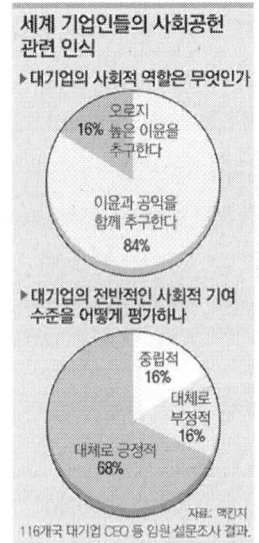

세계 기업인들의 사회공헌 관련 인식
▶대기업의 사회적 역할은 무엇인가
오로지 16% 높은 이윤을 추구한다
이윤과 공익을 함께 추구한다 84%
▶대기업의 전반적인 사회적 기여 수준을 어떻게 평가하나
중립적 16%
대체로 부정적 16%
대체로 긍정적 68%
자료: 맥킨지
116개국 대기업 CEO 등 임원 설문조사 결과.

"기업의 사회적 역할은 이윤 추구만은 아니라고 생각한다(84%), 실제로 긍정적인 역할을 한다고 본다(68%), 그러나 언론과 사회단체들은 기업이 사회적 책임을 다하지 못한다고 비판한다(30%)."

미국 컨설팅회사 맥킨지가 세계 116개국 대기업 최고경영자(CEO) 및 고위급 임원 4238명을 대상으로 한 설문조사 결과다. 맥킨지는 이 설문조사를 토대로 2분기(4~6월) 정례 보고서 '사회에서의 기업(Business in Society)' 편을 최근 펴냈다.

이 조사에서 대부분의 기업인은 "높은 수익을 내는 것이 기업의 유일한 목표가 되어야 한다"는 의견에 동의하지 않는 것으로 나타났다. '대기업의 사회적 역할은 무엇인가'라는 질문에 84%가 "이윤과 공익을 균형 있게 추구해야 한다"고 응답한 것.

특히 이런 경향은 인도에서 가장 강해 인도 기업인 응답자의 90%가 '이윤과 공익의 병행 추구' 쪽에 손을 들었다.

대기업의 사회적 역할에 기업인들은 대체로 긍정적 평가를 내렸다. '자신의 기업이 실제로 긍정적인 역할을 하고 있다고 보는가'라는 질문에는 76%가 '그렇다'고 답했다.

그러나 사회 공헌 스트레스도 적지 않았다. 응답자 10명 가운데 3명은 언론과 사회단체에서 "법을 준수하는 것 말고도 대기업에 요구되는 사회적 책임을 준수하지 못하고 있다"는 비판을 받고 있다고 토로했다.(동아일보. 2006.5.8)

<생활경제뉴스 3-2>
한국기업 180조 원만 있으면 100大기업 넘어가

180조 원만 있으면 한국 증시에 상장된 시가총액 상위 100대 기업의 경영권을 모두 확보할 수 있는 것으로 나타났다. 또 외국인이 100대 기업 주식에 이미 투자한 돈도 236조 원에 이르러 이들이 연계한다면 당장이라도 경영권을 넘볼 수 있다. 본보 취재팀이 시가총액 상위 100대 기업의 지분을 조사한 결과 15일 현재 최대주주들이 보유한 주식의 시가는 180조 373억 원이다.

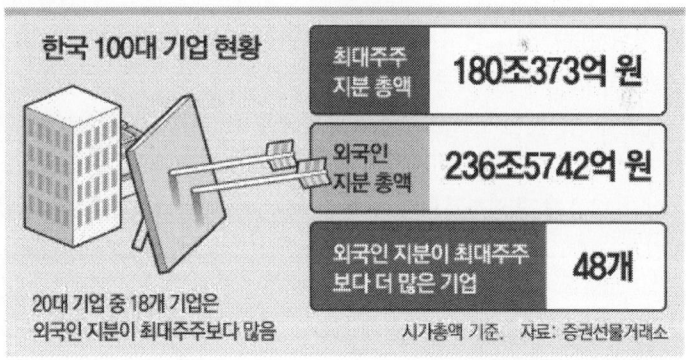

한국 100대 기업 현황

최대주주 지분 총액	180조373억 원
외국인 지분 총액	236조5742억 원
외국인 지분이 최대주주보다 더 많은 기업	48개

20대 기업 중 18개 기업은 외국인 지분이 최대주주보다 많음

시가총액 기준. 자료: 증권선물거래소

이는 최대주주와 특수 관계인, 회사가 갖고 있는 자사주까지 합한 것으로 최대주주 지분을 최대한 높게 잡은 수치다. 180조 원은 미국에서 운용되는 그로스펀드 오브 아메리카(순자산 약 134조 원)와 뱅가드500인덱스

(106조 원) 핌코 토털리턴(91조 원) 등 대형 펀드 가운데 2개만 나서도 마련할 수 있는 금액이다.

외국인이 최대주주보다 많은 지분을 확보한 뒤 투자 목적을 '경영 참가'라고 밝히면 경영권 분쟁이 시작된다. 지분 절반 이상을 확보하지 못한 최대주주는 자신을 도와주는 '백기사'를 구하지 못하면 경영권을 넘겨줘야 한다.

한국 경제의 90% 이상을 차지하는 100대 기업의 경영권이 외국 대형 펀드 몇 개의 공격에도 견디지 못할 정도로 취약한 상황인 셈이다. 이미 100대 기업 주식에 236조 5742억 원을 투자하고 있는 외국인들이 힘을 합치면 상당수 기업이 당장이라도 적대적 인수합병(M&A)의 희생양이 될 것이라는 우려도 나온다. 증권선물거래소에 따르면 100대 기업 가운데 외국인 지분이 최대주주 지분보다 많은 기업은 48개나 된다. 이런 현상은 초우량기업일수록 심해 시가총액 상위 20개 기업 중 18개사의 외국인 지분이 최대주주보다 많다. 이에 따라 최근 KT&G의 경영권 분쟁을 시작으로 외국계 투기자본의 국내 기업 사냥이 본격화될 것이라는 우려가 커지고 있다.

삼성증권은 최근 보고서를 통해 "과거 SK 경영권을 위협했던 소버린은 M&A 전문 펀드가 아니지만 KT&G를 노린 칼 아이칸과 스틸파트너스는 M&A 전문 기업사냥꾼"이라며 "이런 기업사냥꾼들이 계속해서 다른 기업을 노릴 가능성이 높다"고 내다봤다. 증권사 관계자는 "KT&G 사태로 외국 기업사냥꾼들 사이에서 '한국은 만만한 나라'라는 인식이 퍼지고 있다"며 "한국 기업에 대한 2, 3차 공격이 곧 시작될 것"이라고 예상했다.

서울대 임현진(林玄鎭·사회학과) 교수는 "기업을 보호하자고 말하면 '대기업을 옹호한다'고 비판하는 사회 분위기가 문제"라며 "알짜 기업들이 넘어간 다음에 후회하기보다 보호장치를 마련하는 게 낫다"고 말했다. (동아일보. 2006.3.27)

2. 기업의 유형과 재원조달 방식은?

기업이 재원을 조달하는 방식은 기업의 유형에 따라 달라집니다. 기업은 조직형태에 따라 크게 개인기업, 동업기업, 그리고 회사기업으로 분류할 수 있습니다. 개인기업이란 한 사람이 소유하고 경영하면서 기업의 부채에 대해 무한책임을 지는 기업을 말합니다. 따라서 개인회사의 경우 소유주는 기업이 필요로 하는 모든 재원을 직접 조달하며 회사경영에 따른 모든 이익과 손실은 모두 소유주 자신에게 귀속됩니다.

동업기업이란 두 사람 이상이 하나의 기업을 소유하는 형태로 두 사람 이상이 동업한다는 것 외에는 재원조달방법이나 부채에 대해 동업자들이 무한책임을 져야 한다는 것 등은 개인기업과 다를 것이 없습니다.

다음은 주식회사라 불리는 회사기업이 있습니다. 오늘날 우리가 알고 있는 삼성전자나 현대자동차 등 대부분의 대기업들은 회사기업입니다. 주식회사란 소유와 경영이 분리되어 있으며 회사가 발행한 주식을 소유하고 있는 주주들로 구성된 회사를 말합니다. 주식회사가 재원을 조달하는 방법은 여러 가지가 있으나 그 중에서도 대표적인 방법은 주식을 발행하여 자본금을 늘리는 것과 회사채를 발행하여 외부로부터 차입하는 것입니다.

주식은 특성에 따라 보통주와 우선주로 분류됩니다. 보통주란 가장 일반적인 주권의 형태로 현재 거래소에 상장된 주식의 대부분이 보통주로 되어 있으며 의결권과 배당권 및 회사파산 시 잔여재산분배권을 갖습니다. 우선주란 의결권이 없는 대신 보통주보다 더 많은 배당 및 잔여재산분배를 받을 수 있는 주식을 말합니다.

회사채는 채권의 만기가 도래할 때 원금과 함께 이자를 지불하겠다는 일종의 지급보증서로서 주식과는 달리 기업의 부채에 해당됩니다. 따라서 회사채의 소유자는 회사의 주주가 아니며 채권자로서 이자를 지급받을 뿐 배당을 받지는 못합니다.

<생활경제뉴스 3-3>
기업 설비투자, 내부자금 비중 80% 육박

　기업의 설비투자에서 내부자금 조달비중이 올해 80%에 육박했다. 외환위기 직후인 98년 기업 설비투자의 약 70%가 은행대출과 주식발행 등 외부자금에 의해 이뤄진 것에서 비하면 상황이 완전히 뒤바뀐 셈이다. 25일 산업은행의 '기업금융리뷰(11월호)'에 게재된 '2005년 기업금융시장 분석과 2006년 전망'(변현수 산은경제연구소 책임연구원) 보고서에 따르면 올해 기업 설비자금 중 내부자금 비중은 77.6%에 달해 외부자금 비중(22.4%)을 압도한 것으로 추정됐다.

　설비자금 중 내부자금 비중은 98년 30.2%에 불과했으나 2000년 57.0%, 2002년 68.7%, 2004년 74.3%로 계속 상승해 왔다. 특히 올해 제조업체의 설비자금 중 내부자금 비중은 88.6%인 데 비해 비제조업은 55.3%에 그친 것으로 추정돼 제조업체의 내부자금 의존경향이 두드러졌다.

　변 연구원은 "외환위기 이전 설비투자는 적극적인 외부차입 및 경기선행성에 의한 과감하고 외형적인 투자가 주류를 이뤘으나 환란 이후에는 투자에 대한 위험인식이 증가하면서 내부자금 중심의 보수적 투자경향이 뚜렷해졌다"고 분석했다. 또 외부자금 조달수단 중 직접금융(주식, 채권, 기업어음 발행) 대 간접금융(대출)비중은 98년 74.9 대 25.1로 직접금융 비중이 훨씬 높았지만 2002년 44.7 대 55.3, 올해에는 39.7 대 60.3(추정치)을 기록, 간접금융 비중이 더 높아졌다.(-하략-) (동아일보, 2005.11.25)

<생활경제뉴스 3-4>
삼성전자 경영권 안전한가 …… 자사株 적극 매입

　대주주 지분에 대한 정보를 제공하는 '에쿼터블'은 1일 '삼성그룹의 경영권은 안전한가'라는 보고서에서 삼성그룹이 이건희(李健熙) 회장 일가의 지배력이 약화되는 것을 막기 위해 자사주 매입에 나서고 있다고 분석했다. 대규모 자사주 매입을 통해 적대적 또는 비우호적 세력의 주식 매입을

막는 한편 전체 주식수를 줄여 총수 일가의 지분을 높이는 효과도 거둔다
는 것이다.

삼성은 삼성에버랜드, 삼성생명 등 비(非)상장회사들을 사실상의 지주회
사로 하여 주요 계열사들을 지배하고 있다. 그러나 삼성전자의 최대주주인
삼성생명(지분 6.90%)이 상장되면 이 회장 일가의 지분이 낮아져 지배력
이 위협받을 가능성이 있다는 것이다. 여기에 금융계열사의 의결권을 제한
하면 삼성전자에 대한 이 회장의 우호지분은 14.24%로 급감하며, 이 회장
이 법적으로 확실히 의결권을 행사할 수 있는 지분은 7% 정도에 불과하
다고 에퀴터블은 분석했다.

삼성전자는 지난해 자사주(보통주) 399만주(1조3293억 원)에 이어 올 1~
3월에는 310만주(8556억 원)를 사들였다. 삼성전자 윤종용(尹鍾龍) 부회장
은 최근 주주총회에서 올해도 이익의 상당부분을 자사주 매입에 투입하겠
다고 밝혔다.

에퀴터블에 따르면 3월10일 기준으로 이 회장 일가는 그룹의 핵심인 삼
성전자 지분 3.18%를 갖고 있으며 삼성생명과 삼성화재를 통해서도 각각
6.90%, 1.22%를 확보하고 있다. 또 삼성전자→삼성SDI→삼성물산→삼
성전자 등의 순환출자를 통해 이 회장 일가는 삼성전자에 모두 22.36%의
우호지분을 가진 것으로 집계됐다. (동아일보, 2003.4.1)

3. 생산함수와 장·단기

이제 기업의 생산에 관한 의사결정에 대해 공부하기로 합니다. 기업이
상품을 생산하기 위해 어떠한 생산방식을 채택할 것인가 또 생산요소의 투
입량을 어떻게 결정할 것인가를 알아보기 위해서는 우선 생산함수의 개념
을 공부할 필요가 있습니다. 생산함수(production function)란 일정한 기간

동안 생산요소의 투입량과 재화 생산량간의 기술적 관계를 말합니다. 기업이 자본(K)과 노동(L) 두 개의 생산요소를 사용한다고 가정하면 생산함수는 다음과 같이 쓸 수 있습니다.

$$Q = f(K, L)$$

우리는 기업이 효율적으로 운영되고 있다고 가정합니다. 따라서 생산함수는 일정기간 동안에 주어진 생산요소(자본과 노동)로부터 얻을 수 있는 최대산출량을 나타냅니다.

생산요소(factor of production)란 기업이 어떤 재화를 생산하기 위해 생산과정에서 사용하는 것으로서 모든 생산요소는 고정생산요소와 가변생산요소 두 가지로 구분됩니다. 고정요소란 단기간에 투입량을 변화시킬 수 없는 생산요소로서 건물이나 생산설비 등이 이에 속합니다. 가변요소는 단기간에도 변화시킬 수 있는 요소로서 노동을 들 수 있습니다.

생산요소의 투입량을 결정하는 방법은 단기와 장기에 따라 다릅니다. 단기란 생산시설이나 건물 등과 같은 시설규모를 변화시킬 수 없는 짧은 기간을 의미하며 장기란 시설규모를 포함한 기업이 사용하는 모든 생산요소들의 투입량을 변화시킬 수 있는 긴 기간을 말합니다. 따라서 장기에는 모든 생산요소가 가변적이기 때문에 고정요소는 존재하지 않습니다. 단기와 장기의 개념은 물리적인 시간의 길이로 구분할 수는 없고 재화의 종류에 따라 단기가 매우 짧은 기간이 될 수도 있고 상당히 긴 기간이 될 수도 있습니다. 예를 들어 자동차생산의 단기는 볼펜생산의 단기보다는 길겠지요.

4. 기업의 생산요소 최적 투입량결정은?

기업의 생산요소 투입량 결정을 공부하기 위해서는 생산요소의 생산량 개념을 공부할 필요가 있습니다. 먼저 총생산량(total product)이란 기업이 주어진 생산요소를 사용하여 만들어 낼 수 있는 최대 산출량을 말합니다.

평균생산량(average product)이란 생산요소 한 단위당 생산량을 의미합니다. 따라서 노동의 평균생산량이라 하면 노동자 1인당 생산량을 말하며 이를 노동생산성이라고도 합니다.

$$노동의\ 평균생산량 = \frac{총생산량}{노동투입량}$$

한계생산량(marginal product: MP)이란 다른 생산요소의 투입량이 고정되어 있을 때 어느 한 생산요소를 추가로 1단위 투입하였을 때 추가로 생산되는 재화의 생산량을 말합니다.

$$노동의\ 한계생산량 = \frac{총생산량의\ 증가분}{노동투입량의\ 증가분}$$

$$자본의\ 한계생산량 = \frac{총생산량의\ 증가분}{자본투입량의\ 증가분}$$

다른 생산요소의 투입량을 고정시킨 채 한 생산요소의 투입량을 계속 증가시키면 그 생산요소의 한계생산량은 감소하게 됩니다. 예컨대 자본투입이 고정된 상태에서 노동의 투입을 계속 증가시키면 노동 한 단위를 더 투입해서 얻어지는 추가 생산량은 줄어들게 됩니다. 시설규모가 일정하게 고정된 상태에서 인력투입만을 증가시키는 경우 일할 수 있는 공간이 부족하게 되어 결국 추가 생산량은 감소하게 될 것이라는 것은 쉽게 생각할 수 있겠지요. 이는 투입량이 불변인 자본에 비해 노동량이 필요 이상으로 과다하게 투입됨으로써 비효율성이 나타나기 때문입니다. 마찬가지로 노동투입을 고정시키고 자본투입을 계속 증가시키면 자본투입에 따른 추가생산량도 감소하겠지요. 이처럼 생산요소의 투입량이 증가할수록 한계생산량이 감소하는 현상을 한계생산량체감의 법칙(law of diminishing marginal product)이라고 합니다.

이제 기업이 이윤을 극대화하기 위해서, 혹은 비용을 극소화하기 위해서 자본과 노동 두 생산요소를 어떻게 결합해야 하는가를 살펴보기로 하지요. 기업이 장기적으로 이윤을 극대화하기 위해서는 1원을 노동투입의 증가에 썼을 때 얻는 추가생산량이 같은 1원을 자본의 투입에 썼을 때 얻을 수 있는 추가생산량과 동일하도록 생산요소들의 투입량을 선택해야 합니다. 이는 다음과 같이 표현할 수 있습니다.

$$\frac{\text{자본의 한계생산량}}{\text{자본의 가격}} = \frac{\text{노동의 한계생산량}}{\text{노동의 가격}}$$

위 식에서 좌변은 자본의 한계생산량을 자본의 가격으로 나눈 값으로 자본 1원어치의 한계생산량을 의미하며 우변은 노동 1원어치의 한계생산량을 의미합니다. 즉 기업이 비용을 극소화하기 위해서는 자본 1원어치의 한계생산량과 노동 1원어치의 한계생산량이 동일해지도록 자본과 노동의 투입량을 결정해야 합니다. 이를 한계생산량균등의 법칙이라고 합니다. 이는 제2장의 소비자행동이론에서 공부한 한계효용균등의 법칙과 논리적으로 동일한 내용입니다.

만일 위 식에서 좌변이 크다면 자본 1원어치의 한계생산량이 노동 1원어치의 한계생산량보다 크다는 의미이므로 기업은 한계생산량이 더 큰 자본의 구입량을 늘리고 노동의 구입량을 줄이고자 할 것입니다. 그렇다면 기업은 자본의 고용량을 얼마나 더 늘리고 노동의 구입량을 얼마나 줄일까요? 자본을 추가로 더 구입하면 한계생산량 체감의 법칙에 의해 자본의 한계생산량은 감소하고, 반면 노동의 구입량을 줄이게 되면 노동의 한계생산량은 증가하게 됩니다. 결국 자본의 한계생산량이 감소하고 노동의 한계생산량이 증가하여 좌우 양변이 일치할 때까지 자본의 구입량을 늘리고 노동의 구입량을 감소시키게 될 것입니다. 마찬가지로 우변이 크다면 기업은 한계생산량이 큰 노동의 구입량을 늘리고 한계생산량이 적은 자본의 구입을 줄이고자 하겠지요.

결과적으로 기업이 이윤을 극대화할 수 있는 생산요소의 결합방법은 각 생산요소 1원어치의 한계생산량이 일치하도록 자본과 노동의 고용량을 선택하는 것입니다. 만일 자본의 가격에 변화가 없는데 노동의 가격인 임금이 하락한다고 하면 우변이 더 커지게 되어 기업은 자본의 구입량을 줄이고 노동의 구입량을 늘리게 됩니다.

<생활경제뉴스 3-5>
한국 노동생산성 선진국 30~50% 수준

우리 산업의 노동생산성이 주요 선진국의 30~50% 수준에 머물고 있는 것으로 나타났다. 한국개발연구원(KDI)이 7일 내놓은 '한국의 산업경쟁력 종합연구'에 따르면 2000년 기준으로 한국의 전체 산업 노동생산성은 미국을 100으로 했을 때 34.8에 그쳤다.

나라별 노동생산성은 ▶일본 120.6▶프랑스 91.5▶독일 87.1▶이탈리아 74.1▶캐나다 69.0 등으로 우리보다 2~3배 높았다. 세부 업종별 노동생산성은 미국을 100으로 했을 때▶섬유 30.8▶기계 34.4▶수송장비 39.3▶화학 53.4 등이었으며 전기전자는 일본을 100으로 했을 때 47.9였다.

수출품의 경쟁력도 중국보다 뒤졌다. 1995년부터 2001년까지 2770개 품목을 대상으로 한국과 중국의 수출품 경쟁력 변화를 분석한 결과 중국이 우위를 가진 상품이 73.2%였으며, 한국이 경쟁력을 가진 상품은 26.8%에 그쳤다. 경쟁력이 중국에 비해 떨어지고 있는 이유는 원가 경쟁력이 낮기 때문으로 분석됐다.

　서중해 KDI 연구위원은 "산업 경쟁력 강화를 위해서는 중국 등 발전하
는 개도국 시장을 겨냥해 기계. 정밀화학. 부품소재 등 자본재 산업을 보
강하고 산업 각 분야에서 혁신능력을 키워야 한다"고 지적했다. (중앙일
보. 2005.3.7)

5. 경제학적 비용과 회계학적 비용이란?

　생산비용을 말할 때 주의하여야 할 점은 경제학적 비용과 회계학적 비용
이 다르다는 사실입니다. 경제학에서 말하는 비용은 회계학에서 정의하는
비용의 개념보다 포괄적인 개념을 갖습니다. 일반적으로 회계학적 비용이
란 직접 화폐로 지출된 비용으로 이를 명시적 비용(explicit cost)이라고도
합니다. 예를 들면 노동자에 대한 급여나 원자재 또는 중간재의 구입비, 감
가상각비 등과 같이 직접 회계장부에 나타나는 비용이 회계학적 비용입니
다. 반면 경제학적 비용은 앞의 회계학적 비용에 암묵비용(기회비용)을 포
함한 것입니다.

　회계학적 비용과 경제학적 비용이 어떻게 다른지를 〈표 3-1〉의 대용이의
사례를 통해 살펴보지요. 대용이는 세금을 제하고 월평균 400만 원의 월급
을 받고 다니던 회사를 그만두고 자신의 퇴직금과 저축금액을 합친 2억 원
과 은행융자금 1억 5000만 원을 투자해 냉면집을 개업했다고 가정합시다.
회계학적 비용을 기준으로 했을 때는 월 총수입이 3800만 원인데 총비용이
3300만 원이므로 대용이는 월 500만 원의 이익을 얻고 있습니다. 따라서
대용이의 투자는 성공적인 것으로 보일 수 있습니다.

〈표 3-1〉 회계학적 비용과 경제학적 비용의 비교

경제학적 비용	(단위: 만원)	회계학적 비용	(단위: 만원)
총수입	3800	총수입	3800
총비용	3300	총비용	3300
명시적 비용		명시적 비용	
종업원임금	550	종업원임금	550
원료비	2000	원료비	2000
세금	300	세금	300
임대료	300	임대료	300
이자	150	이자	150
암묵적 비용			
만득이의 임금	400		
이자	200		
경제적 이윤	-100	회계이윤	500

　그러나 조금만 더 깊이 생각해보면 대용이의 투자에는 비록 대용이가 직접 지불하지는 않았지만 비용 속에 포함되어야 할 항목이 있다는 것을 알 수 있습니다. 첫째, 대용이가 사업을 하기 전에 다녔던 회사로부터 받았던 월평균 400만 원의 임금은 대용이가 직접 지불한 명시적 비용(explicit cost)에는 속하지 않았지만 이에 해당하는 금액은 대용이의 인건비로 계상되어 비용으로 처리되어야 할 것입니다. 왜냐하면 대용이가 사업을 하지 않고 회사에 다녔더라면 벌 수 있었던 소득을 포기한 것이기 때문입니다. 그러나 대용이의 호주머니에서 직접 빠져나간 금액이 아니기 때문에 명시적 비용에는 포함되지 않았던 것입니다.

　둘째, 사업을 하기 위해 은행으로부터 대출받은 1억 5000만 원에 대한 이자비용은 명시적 비용에 포함되어 있으나 자신의 퇴직금과 저축액을 포함한 2억 원에 대한 이자는 포함되어 있지 않습니다. 즉 이 돈을 대용이가 사업을 하지 않고 현행 은행금리로 은행에 예금하였더라면 받을 수 있었던 금액 200만 원도 명시적 비용에는 누락되어 있음을 알 수 있습니다.

　대용이 자신의 임금이나 이자소득은 대용이가 직접 지출하지 않은 비용이라는 점에서 암묵적 비용(implicit cost)이라고 합니다. 또한 암묵적 비용은 대용이가 사업을 하기 위해 포기할 수밖에 없었던 소득이라는 점에서 기회비용(opportunity cost)이라고도 부릅니다. 결국 회계학적 비용만을 고려할 경우 대용이는 월 500만 원의 이윤이 발생하지만 경제학적 비용을 고려할 경우 월 100만 원의 손실이 발생한다는 것을 알 수 있습니다.

<생활경제뉴스 3-6>
"서울대 非법학 전공 사시합격자 법대생 추월"

서울대 출신 사법고시 합격자 가운데 법학을 전공하지 않은 타 계열 학생의 비율이 법대생을 넘어선 것으로 나타났다.

국회 교육위 최재성(崔宰誠.열린우리당) 의원이 7일 사법연수원 등으로부터 제출받은 자료를 분석한 결과에 따르면 지난해 사법고시 합격자 888명 가운데 서울대 출신은 334명이었으며, 이들 서울대 출신 중 법학 비전공자가 50.6%(169명)를 차지해 법학 전공자(165명)보다 많았다.

서울대 출신 사시합격자 가운데 법학 비전공자의 비율은 1996년 22.7%에서 97년 25.3%, 98년 30.7%, 99년 36.4%, 2000년 38.5%, 2001년 37.9%, 2002년 44.7%, 2003년 47.1% 등으로 매년 꾸준히 증가했다가 올해는 44.7%로 다소 감소했다.

최 의원은 "서울대 학생들이 전공을 불문하고 고시준비에만 매달리고 있다는 지적이 사실로 드러났다"며 "서울대가 인재를 거의 독점하는 현실에서 서울대생들이 다양한 분야의 핵심역량으로 성장하기보다 고시준비에 뛰어든다면 국가차원의 기회비용 손실이 된다"고 지적했다. (중앙일보, 2005.10.7)

<생활경제뉴스 3-7>
벽걸이TV 값 1년 새 절반으로 떨어진 까닭은

여러분, 혹시 집에 PDP TV나 LCD TV가 있나요? (중략) 집에 아직 벽걸이 TV가 없다고요? 아마 값이 너무 비싸기 때문일 것입니다. 그런데

이 벽걸이 TV 값이 현재 빠른 속도로 떨어지고 있습니다. 50인치 PDP TV는 지난해 초 1300만 원대였지만, 요즘은 590만 원이면 살 수 있습니다. 40인치 LCD도 990만 원대였으나 지금은 550만 원대입니다. 모두 1년 새 반값으로 떨어진 것입니다. 값이 왜 이렇게 많이 떨어질까요?

물건 값이 떨어지는 첫째 이유는 수요공급 법칙 때문입니다. 수요공급 법칙이란 물건을 사려는 사람보다 팔려는 사람이 더 많으면 가격이 떨어진다는 것이죠. 반대로 사려는 사람은 많은데 팔려는 사람이 적으면 물건 값이 오르겠죠. 사실 벽걸이 TV가 앞으로 큰 인기를 끌 것으로 보고 각 업체들이 생산량을 경쟁적으로 늘리고 있는 중입니다. 특히 LCD의 경우 삼성전자가 충남 탕정에, LG전자가 경기도 파주에 대규모 공장을 건설 중입니다. 또 일본의 샤프, 마쓰시타, 대만의 AUO 등도 잇따라 생산설비를 늘리고 있습니다. 따라서 수요공급의 법칙으로 따져보면 벽걸이 TV 값은 계속 떨어질 것으로 전망됩니다.

또 다른 가격하락 요인은 기술의 발전입니다. PDP 패널(화면)을 만드는 삼성SDI는 올 하반기부터 본격 가동될 3라인에서 6면취 방식으로 제품을 생산할 계획이라고 합니다. 6면취란 유리원판 한 장에서 PDP 패널 6장을 만들 수 있는 기술이지요. 이 회사의 생산기술은 과거 1라인(2면취), 2라인(3면취)으로 계속 발전했습니다. 그런데 이제는 6면취까지 획기적으로 발전한 것이죠. 똑같은 비용과 시간을 들여도 기술발전으로 과거보다 한 번에 더 많은 패널을 만들 수 있게 된 겁니다. 따라서 제조업체는 PDP 값을 내려도 이윤을 계속 남길 수 있는 거죠.

PDP, LCD가 급성장하면서 그 동안 대형 TV 부문에서 독주하던 프로젝션 TV가 점차 설 자리를 잃고 있습니다. PDP 등이 화질 등에서 프로젝션 TV보다 더 좋기 때문입니다. 더구나 벽걸이 TV업체들은 프로젝션 TV가격과 비슷하게 값을 낮춰 소비자들을 유혹하고 있습니다. PDP업체들은 자신들의 이익을 줄이고 가격을 낮춰 TV 시장을 장악하려는 것이지요. LG 경제연구원도 최근 보고서에서 벽걸이 TV업체들이 가격을 내려 시장 확대를 꾀하고 있다고 분석했습니다.

그럼 벽걸이 TV 값은 언제까지 떨어질까요? 아마 앞으로도 계속 떨어질 것으로 보입니다. 더구나 PDP, LCD보다 성능이 더 좋은 TV가 나올지도 모를 일이지요. 현재 초기 단계인 유기발광다이오드(OLED)는 LCD와 PDP를 능가하는 차세대 디스플레이로 기대를 모으고 있답니다.

그렇다면 '더 좋은 물건'을 '더 싸게' 사기 위해서 마냥 기다려야 할까요? 개인의 판단과 사정에 따라 조금씩 다를 겁니다. 어떤 사람은 비싸더라도 지금 당장 벽걸이 TV를 사고 싶어 합니다. 또 조금만 더 참았다가 값이 떨어지면 사겠다고 벼르는 사람도 있을 겁니다.

경제학적으로는 기회비용을 따져 적정한 때에 물건을 사라고 합니다. 기회비용이란 바로 관련 제품을 사지 않고 지냄으로써 입는 손실(불편함 등)을 말합니다. 따라서 이 개념은 가격하락만을 기다리며 무작정 안 사면 손해를 볼 수도 있다는 것이죠. 물건 사는 시점을 따질 때는 값이 떨어지는 속도와 기회비용을 함께 고려해야 한다는 것입니다. 이렇게 합리적으로 따져서 가장 좋은 구매시점을 정해야 합니다. 성급한 충동구매도, 지나친 '자린고비' 구매도 모두 안 좋다는 얘기입니다. 여러분은 언제쯤 벽걸이 TV를 사실 생각이세요? (중앙일보, 2005.4.18)

6. 기업의 생산비용과 수입

앞에서는 기업이 재화를 생산하기 위해 자본과 노동 두 생산요소의 투입량을 어떻게 결정하는지를 공부했습니다. 이제는 기업이 이윤을 극대화하기 위해 재화의 산출량을 어떻게 결정하는지 알아보겠습니다. 기업이 이윤을 극대화할 수 있는 산출량을 결정하기 위해서는 재화 생산에 드는 비용과 재화를 판매함으로써 얻는 수입을 비교할 것입니다.

이제 기업의 생산비용에 대해 알아보기로 하겠습니다. 기업이 재화를 생산하기 위해서는 생산요소를 투입해야 하고 이를 위해서는 비용이 들어갑니다. 기업이 생산물을 생산하기 위해서 생산요소에 지출한 총 금액을 총비용(total cost)이라고 합니다. 총비용 중 가변요소의 구입에 지출한 비용

을 가변비용(variable cost)이라 하고 고정요소에 지출한 비용을 고정비용
(fixed cost)이라고 합니다.

$$총비용 = 총고정비용 + 총가변비용$$

평균비용(average cost)이란 생산량 한 단위당 생산비용을 말하며 총비
용을 총생산량으로 나누어서 구합니다. 총비용은 고정비용과 가변비용의
합이므로 평균비용은 생산량 한 단위당 고정비용인 평균고정비용과 평균가
변비용으로 구성됩니다. 평균가변비용은 단위노동비용이라고 합니다.

$$평균비용 = \frac{총비용}{생산량} = \frac{고정비용}{생산량} + \frac{가변비용}{생산량}$$
$$= 평균고정비용 + 평균가변비용$$

한계비용(marginal cost)이란 재화 생산량을 1단위 증가시킬 때 발생하
는 총비용의 증가분을 말합니다. 일반적으로 생산량이 증가함에 따라 한계
비용은 체증하는데 이는 생산요소의 한계생산량이 체감하기 때문입니다.

$$한계비용 = \frac{총비용의\ 증가분}{생산량의\ 증가분}$$

이제 기업이 재화를 생산함으로써 얻는 수입에 대해 알아보겠습니다. 먼저
기업이 재화를 판매함으로써 얻는 총수입(total revenue)이란 재화의 가격과
판매량을 곱한 것입니다. 평균수입(average revenue)이란 재화 한 단위당 수
입으로 총수입을 판매량으로 나눈 것으로 항상 가격과 일치하게 됩니다.

$$총수입 = 판매량 \times 가격$$

$$평균수입 = \frac{총수입}{판매량} = 가격$$

한계수입(marginal revenue)이란 기업이 판매량을 한 단위 증가시킴으로써 발생하는 총수입의 증가분을 의미합니다.

$$한계수입 = \frac{총수입의\ 증가분}{판매량의\ 증가분}$$

<생활경제뉴스 3-8>
한국 노동비용 상승속도 OECD 국가 중 최고

1990년 이후 한국의 노동비용 증가속도가 경제협력개발기구(OECD)국 중 가장 빠른 것으로 나타났다.

노동연구원 김승택 연구위원이 월간 '노동리뷰' 2월호를 통해 발표한 '노동비용과 임금수준의 국제비교' 연구보고서에 따르면 1990년 제조업의 시간당 보수를 100으로 했을 때 한국은 2.8배가량 증가한 279.0을 기록해 OECD 회원국 등 27개국 중 1위를 차지했다. 싱가포르(198.8), 덴마크(175.3), 포르투갈(173.7) 등이 뒤를 이었고 일본(160.2)은 8위, 독일(144.0) 18위 등을 기록했다.

보고서는 이 기간 한국의 노동비용 급증세는 1990년대 들어 국민연금, 고용보험 등 사회보험의 종류와 적용대상이 확대된 데 따른 것이며 2000년 이후에는 증가세가 점차 안정되고 있는 것으로 분석했다. 또한 2003년의 시간당 보수를 미국을 기준(100)으로 비교할 때 한국은 47(22위)로 선진국의 절반 수준에 머물고 있으나 대만(27), 멕시코(11) 등 보다는 훨씬 높은 것으로 나타났다.

김 연구위원은 "노동비용의 높은 상승속도는 임금비용의 상승과 직결된다"며 "이런 추세를 감당할 정도의 노동생산성 향상이 불가능하다면 노동비용의 상승을 억제할 수 있는 방안이 급선무로 떠오를 수밖에 없다"고 말했다. (중앙일보, 2005. 2.10)

<생활경제뉴스 3-9>
"싱가포르가 기업하기 가장 좋아"

싱가포르가 주요 산업화 국가들 가운데 기업하기 가장 좋다는 조사 결과가 나왔다고 BBC 인터넷판이 22일 보도했다. 국제 회계·컨설팅 법인인 KPMG가 최근 발표한 자료에 따르면 싱가포르는 9개 주요 산업화 진전 국가 가운데 기업하기 좋은 순위에서 1위를 차지했다. 2위는 캐나다, 3위는 프랑스, 4위는 네덜란드, 5위는 이탈리아가 차지했다. 영국과 미국은 각각 6, 7위를 차지했고 일본과 독일이 뒤를 이었다.

조사는 이들 9개 국가의 128개 도시를 대상으로 1년에 두 차례 실시되고 있다. 순위는 여러 업종에 걸쳐 10년을 주기로 해서 창업 및 기업 운영 비용을 도출해 나온 것이다. 핵심 요소는 임금과 사업세, 임대료, 에너지요금 등이었다.

싱가포르가 1위에 오른 것은 인건비가 다른 지역에 비해 상대적으로 저렴하기 때문으로 조사됐다. 싱가포르가 1위에 오른 것은 처음이다. 싱가포르는 1인당 국내총생산(GDP)이 유럽 국가들과 같은 수준임에도 다른 나라에 비해 상대적으로 인건비는 낮았다.

조사 결과 기업들이 창업을 할 때 가장 먼저 고려하는 것은 인건비인 것으로 나타났다. 영업장 확보 및 세금은 인건비보다 우선순위에서 밀리는 것으로 조사됐다. 과거 최고 기업환경을 자랑하던 영국의 경우 프랑스, 이탈리아에 뒤진 것으로 조사됐다. (중앙일보, 2006.3.22)

7. 이윤극대화와 기업의 공급곡선

이제 기업이 이윤을 극대화하기 위해 얼마만큼 생산할 것인지에 대한 문제를 생각해보지요. 기업이 이윤을 극대화할 수 있는 산출량은 한계수입과 한계비용이 일치하는 점에서 결정됩니다. 한계수입이란 재화 한 단위를 추가로 판매함으로써 얻는 추가수입이며 한계비용은 재화 한 단위를 추가로 생산하는 데 드는 추가비용이라는 것은 이미 앞에서 설명한 바 있습니다. 만일 재화 한 단위를 추가로 판매함으로써 얻는 추가수입이 100인 데 반해 이 재화 한 단위를 생산하는 데 드는 추가비용이 80원이라면 생산량을 늘리는 것이 이윤을 증가시키는 방법일 것입니다. 이와는 반대로 재화 한 단위를 추가로 판매함으로써 얻는 추가수입이 100인 데 반해 이 재화 한 단위를 생산하는 데 드는 추가비용이 120원이라면 생산할수록 손해이므로 기업은 생산량을 줄이고자 할 것입니다. 따라서 한계수입이 한계비용을 초과하는 경우 기업은 생산량을 계속 증가시킬 것이며 한계비용이 한계수입을 초과한다면 생산량을 감소시키고자 할 것입니다. 결국 기업은 한계수입과 한계비용이 일치하는 점에서 생산량을 결정하게 됩니다.

[그림 3-1] 기업의 공급곡선

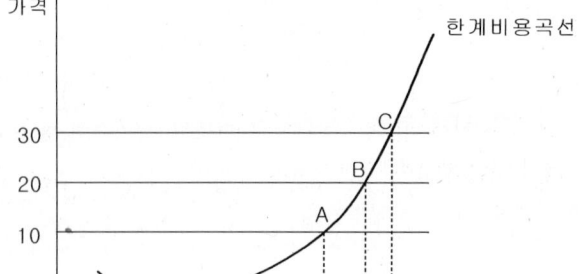

이러한 기업의 이윤극대화 산출량 결정과정을 통해서 기업의 공급곡선을 도출할 수 있습니다. 먼저 기업은 시장에서 가격이 결정이 되면 주어진 가격하에서 자신의 상품을 팔고 싶은 만큼 팔 수 있다고 가정하지요. [그림 3-1]에는 기업의 한계비용곡선이 나타나 있습니다. 시장에서 가격이 20원으로 결정된 경우 재화를 한 단위 추가로 판매함으로써 얻을 수 있는 추가수입, 즉 한계수입이 20원이 됩니다. 만일 기업이 100개를 생산한다면 한계비용은 10원이므로 한계수입이 한계비용보다 크게 됩니다. 따라서 기업은 이윤을 극대화하기 위해 생산량을 증가시키게 될 것입니다. 이제 기업이 115개를 생산하는 경우를 가정해보지요. 이 경우 한계비용은 30원이 되어 한계수입보다 한계비용이 더 크게 됩니다. 따라서 기업은 생산량을 줄이고자 할 것 입니다. 따라서 기업은 한계비용과 한계수입이 일치하는 110개를 공급함으로써 자신의 이윤을 극대화하게 됩니다. 이제 가격이 10원으로 하락했다고 가정해보지요. 그러면 기업의 공급량은 100개로 감소할 것입니다. 같은 논리로 가격이 30원으로 증가하면 공급량이 115개로 증가하게 되겠지요. 따라서 개별기업의 공급곡선은 한계비용곡선과 일치하게 되고 우상향의 형태를 갖게 됩니다.

요약 및 복습

생산요소(factor of production)란 기업이 어떤 재화를 생산하기 위해 생산과정에서 사용하는 것으로서 모든 생산요소는 고정생산요소와 가변생산요소 두 가지로 구분됩니다.

고정요소란 단기간에 투입량을 변화시킬 수 없는 생산요소로서 건물이나 생산설비 등을 들 수 있습니다. 가변요소는 단기간에도 변화시킬 수 있는 요소로서 노동을 들 수 있습니다.

단기란 생산시설이나 건물 등 시설규모를 변화시킬 수 없는 짧은 기간을 의미하며 장기란 시설규모를 포함한 기업이 사용하는 모든 생산요소들의 투입량을 변화시킬 수 있는 정도의 긴 기간을 말합니다.

평균생산량(average product)이란 생산요소 한 단위당 생산량을 의미합니다. 따라서 노동의 평균생산량이라 하면 노동자 1인당 생산량을 말하며 이를 노동생산성이라고도 합니다.

한계생산량(marginal product: MP)이란 다른 생산요소의 투입량이 고정되어 있을 때 어느 한 생산요소를 추가로 1단위 투입하였을 때 추가로 생산되는 재화의 생산량을 말합니다.

생산요소의 투입량이 증가할수록 한계생산량이 감소하는 현상을 한계생산량 체감의 법칙(law of diminishing marginal product)이라고 합니다.

기업이 이윤을 극대화할 수 있는 생산요소의 결합방법은 각 생산요소 1원어치의 한계생산량이 일치하도록 자본과 노동의 고용량을 선택하는 것입니다. 이를 한계생산량균등의 법칙이라 합니다.

평균비용이란 생산량 한 단위당 생산비용을 말하며 총비용을 총생산량으로 나누어서 구합니다. 한계비용이란 재화생산량을 1단위 증가시킬 때 발생하는 총비용의 증가분을 말합니다.

기업의 이윤극대화 산출량은 한계수입과 한계비용이 일치하는 점에서 결정됩니다.

개별기업의 공급곡선은 우상향하는 한계비용곡선이 됩니다.

제4장 수요와 공급

1. 수요량이란?

어떤 재화나 서비스를 구매하고자 하는 소비자의 욕구를 수요(demand)라 하고 구매하고자 하는 수량을 수요량(quantity demanded)이라고 합니다. 하지만 대학생인 태경이가 벤츠자동차를 구매하고 싶다고 해서 이를 수요라고 할 수는 없습니다. 왜냐하면 수요란 단순한 욕구가 아니라 구매력을 수반한 욕구를 의미하기 때문입니다.

이제 수요량의 개념을 더 자세히 살펴보겠습니다. 우선 수요량이란 구매하고자 의도된 양을 의미하기 때문에 실제 구매량과는 다를 수 있습니다. 예를 들어 특정 가격에 소비자의 사과 수요량은 5개이었으나 시장에 나가보니 사과가 다 팔리고 3개밖에 남지 않았다면 수요량은 5개이나 실제 구매량은 3개로 일치하지 않을 수도 있기 때문입니다.

수요량은 일정한 기간을 명시해야 비로소 그 의미가 명확해집니다. 예컨대 어떤 소비자의 우유 수요량이 30개라고만 말하면 정확한 의미가 전달되지 않습니다. 만일 한 달간의 수요량이 30개라면 소비자는 우유를 좋아하는 사람일 것이나 1년에 30개라 하면 소비자는 우유를 좋아한다고 말할 수 없기 때문입니다. 이렇듯 재화의 수요량은 1주일간, 1개월간, 1년간 등의 기간을 명시해야만 비로소 그 의미가 명확해지게 됩니다.

마지막으로 수요량은 주어진 가격하에서 소비자가 구매하고자 하는 최대 수량을 의미합니다. 사과의 가격이 500원일 때 어떤 소비자의 수요량이 10 개라고 한다면 이는 500원의 가격에서 사고자 하는 최대수량이 10개이므로 11개 이상은 사려고 하지 않는다는 의미입니다. 따라서 수요량이란 소비자 가 구매력을 갖고 일정한 기간 동안 구매하고자 하는 최대수량으로 정의할 수 있습니다.

2. 무엇이 수요를 결정해 주는가?

이제, 개별 소비자의 수요나 수요량이 어떠한 요인들에 의해 결정되는지 살펴보기로 하겠습니다. 첫째, 어떤 재화에 대한 수요량에 영향을 주는 가 장 큰 요인은 바로 그 재화의 가격입니다. 다른 조건이 일정할 때 어떤 재 화의 가격이 오르면 수요량은 감소하고 가격이 내리면 수요량은 증가합니 다. 이러한 현상을 수요의 법칙(law of demand)이라고 합니다.

둘째, 어떤 재화의 수요는 다른 재화의 가격변화에 의해서도 영향을 받 게 됩니다. 만일 커피의 가격이 상승하면 커피의 수요는 감소하는 대신 홍 차의 수요는 증가할 것입니다. 반면에 프림의 가격이 상승하면 커피의 수 요는 감소할 것입니다. 이처럼 다른 재화의 가격이 하락할 때 어떤 재화의 수요는 증가할 수도 있고 감소할 수도 있습니다. 커피와 홍차와 같이 한 재화의 가격이 상승할 때 다른 재화의 수요량이 증가하는 경우 두 재화는 대체재관계에 있다고 합니다. 한편 커피와 프림, 카메라와 필름처럼 한 재화의 가격이 상승할 때 다른 재화의 수요가 감소하는 경우 두 재화는 보완재관계에 있다고 합니다. 그리고 자동차와 수영복과 같이 어떤 재화의 가격변화가 다른 재화의 수요에 아무런 영향을 주지 않을 때 두 재화는 독립재관계에 있다고 합니다.

셋째, 어떤 재화의 수요는 소비자의 소득수준에 의해 영향을 받습니다. 일반적으로 소득이 증가함에 따라 재화에 대한 수요는 증가하는데 이러한 상품을 정상재(normal goods)라고 합니다. 현대사회에서 대부분의 상품은 소득이 증가하면 수요가 증가하는 정상재라 할 수 있습니다. 한편 소득이 증가하면 수요가 감소하는 재화가 있는데 이러한 재화를 열등재(inferior goods)라고 합니다. 연탄이나 돼지고기 등을 열등재라고 설명하면 이해가 쉬울 것입니다. 소득이 증가하면 연탄 대신에 석유나 가스를, 그리고 돼지고기 대신에 쇠고기를 소비하는 경향이 있기 때문에 연탄이나 돼지고기의 수요는 감소할 수 있습니다. 그러나 1970년대만 해도 연탄이나 돼지고기는 분명 정상재였습니다. 따라서 열등재라는 것은 어떤 특정 재화를 지칭하는 것이 아니라 시기마다 국가마다 다를 수 있습니다.

넷째, 어떤 상품에 대한 소비자들의 선호도가 변하면 그 상품에 대한 수요가 변하게 됩니다. 마라톤 붐이 일어나면 마라톤 운동화의 수요는 증가하게 마련입니다.

마지막으로 소비자의 예상이 현재의 수요에 중요한 영향을 미치게 됩니다. 일반적으로 어떤 재화의 가격이 가까운 장래에 오를 것으로 예상되면 값이 더 오르기 전에 더 많이 사 두려고 하기 때문에 당장에 그 재화에 대한 수요는 증가하게 됩니다. 반대로 가격이 내릴 것으로 예상되면 값이 더 싸질 때를 기다려 현재의 수요량은 감소하게 되겠지요.

<생활경제뉴스 4-1>
IMF 영향 연탄사용 증가

IMF가 연료까지 바꾸고 있다. 점차 사라지던 연탄사용 가구가 11년 만에 증가세로 돌아섰다. 한 푼이라도 아끼려고 기름보일러 대신 연탄을 때는 집이 늘었기 때문이다. 23일 경기도에 따르면 연탄을 사용하는 가구는 87년 을 정점으로 93년 56만 6천 가구, 95년 22만 6천 가구, 97년 5만 1천 2백 가구로 급격히 줄어들다 올 상반기에 5만 4천여 가구로 다시 늘고 있다.

이러한 추세는 최근 경유 등 기름값이 크게 인상됨에 따라 가속될 것으로 보인다. 이에 따라 가정형편이 어려운 저소득층에 지원되는 연탄운반비도 올해부터 늘어났다. 그동안 지원된 연탄운반비는 93년 8억2천여만 원 (1만 8천여 가구), 95년 6억 7천여만 원 (1만 5천여 가구)이었으며 올해는 7억 원 (1만 3천여 가구) 이다. 지원대상은 도내 자활보호 4천 2백 88가구 와 실직가구 1천 6백 95가구, 오지 1천 7백 40가구, 생활곤란자 5천 6백 83 가구 등이다. (중앙일보, 1998.9.24)

<생활경제뉴스 4-2>
닭고기 시장 힘찬 '날갯짓'

광우병, 구제역 소동으로 소고기와 돼지고기 소비가 주춤하는 사이 대체 육으로 닭고기 소비가 크게 늘고 있다. 국내 생닭 시장 규모는 1조 3000 억~1조4000억 원 정도로 매년 8% 정도 신장해 왔으나 올해는 작년 대비 14% 정도 시장 규모가 커질 것이라는 전망이 나오고 있다. 생닭 시장뿐 아니라 닭고기 가공식품도 속속 새 상품이 등장함에 따라 시장 규모가 급 신장하고 있다. 닭고기는 다른 육류에 비해 지방과 염류가 적게 들어 있고 콜레스테롤 수치도 상대적으로 낮은 편이다. 또한 단백질, 비타민 등의 영 양소가 풍부하고 소화도 잘 되는 편이다. 미국의 경우에도 소고기, 돼지고 기에 비해 닭고기 소비가 더 많으며 광우병 파동을 겪은 유럽도 최근 들 어 닭고기 소비가 크게 늘고 있는 추세다. (-하략-) (조선일보, 2001.11.5)

<생활경제뉴스 4-3>
수입차 구매층 젊어졌다

최근 젊은 취향의 가격을 낮춘 수입차가 잇따라 선보이면서 수입차 구 매 연령대가 낮아지고 있는 것으로 나타났다. 14일 한국수입자동차협회에

따르면 올 들어 10월까지 개인이 등록한 수입차는 8천 603대로 작년 동기
(7천 450대)보다 15.5% 늘었다.

이 중 30세 이하가 565명으로 작년 동기(419명)보다 34.8%나 급증, 연령
대별로 가장 높은 상승률을 보였고 31-40세(2천 297명)도 평균보다 높은
21.2%의 상승률을 기록했다. 이 밖에 41-50세(2천 535명) 14.3%, 51-60세
(1천 672명) 15%, 61세 이상(1천 282명) 2.9% 등의 상승률을 기록, 대체
로 젊을수록 상승률이 커졌다. 이에 따라 전체에서 40세 이하가 구입한 수
입차의 비중은 작년 31.0%에서 올해 33.3%로 높아져 수입차 구입고객 10
명중 3명은 40세 이하인 것으로 나타났다. 특히 상대적으로 저렴한 신차가
잇달아 출시된 하반기 들어서는 40세 이하 비중이 35%를 넘어서고 있다.

이처럼 수입차 구매 연령대가 낮아지는 것은 업체들이 젊은 층을 타깃
으로 한 SUV(스포츠유틸리티차)와 중저가 모델들을 잇달아 선보이고 있
기 때문으로 풀이된다. 지난 2월 출시된 BMW 미니는 10월까지 판매물량
중 20대(24%)와 30대(40%) 등 40세 이하의 구입 비중이 64%에 이른다.
또한 2천만 원대 SUV로 관심을 모은 혼다 CR-V와 3천만 원 안팎인 폭
스바겐 파사트와 골프 등도 젊은 층을 중심으로 좋은 반응을 얻고 있다.
아울러 수입차에 대한 거부감이 젊을수록 덜한 것도 수입차 구입 연령층
이 낮아지고 있는 요인으로 분석된다.

한국수입자동차협회 관계자는 "소비자 인식조사를 해보면 젊은층일수록
수입차에 대해 긍정적으로 바라보는 경향이 두드러진다"면서 "능력만 있
다면 주위를 의식하지 않고 구입하는 젊은층의 소비패턴도 수입차 시장
성장에 한몫하고 있다"고 말했다.(동아일보. 2005.12.14)

<생활경제뉴스 4-4>
영국 운전자들 기름 사재기로 주유소 마비

고유가에 항의하는 시위대가 정유시설을 봉쇄할지도 모른다는 우려로
운전자들이 일제히 기름 사재기에 나서 영국 전역의 3천 개 주유소에 기
름이 떨어지는 소동이 벌어졌다. 고유가로 생계에 어려움을 겪고 있는 농
부와 트럭운전자 단체들은 14일부터 3일간 영국 주요 정유시설 인근에 집
결해 대규모 항의시위를 벌이기로 했다. 이들은 영국 정부가 석유 제품에

대한 세금을 인하하지 않으면 정유시설을 봉쇄하겠다고 위협하고 있다.

영국의 휘발유 가격은 ℓ당 95펜스 내외로 1파운드(약 1천870원) 돌파를 앞두고 있다. 휘발유 가격이 1파운드를 돌파하면 농민과 트럭 운전자들을 중심으로 거센 저항이 있을 것으로 우려돼 왔다. 이런 가운데 영국인들은 12일부터 이틀간 전국의 주유소에 몰려들어 기름 사재기를 벌였다.

5년 전 있었던 정유시설 봉쇄 파동으로 일주일째 주유소에서 석유공급이 중단됐던 악몽이 재현될지도 모른다는 두려움 때문이었다. 곳곳의 주유소에 몰려든 운전자들은 차량에 기름을 가득 채운 뒤 예비로 들고 온 플라스틱 통에도 기름을 채우느라 분주한 모습이었다. 이틀째 계속된 사재기로 영국 전역의 주유소 3분의 1(약 3천 개소)에서 기름이 떨어졌고 운전자들은 재고가 남아 있는 주유소로 몰려 장사진을 쳤다.

영국 정부와 정유업계는 "전 세계적인 비축유 방출로 유가가 ℓ당 2~3펜스 내릴 것으로 예상되며 석유공급에 차질이 빚어지는 일은 없을 것"이라며 "사재기를 자제해 달라"고 당부했으나 운전자들은 이를 무시했다. 석유소매업협회 관계자는 "일주일 분량의 석유 재고가 이틀 만에 팔려나가는 어처구니없는 일이 발생했다"며 "비이성적인 사재기가 계속되면 진짜 석유 파동이 발생할 수도 있다"고 경고했다. 운전자들이 몰리자 일부 주유소들은 시가보다 높은 ℓ당 1파운드 이상의 가격에 현금만 받는 얌체 상혼을 보이기도 했다.

한편 영국 운전자협회는 14일 성명을 통해 "부가가치세를 폐지해 운전자들과 농민들의 가계부담을 낮춰야 한다"고 주장했다. 고유가 항위시위를 주관하고 있는 단체들은 영국 정부가 일시적으로 세금 부과를 동결할 의향을 내비치고 있다면서 정유시설 앞 항의시위를 확대할 것을 독려하고 있다. 하지만 시위 첫날인 14일 오전 정유시설 앞에 집결한 시위대는 수십여 명에 불과한 것으로 전해졌다. 영국 정부가 어떤 대책을 내놓을지 주목되는 상황이 계속되고 있다.(조선일보 2005.9.14)

3. 수요함수와 수요곡선

수요함수란 수요와 수요에 영향을 주는 여러 요인들 간의 관계를 말합니다. 어떤 상품에 대한 수요량을 D라 하고 그 상품의 가격을 P, 관련 상품의 가격을 P_r, 소비자의 소득을 I, 선호를 T, 그리고 소비자의 예상을 E 라고 표시하면 수요함수는 다음과 같이 표시할 수 있습니다.

$$D = f(P, P_r, I, T, E \cdots \cdots)$$

어떤 상품의 수요량에 가장 큰 영향을 주는 것은 그 상품의 가격입니다. 따라서 해당상품의 가격 외에 다른 요인들은 일정하다고 가정하고 간단한 형태의 수요함수를 다음과 같이 표시하기도 합니다.

$$D = f(P)$$

수요곡선이란 수요에 영향을 주는 다른 모든 요인들이 일정하다고 놓고 그 재화의 가격이 변할 때 수요량이 어떻게 변하는지를 보여주는 곡선입니다. 수요곡선은 수요의 법칙에 따라 [그림 4-1]처럼 우하향하는 형태를 갖게 됩니다. 즉 가격이 오르면 수요량은 감소하고 가격이 하락하면 수요량은 증가합니다.

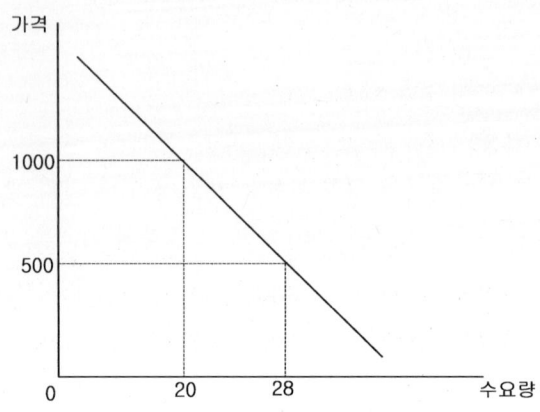

[그림 4-1] 수요곡선

수요곡선에 대해 우리가 반드시 알아야 할 내용은 수요곡선은 소비자가
주어진 가격하에서 구매하고자 하는 최대수량(maximum quantity)을, 그리
고 주어진 수량을 구입하기 위해 지불하고자 하는 최고가격(maximum
price)을 의미하는 궤적이라는 점입니다. 따라서 [그림 4-1]에서 사과 가격
이 1000원일 때 소비자는 사과를 최대 20개까지 사고자 합니다. 이는 바꾸
어 말하면 사과를 20개를 구매하기 위해 소비자가 지불하고자 하는 개당
최고가격이 1000원이라는 의미입니다. 소비자가 지불할 용의가 있는 최고
가격 1000원을 수요가격(demand price)이라고 합니다.

4. 수요의 변화와 수요량의 변화

수요량의 변화란 가격의 변화에 의한 수요곡선상의 이동을 말합니다.
[그림 4-2] (a)에서 가격이 70원이었을 때의 수요량은 6개이었으나 가격이

100원으로 오르자 수요량은 4개로 감소합니다. 이렇듯 가격이 변함에 따라 수요량이 변하는 것을 수요량의 변화라 하며 이는 수요곡선상의 이동으로 나타납니다.

한편 가격이외의 다른 변수들의 변화로 인해 수요곡선 자체가 이동하는 것을 수요의 변화라고 합니다. [그림 4-2](b)에서 수요곡선이 D에서 D'로 이동하는 경우 가격이 70원일 때 사과의 수요량이 6개이었으나 9개로 증가하는 것으로 나타나고 있습니다.

이렇게 수요곡선이 우측으로 이동하는 것을 수요의 증가라고 하고 좌측으로 이동하는 것을 수요의 감소라고 합니다. 그러면 수요가 증가하는 경우를 생각해 봅시다. 첫째는 소득이 증가하는 경우입니다. 재화가 보통재라면 재화의 가격이 변하지 않더라도 소득이 증가한다면 그 재화에 대한 수요는 증가하게 될 것입니다.

둘째는 대체재 가격의 상승이나 보완재 가격의 하락, 소비자의 선호변화나 유행, 가격이 오르리라는 예상 등이 모두 수요를 증가시키는 요인이 될 것입니다. 물론 수요를 감소시키는 요인은 반대의 경우가 될 것입니다. 이는 앞에서 이미 설명한 바 있습니다.

[그림 4-2] 수요의 변화와 수요량의 변화

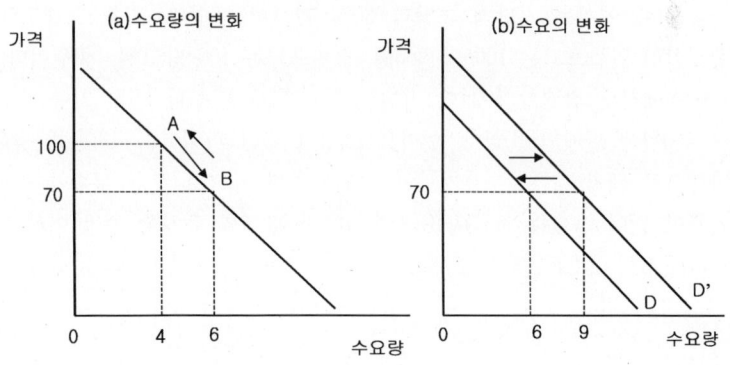

<생활경제뉴스 4-5>

[LPG차 판매 감소] 미니밴 판매 한 달 새 20% 감소

　자동차공업협회는 14일 정부의 LPG가격 인상안 발표 이후 첫 달인 8월 한 달간 LPG를 연료로 사용하는 미니밴 판매가 7월보다 약 20% 감소했다고 밝혔다. 이 같은 판매량 감소 폭은 지난달 전체 내수판매 감소 폭 16.1%보다 3.9%포인트 높은 것이다.

　이 가운데 현대자동차 싼타페는 8월 한 달 동안 1630대를 판매, 7월보다 49.5%나 줄어든 것으로 나타났다. 또 대우자동차 레조도 5448대로 전달에 비해 35.5%나 판매가 감소했고 기아자동차 카니발도 3669대 판매에 그쳐 32.9%나 줄었다. (조선일보, 2000.9.14)

<생활경제뉴스 4-6>

"삼겹살 안 먹을 수도 없고 ……" 가격 30% 껑충

　서민 식탁에 단골로 오르는 삼겹살이 '귀하신 몸'이 됐다. 지난해 광우병 파동으로 쇠고기의 대체수요가 돼지고기로 몰리고 사육 두수 감소로 공급량이 줄면서 지난해보다 값이 20~30% 껑충 뛰어올랐기 때문이다. 1일 업계에 따르면 신세계 이마트에서는 삼겹살 100g이 1천 680원으로 지난해 1천 400원보다 20% 올랐다.

　홈플러스에서는 지난해 초보다 30% 가까이 올랐다. 자체 브랜드(PB) 삼겹살인 알뜰포크는 100g당 980원, 크린포크는 100g당 1천 180원이다. 롯데마트에서도 삼겹살 100g이 작년 동기(1천200원)보다 20% 가량 오른 1천 450원에 판매되고 있다. 이마트 조성기 축산 바이어는 "지난해 광우병 파동으로 돼지고기로 수요가 몰린 데다 질병 등으로 사육 두수가 줄면서 가격이 많이 올랐다"며 "여름 성수기까지 강세를 유지할 전망"이라고 말했다.(-하략-) (조선일보, 2005.3.1)

5. 시장수요란

이제까지 우리는 개별 소비자들의 수요곡선에 대해 알아보았습니다. 시장에는 수많은 소비자들이 있습니다. 각각의 가격수준에서 시장에 존재하는 모든 소비자들이 사고자 하는 상품의 최대수량을 보여주는 곡선을 시장수요곡선이라고 합니다. 시장수요곡선은 개별수요곡선을 수평으로 더해 구할 수 있습니다. 설명의 편의를 위해 시장에 소비자 a와 소비자 b만이 존재한다고 가정합시다. [그림 4-3]에서 사과의 가격이 100원일 때 소비자 a의 수요량은 10개이고 b의 수요량도 10개입니다. 따라서 가격이 100원일 경우 시장 전체의 수요량은 20개가 됩니다. 가격이 50원으로 하락하면 시장전체의 수요량은 소비자 a의 수요량 15개와 소비자 b의 수요량 30개를 합쳐 총 45개가 됩니다. 이렇게 시장수요곡선은 개별소비자들의 수요곡선을 수평으로 더해서 구하게 되는데 이는 각 가격수준에서 모든 소비자들의 수요량을 더하는 것을 의미합니다. 시장수요곡선 역시 우하향하는 형태를 갖게 되며 일반적으로 개별수요곡선보다 완만한 모습을 갖습니다.

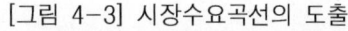

[그림 4-3] 시장수요곡선의 도출

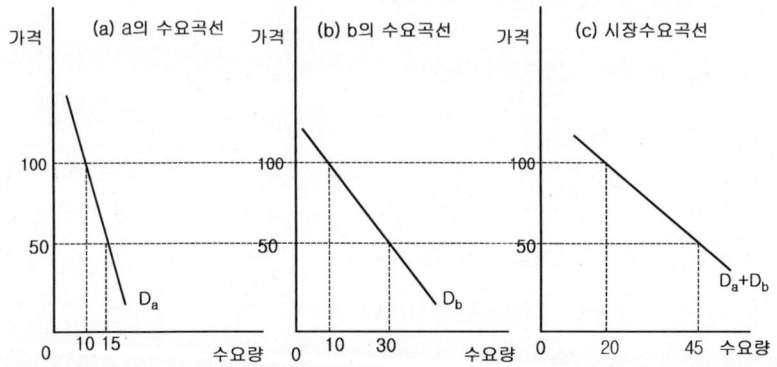

6. 공급량이란?

　이제 공급에 관해 알아봅시다. 생산자가 어떤 재화나 서비스를 판매하고 자 하는 욕구를 공급이라고 하며, 판매하고자 하는 수량을 공급량이라 합니다. 공급량 역시 수요량이 구입량과 다를 수 있는 것처럼 실제 판매량과 일치하지 않을 수 있습니다. 또한 유량의 개념으로서 일정기간이 명시되어야 그 의미가 명확해지는 유량의 개념입니다.

　마지막으로 공급량은 주어진 가격하에서 생산자가 판매하고자 하는 최대 수량을 의미합니다. 사과의 가격이 500원일 때 어떤 생산자의 공급량이 100개라고 한다면 이는 500원의 가격에서 공급하고자 하는 최대수량이 100개이므로 101개 이상은 공급하지 않는다는 의미입니다. 따라서 공급량이란 생산자가 일정한 기간 동안 판매하고자 하는 최대수량으로 정의할 수 있습니다.

7. 공급량을 결정하는 요인은?

　이제 생산자의 공급이나 공급량에 영향을 주는 요인들에 대해 생각해보지요. 먼저 수요량의 경우와 마찬가지로 어떤 재화의 공급량에 영향을 주는 가장 중요한 요인은 바로 그 재화의 가격입니다. 일반적으로 가격이 높아질수록 어떤 재화의 공급량은 증가하고 가격이 내리면 공급량은 감소합니다. 이러한 현상을 경제학에서는 공급의 법칙(law of supply)이라고 부릅니다.

한편 어떤 재화의 공급에 영향을 주는 요인으로는 그 재화의 생산에 투입되는 생산요소의 가격을 들 수 있습니다. 즉 생산원료의 가격이 하락하거나 혹은 임금이 하락한다면 재화의 생산비용이 하락하게 되어 기업은 공급량을 증가시키게 될 것입니다. 또한 생산기술 역시 공급에 영향을 주는 요인이 될 수 있습니다. 생산기술이 발달하게 되면 생산비용이 감소하게 되므로 공급량은 증가하게 됩니다.

마지막으로 공급량에 영향을 주는 요인으로 미래에 대한 예상 등을 들 수 있습니다. 즉 어떤 재화의 가격이 오를 것이라 예상되는 경우 그 재화의 생산자는 상품의 생산 및 판매를 가격이 오를 때까지 연기하고자 할 것입니다. 따라서 어떤 상품의 가격이 오를 것으로 예상되면 그 상품의 공급량은 감소하게 됩니다. 반면 어떤 재화의 가격이 하락할 것으로 예상되는 경우는 가격이 떨어지기 전에 팔고자 하기 때문에 공급량은 증가하게 될 것입니다.

<생활경제뉴스 4-7>
담배 매점매석하면 처벌받는다

담배가격 인상에 대비 사재기에 나서거나 판매를 기피하는 경우 2년 이하 징역이나 최고 5000만 원 이하의 벌금에 처해진다.

정부는 지난 10월 국민건강증진법개정안 제출로 담배가격 인상이 가시화됨에 따라 10월 판매량이 급증하는 등 매점매석행위가 우려된다며 물가안정에 관한 법률에 의거 담배에 대한 '매점매석행위 고시'를 17일부터 시행한다고 밝혔다.

이에 따라 담배 제조업자나 수입판매업자는 지난 7월부터 10월까지 월평균 반출량의 103%를 초과해 반출하는 것이 제한된다. 담배 도매업자와 소매업자들도 같은 기간 중 평균매입량의 103%를 초과해 매입하는 것이 제한된다. 또 제조업자나 수입판매업자, 도매업자, 소매인 등이 정당한 사유 없이 반출 또는 매입한 담배의 판매를 기피하는 행위도 금지된다. 정부는 이같은 사항을 위반할 경우 관련 법률에 의거 2년 이하 징역이나 5000

만 원 이하 벌금에 처해진다고 설명했다. 또 이번 고시는 별도 폐지고시일까지 적용된다고 강조했다.

담배 판매량은 지난 2분기이후 월 4억 갑 중반대에서 판매량을 유지해 왔지만 지난달에는 판매량이 5억5000만 갑으로 17% 증가했었다.(조선일보, 2004.11.17)

8. 공급함수와 공급곡선

공급함수란 공급과 공급에 영향을 주는 여러 요인들 간의 관계를 말합니다. 어떤 재화의 공급량을 S라 하고 해당 재화의 가격을 P, 생산요소의 가격을 r, 생산기술을 t, 그리고 공급자의 예상을 e라 하면 공급함수는 다음과 같이 표시할 수 있습니다.

$$S = f(p, r, t, e \cdots\cdots)$$

어떤 상품의 공급량에 가장 큰 영향을 주는 것은 그 상품의 가격입니다. 따라서 해당상품의 가격 외에 다른 요인들은 일정하다고 가정하고 간단한 형태의 공급함수를 다음과 같이 표시하기도 합니다.

$$S = f(p)$$

공급곡선이란 공급에 영향을 주는 다른 모든 요인들이 일정하다고 놓고 그 재화의 가격이 변할 때 공급량이 어떻게 변하는지를 보여주는 곡선입니다. 공급곡선은 공급의 법칙에 따라 우상향하는 형태를 갖게 됩니다. 즉 가격이 하락하면 공급량은 감소하고 가격이 상승하면 공급량은 증가합니다.

공급곡선에 대해 우리가 반드시 알아야 할 내용은 공급곡선은 생산자가 주어진 가격하에 판매하고자 하는 최대수량(maximum quantity)을, 그리고 주어진 수량을 공급하기 위해 받고자 하는 최저가격(minimum price)을 의미하는 궤적이라는 점입니다. 따라서 [그림 4-4]에서 사과 가격이 1000원일 때 생산자는 사과를 최대 60개까지 판매하고자 합니다. 이는 바꾸어 말하면 사과를 60개를 판매하기 위해 생산자가 받고자 하는 개당 최저가격이 1000원이라는 의미입니다. 이 생산자가 받고자 하는 최저가격 1000원을 공급가격(supply price)이라 합니다.

[그림 4-4] 공급곡선

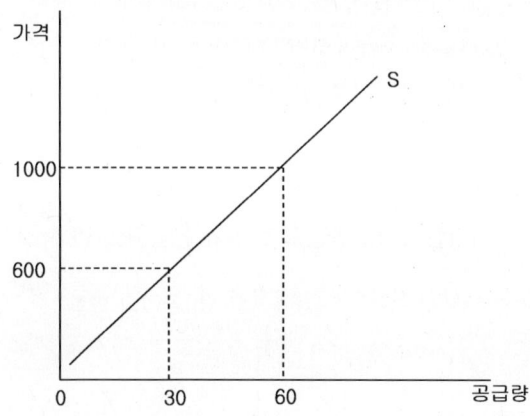

9. 공급의 변화와 공급량의 변화

공급량의 변화란 가격의 변화에 의한 공급곡선상의 이동을 말합니다.
[그림 4-5](a)에서 가격이 100원이었을 때의 공급량은 30개이었으나 가격
이 150원으로 오르자 공급량은 50개로 증가합니다. 이렇듯 가격이 변함에
따라 공급량이 변하는 것을 공급량의 변화라고 합니다. 이는 공급곡선상의
이동으로 나타나게 됩니다.

한편 가격 이외의 다른 변수들의 변화로 인해 공급곡선자체가 이동하는
것을 공급의 변화라고 합니다. [그림 4-5](b)에서 공급곡선이 S에서 S'로
이동함에 따라 가격이 100원일 때 공급량이 20개에서 40개로 증가하는 것
으로 나타나고 있습니다. 공급곡선이 우측으로 이동하는 것을 공급의 증가
라 하고 좌측으로 이동하는 것을 공급의 감소라 합니다. 그러면 공급이 증
가할 수 있는 경우를 생각해봅시다.

[그림 4-5] 공급의 변화와 공급량의 변화

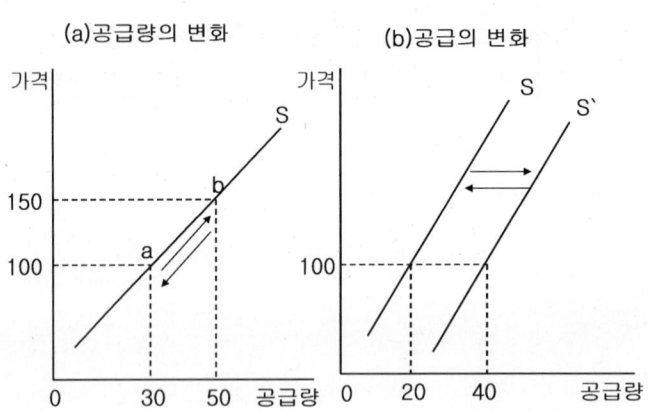

첫째는 생산요소의 가격이 하락하는 경우입니다. 재화의 가격과 다른 조건이 불변일 때 재화를 생산하는 데 사용되는 생산요소의 가격이 하락한다면 재화의 공급은 증가하게 될 것입니다.

둘째는 생산기술의 발달이나 혹은 장래에 가격하락이 예상되는 경우 등을 생각할 수 있습니다. 이에 대한 설명은 이미 앞에서 한 바 있습니다.

10. 시장공급곡선

이제까지 우리는 개별 기업들의 공급곡선에 대해 알아보았습니다. 시장에는 많은 생산자 즉 기업들이 있습니다. 어떤 재화의 시장공급량이란 이 재화를 생산하는 기업들의 공급량을 모두 더한 것입니다. 시장수요와 같이 시장공급량도 가격수준에서 각 기업들이 공급하고자 하는 공급량을 수평으로 더함으로써 구할 수 있습니다.

[그림 4-6] 시장공급곡선의 유도

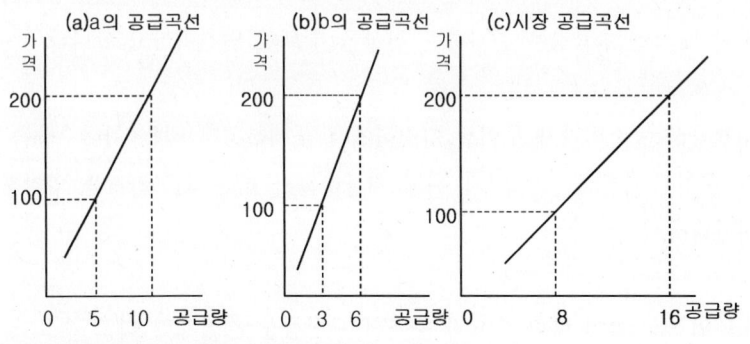

설명의 편의를 위해 시장에 생산자 a와 생산자 b만이 존재한다고 가정합시다. [그림 4-6]에서 사과의 가격이 100원일 때 생산자 a가 공급하고자 하는 양은 5개이고 b가 공급하고자 하는 양은 3개입니다. 따라서 가격이 100원일 경우 시장전체의 공급량은 8개가 됩니다. 가격이 200원으로 상승하면 시장전체의 공급량은 생산자 a의 공급량 10개와 생산자 b의 공급량 6개를 합쳐 총 16개가 됩니다. 이렇게 시장공급곡선은 개별생산자들의 공급곡선을 수평으로 더해서 구하게 되는데 이는 각 가격수준에서 모든 생산자들의 공급량을 더하는 것을 의미합니다. 따라서 시장공급곡선은 개별공급곡선의 수평적 합(horizontal summation)으로 정의됩니다. 이는 시장수요곡선이 개별수요곡선의 수평합으로 구해지는 것과 동일한 논리입니다.

요약 및 복습

수요량이란 소비자가 구매력을 갖고 일정한 기간 동안 구매하고자 하는 최대수량으로 정의할 수 있습니다.

다른 조건이 일정할 때 어떤 재화의 가격이 오르면 수요량은 감소하고 가격이 내리면 수요량은 증가하는 현상을 수요의 법칙이라고 합니다.

수요곡선은 소비자가 주어진 가격하에서 구매하고자 하는 최대수량을 그리고 주어진 수량을 구입하기 위해 지불하고자 하는 최고가격을 의미하는 궤적입니다.

소득이 증가함에 따라 수요가 증가하는 상품을 정상재라 하고 수요가 감소하는 재화를 열등재라 합니다.

한 재화의 가격이 상승할 때 다른 재화의 수요량이 증가하는 경우 두 재화는 대체재관계에 있다고 하고 한 재화의 가격이 상승할 때 다른 재화의 수요량이 감소하는 경우 두 재화는 보완재관계에 있다고 합니다.

가격의 변화에 의한 수요곡선상의 이동을 수요량의 변화라 하고 가격이외의 다른 변수들의 변화로 인해 수요곡선 자체가 이동하는 것을 수요의 변화라고 합니다.

수요곡선이 우측으로 이동하는 것을 수요의 증가라 하고 좌측으로 이동하는 것을 수요의 감소라 합니다.

시장수요곡선은 개별수요곡선의 수평적 합으로 정의됩니다.

생산자가 어떤 재화나 서비스를 판매하고자 하는 욕구를 공급이라고 하며, 생산자가 일정한 기간 동안 판매하고자 하는 최대수량을 공급량이라합니다.

가격이 높아질수록 어떤 재화의 공급량은 증가하고 가격이 내리면 공급량은 감소하는데 이러한 현상을 공급의 법칙이라고 합니다.

공급곡선은 생산자가 주어진 가격하에서 판매하고자 하는 최대수량을 그리고 주어진 수량을 공급하기 위해 받고자 하는 최저가격을 의미하는 궤적입니다.

공급량의 변화란 가격의 변화에 의한 공급곡선상의 이동을 말하고 가격이외의 다른 변수들의 변화로 인해 공급곡선 자체가 이동하는 것을 공급의 변화라고 합니다.

공급곡선이 우측으로 이동하는 것을 공급의 증가라 하고 좌측으로 이동하는 것을 공급의 감소라고 합니다.

시장공급곡선은 개별공급곡선의 수평적 합으로 정의됩니다.

제5장 수요와 공급의 탄력성

1. 수요의 가격탄력성이란?

우리는 앞 장에서 수요에 영향을 미치는 여러 요인들에 대해 살펴보고 가격이 오르면 수요량은 감소하고 가격이 내리면 수요량은 증가한다는 수요의 법칙을 공부했습니다. 그러나 가격이 변할 때 수요량이 변하는 정도는 재화에 따라 차이가 있습니다. 즉 어떤 재화는 가격이 오르면 수요량이 크게 감소하는 데 반해 어떤 재화는 수요량의 감소가 크지 않을 수도 있습니다. 이 장에서는 가격이 변할 때 수요량이 얼마나 민감하게 변하는가에 대해 공부하고자 합니다.

경제학에서는 독립변수의 변화율에 대한 종속변수의 변화율 정도를 탄력성이라고 합니다. 따라서 수요의 가격탄력성(price elasticity of demand)이란 독립변수인 가격의 변화율에 대한 종속변수인 수요량의 변화율을 의미합니다. 수요의 가격탄력성은 다음과 같이 정의됩니다.

$$수요의\ 가격탄력성 = \frac{수요량의\ 변화율(\%)}{가격의\ 변화율(\%)}$$
$$= \frac{\triangle Q}{Q} / \frac{\triangle P}{P}$$

재화의 가격이 상승하면 재화에 대한 수요량은 감소하고 가격이 하락하면 수요량이 증가하므로 수요의 가격탄력성은 항상 음(-)의 값을 갖게 됩니다. 따라서 수요의 가격탄력성은 절대값 개념을 사용하며 절대값이 클수록 가격의 변화에 대한 수요량 변화의 정도가 큼을 의미합니다.

여기서 반드시 기억해야 할 점은 탄력성을 측정할 때는 변화량이 아닌 변화율을 사용한다는 점입니다. 만일 가격이 1000원 올랐을 때 사과의 수요량은 2단위 줄지만 수박의 수요량은 1단위 줄어든다고 가정해보지요. 이 경우 사과의 수요가 수박보다 더 탄력적이라고 말할 수 있을까요? 그렇지 않습니다. 즉 원래의 사과 가격이 1,000원이고 수박의 가격이 10,000원이었다면 사과 가격의 변화율은 100%인 데 반해 수박 가격의 변화율은 10%이기 때문이지요. 또 사과의 원래의 수요량이 10개이고 수박의 수요량은 5개였다면 사과 수요량의 변화율은 20%이지만 수박 수요량의 변화율도 20%로 동일하기 때문입니다. 이 경우 수요의 가격탄력성을 측정하게 되면 사과 수요의 가격탄력성은 0.2(=20% / 100%)인 데 반해 수박 수요의 가격탄력성은 2(=20% / 10%)가 되어 수박이 더 탄력적인 것입니다.

2. 수요곡선의 형태와 탄력성의 값

수요의 가격탄력성은 수요곡선의 형태에 따라 0에서 ∞까지의 값을 갖습니다. 어떤 상품의 가격의 변화율과 수요량의 변화율이 같다면 수요의 가격탄력성 값은 1이 됩니다. 이 경우 수요는 단위 탄력적(unit elastic)이라고 합니다. 그리고 어떤 상품의 수요량의 변화율이 가격의 변화율보다 커서 수요의 가격탄력성이 1보다 큰 경우 수요는 탄력적(elastic)이라고 하며 이와는 반대로 1보다 작으면 수요는 비탄력적(inelastic)이라고 합니다. 한 편 가격이 아무리 변해도 수요량이 전혀 변하지 않는다면 수요의 탄력성은 0이 되는데 이를 완전 비탄력적(perfect inelastic)이라고 합니다. 그리고 가격의 미세한 변화에 대해서도 수요량이 매우 크게 변한다면 수요의 탄력성은 무한대가 되며 이 경우 수요는 완전 탄력적(perfect elastic)이라고 합니다.

[그림 5-1]은 수요곡선의 모양에 따라 탄력성의 값이 어떻게 달라지는지를 보여주고 있습니다. [그림 5-1](a)는 수요의 탄력성이 0인 경우를 보여주고 있습니다. 즉 가격이 10원일 때의 수요량은 10개이나 가격이 20원으로 상승해도 수요량은 10개로 변하지 않습니다. 우리는 여기서 어떤 재화의 수요곡선이 수직선일 경우 수요가 완전 비탄력적이라는 사실을 알 수 있습니다.

[그림 5-1] 수요곡선의 모양과 수요의 가격탄력성

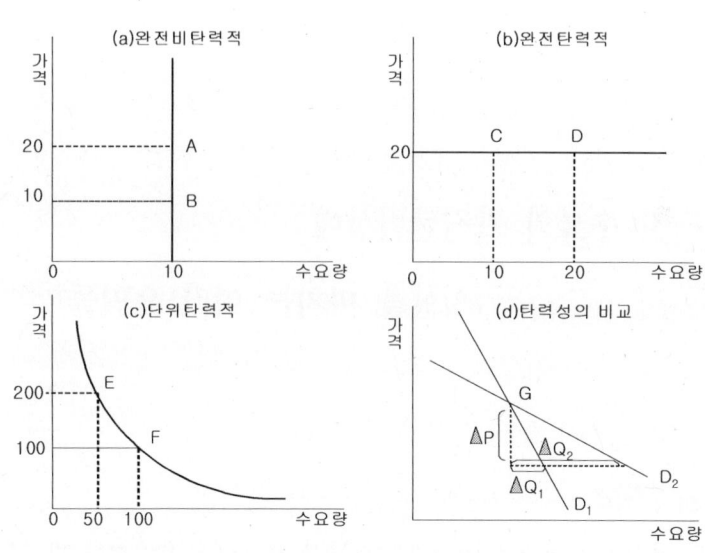

한편 수요가 가격변화에 완전 탄력적이라면 수요곡선의 모양은 [그림 5-1](b)처럼 수평선에 가깝게 됩니다. 이는 가격이 조금만 변해도 수요량은 무한대로 변한다는 것을 보여줍니다.

수요가 단위 탄력적이라면 수요곡선의 모양은 [그림 5-1](c)처럼 직각쌍곡선형태가 됩니다. 이 직각쌍곡선형태의 수요곡선 상에서는 가격이 아무리 변해도 가격변화율과 수요량의 변화율이 항상 동일합니다.

그림(d)는 수요곡선의 기울기에 따라 수요의 탄력성이 다를 수 있음을 보여주고 있습니다. 기울기가 가파르다는 것은 가격이 변할 때 수요량의 변화가 상대적으로 적다는 것을 의미합니다. 그림에서 수요곡선 D_1은 수요곡선 D_2에 비해 기울기가 가파른 형태를 취하고 있습니다. 수요곡선 D_1의 경우 가격이 변했을 때 수요량의 변화분은 ΔQ_1인 데 반해 D_2의 경우 수요량의 변화분은 ΔQ_2로 동일한 가격변화에 대해 수요량의 변화가 D_2의 경우 크게 나타납니다. 따라서 수요곡선의 기울기가 완만할수록 수요의 탄력성은 크고 수요곡선의 기울기가 가파를수록 수요는 비탄력적임을 알 수 있습니다.

3. 수요의 가격탄력성에
영향을 미치는 여러 요인들

수요의 가격탄력성은 재화의 종류에 따라 다르게 나타날 수 있습니다. 즉 어떤 재화의 수요량은 가격변화에 매우 민감하게 반응하는 반면 어떤 상품은 별로 민감하지 않기도 합니다. 이제 어떤 재화의 수요탄력성이 큰

지 알아봅시다.

우선 대체재의 수가 많은 재화일수록 수요의 가격탄력성이 크게 됩니다. 어느 회사의 소주 제품을 예로 들어보지요. 이 회사가 자신의 소주 제품 가격을 인상한다고 하면 이 회사의 소주에 대한 수요량은 크게 감소할 것입니다. 왜냐하면 이 회사의 소주 가격이 오르면 소비자들은 다른 회사의 소주를 구매하고자 할 것이기 때문입니다. 이렇듯 대체재의 수가 많은 재화의 수요는 매우 탄력적이게 됩니다.

둘째, 재화가 사치성 재화일수록 수요의 가격탄력성이 높습니다. 쌀이나 전기와 같은 생활필수품은 가격이 오르더라도 수요량이 크게 감소하지 않을 것입니다. 쌀값이 내린다고 하루 다섯 끼 식사를 할 수도 없거니와 쌀값이 오른다고 하루에 두 끼 식사를 하지는 않을 테니까요. 그러나 양주나 귀금속같이 생활에서 반드시 필요하지 않은 사치성 재화는 가격이 오를 때 그 수요량이 큰 폭으로 감소할 것입니다.

셋째, 재화의 가격이 소득에서 차지하는 비중이 클수록 수요의 가격탄력성이 크게 나타납니다. 예를 들어 에어컨의 경우 가격이 10%만 증가해도 그 가격 인상분이 소득에서 차지하는 비중이 매우 크기 때문에 소비자는 상당한 부담을 느낄 것입니다. 그러나 껌이나 볼펜 등과 같이 가격이 소득에서 차지하는 비중이 작은 재화의 경우는 가격이 똑같이 10% 증가했다 하더라도 소비자는 크게 부담을 느끼지 않아 수요량이 크게 감소하지는 않을 것입니다.

\<생활경제뉴스 5-1\>
수돗물 값 누진 폭 확대키로

환경부관계자는 "현행 수도요금이 생산원가의 79%수준으로 낮게 책정되어 있어 물 낭비를 낳고 상수도 관련 지자체의 빚도 날이 갈수록 늘고 있다는 지적에 따라 수도요금체계를 전면 개편하기로 했다"고 말했다. 개정안에는 물 사용량이 많은 여름철에는 상대적으로 높은 수도요금을 적용하고 적은 계절에는 지금보다 싼 요금을 부과하는 '계절요율제'도 도입된다. 현재 수돗물 생산원가는 톤당 500원 꼴이지만 가정용 수도요금은 톤당 평균 240원, 공업용은 평균 170원이다. 환경부 관계자는 "요금 체계를 개편하되 수돗물을 적게 쓰는 일반사용자는 수도요금 부담을 거의 느끼지 못할 정도로 요금을 획기적으로 낮출 것"이라고 말했다. (중앙일보, 2000.2.14)

<생활경제뉴스 5-2>
휴대전화 보조금 이후 고가제품 불티…… 왜?

지금 그의 눈앞에 두 대의 휴대전화가 있다. 하나는 30만 원짜리, 또 다른 하나는 60만 원짜리다. 바꾼 지 1년밖에 안 된 지금의 휴대전화도 한동안은 꽤 쓸 만하다. 하지만 10만 원의 보조금을 받을 수 있다는 사실이, 2008년 3월까지 딱 한 번 그 '기회'를 사용할 수 있다는 사실이 구매 의욕을 자극하고 있다. 고민 끝에 결국 60만 원짜리를 집어 든다. 기왕 보조금을 받는데 왠지 비싼 것을 사야만 '밑지는' 것 같지 않다. 그는 공짜로 받은 듯한 10만 원 때문에 '거금' 50만 원을 썼다는 사실을 심각하게 받아들이지 않는다. 보조금 제도 이후 고가(高價) 단말기를 선호하는 소비 심리의 정체, 과연 무엇일까.

○ 효용 극대화와 희소성의 원리

지난달 27일 휴대전화 보조금 제도가 시행된 이후 이동통신 3사의 휴대전화 매출은 고가제품이 단연 우세하다. SK텔레콤의 경우 보조금 지급 이전인 지난달 1일부터 26일까지 31.5%였던 50만 원 이상 고가 단말기의 판매 비중은 제도 시행 직후부터 14일까지는 44.4%로 12.9%포인트 늘었다. 반면 22.9%였던 30만 원 이하 저가(低價) 단말기의 판매 비중은 15.0%로 7.9%포인트 줄었다. KTF와 LG텔레콤에서도 고가 단말기의 매출이 눈에 띄게 늘었다.

서승환 연세대 경제학부 교수는 이 같은 현상을 효용극대화 원칙으로 설명한다. 소비자들은 주어진 예산 안에서 만족을 높이기 위해 가격이 떨어진 재화에 대한 수요를 늘리는 경향이 있다. 보조금 혜택으로 인해 '실질적' 가격이 내렸다고 해서 여러 대의 휴대전화를 사용할 수는 없는 일.

그 대신 높은 비용을 지불할 수는 있게 된다.

보조금은 일정 시점까지 딱 한 번 받을 수 있어 희소성의 원리도 작용한다. 박재항 제일기획 브랜드마케팅연구소장은 "논란 끝에 시행된 보조금 제도를 기다렸던 소비자들이 제도가 없어질 수도 있다는 불안감, 불확실한 미래보다 눈앞의 가치를 빨리 실현하려는 조급함에 비싼 것을 사는 것 같다"고 했다.

○ 휴대전화는 필수품인 동시에 과시품

휴대전화를 굳이 바꾸지 않아도 되는데도 바꿨다면 실제 지불 금액보다 보조금에 민감했을 가능성이 높다. 불필요한 비용을 썼다는 죄책감을 '어느 날 하늘에서 뚝 떨어진 듯한' 할인 혜택으로 떨쳐내며 마음의 평화를 얻는 것이다. 이른바 인지부조화를 해소하기 위한 소비자들의 '자기 합리화'이다.

휴대전화는 '육장육부(六臟六腑)'로 비유되는 현대인의 필수품이면서 동시에 남에게 자신의 취향을 드러내는 과시품도 된다. 이 때문에 미리 예산을 계획하고 휴대전화 매장에 들어섰어도 비싼 제품 비용에 관대해지는 '트레이드 업(Trade up)' 현상도 발생한다.

필수품은 가격이 올랐다고 해서 수요가 급격히 떨어지지는 않는다. 수요의 가격탄력성이 낮다는 얘기다. 바로 이 점을 노린 제조업체들은 '프리미엄 전략'을 내세우며 고가 단말기 비중을 확대하고 있다. 기업으로서는 마진율이 낮아 판매촉진 비용을 빼고 나면 이익이 거의 남지 않는 저가 단말기를 많이 생산할 이유가 없다.

차용호 LG전자 한국마케팅전략그룹 부장은 "보조금 제도 초기에는 트렌드에 민감한 '얼리 어댑터'들이 비싼 휴대전화를 선뜻 구매하고 있지만 브랜드와 가격을 신중히 따지는 대다수 '합리적 소비자'들도 앞으로 같은 양상을 보일지는 지켜봐야 한다"고 말했다. (동아일보, 2006.4.21)

4. 수요의 탄력성은 경제적으로
어떤 의미가 있을까?

소비자가 어떤 재화를 구입하는 데 지출한 금액은 기업 입장에서는 판매 수입이 됩니다. 따라서 기업 입장에서 재화의 가격 변화에 따라 소비자의 지출이 어떻게 변하는지를 파악하는 것은 중요한 의미를 지닌다고 할 수 있습니다. 기업은 가격을 올리면 수입이 증가할 것이라고 생각하기 쉽습니다. 하지만 수요의 법칙에 의해 재화의 가격이 오르면 수요량은 감소하기 때문에 기업이 판매 가격을 인상하는 경우 수입은 증가할 수도 있고 감소할 수도 있습니다.

먼저 어떤 재화의 수요가 비탄력적인 경우를 생각해보지요. 수요가 비탄력적이라는 것은 재화의 가격 변화율에 비하여 수요량의 변화율이 작다는 것을 의미합니다. 즉 가격을 10% 내리면 수요량은 10% 미만 증가한다는 것입니다. 이때는 가격을 내리면 수요량은 증가하지만 가격 인하율보다 수요량 증가율이 작으므로 기업의 수입은 감소하게 됩니다. 반대로 기업이 가격을 인상하게 되면 가격의 인상률보다 수요량 감소율이 작게 되어 기업의 수입은 증가하게 됩니다. 우리는 앞에서 재화가 필수재일수록 그리고 가계의 소득에서 차지하는 비중이 작을수록 그리고 대체재가 많지 않을수록 수요의 탄력성이 작게 된다는 것을 알았습니다. 따라서 대체재가 없거나 필수재 그리고 가격이 비싸지 않은 재화를 공급하는 기업은 가격을 인상하고 싶은 유혹을 받게 될 것입니다.

〈표 5-1〉 수요의 탄력성과 기업의 수입

수요의 가격탄력성	재화의 가격	기업의 수입
비탄력적	인상 인하	증가 감소
단위탄력적	인상 인하	불변 불변
탄력적	인상 인하	감소 증가

이제 수요가 탄력적인 경우를 생각해보지요. 수요가 탄력적이라는 것은 수요의 가격탄력성이 1보다 크기 때문에 가격이 오를 때 수요량의 감소율은 가격 인상률보다 크다는 것을 의미합니다. 즉 가격이 10% 상승하면 수요량은 10%이상 크게 감소하게 되어 기업의 수입은 감소하게 됩니다. 반면에 가격을 내리면 가격 인하율보다 수요량 증가율이 더 커서 기업의 수입은 증가하게 됩니다. 우리는 사치재나 가격이 비싸서 가계소득에서 차지하는 지출 비중이 큰 재화일수록 수요가 탄력적이라는 것을 알고 있습니다. 따라서 이들 재화를 판매하는 기업이라면 가격을 인하하는 것이 오히려 매출액 증가에 유리할 수 있을 것이라 생각할 수 있습니다. 우리는 백화점 세일 때 주변 교통이 정체될 정도로 인파가 몰려드는 것을 경험합니다. 이 경우 백화점이 취급하는 물건들이 고가의 사치재라면 백화점은 세일을 통해 분명 수입을 증대시킬 수 있으리라 생각할 수 있습니다.

수요가 단위탄력적인 경우는 어떨까요? 이때는 가격의 인상률이나 수요량의 감소율이 동일하므로 가격이 변해도 소비자의 지출액 즉 기업의 수입에는 변화가 없게 됩니다.

또한 극단적인 경우로 수요의 가격탄력성이 0인 경우와 무한대인 경우 가격의 변화에 따른 기업의 수입은 어떻게 될지 독자 여러분 스스로 생각해 보시기 바랍니다.

<생활경제뉴스 5-3>

백화점 바겐세일과 과다 경품제공 규제 상반기 부활

백화점의 바겐세일과 과다한 경품제공에 대한 규제가 상반기 중에 부활된다. 전윤철 공정거래위원회 위원장은 14일 발표한 올해 업무계획에서 "지난해 경품과 할인특매(바겐세일)에 대한 규제를 완화 폐지한 이후 과소비조장 등의 부작용이 심각해 이에 관련된 규제를 재도입하기로 원칙을 정했다"고 밝혔다.

전 위원장은 "현재 규제방법에 대해 확정된 것은 없으나 세일기간 규제, 경품금액 규제 등을 포함하게 될 것"이라고 덧붙였다. 그는 "백화점들이 연간 150~200일의 연중 바겐세일을 실시하는 데다 고급 외제승용차 아파트당첨권 등 사행심리를 조성할 수 있는 경품을 내놓는 등 문제점이 심각하다"고 지적했다.

백화점 세일의 경우 이전에는 한차례 세일을 실시한 이후 20일이 지나야 세일이 가능했으나 지난해부터는 규제가 완전 폐지됐다. 경품규제 역시 소비자경품의 경우 가격의 10% 이내, 소비자 현상경품의 경우 관련 상품 매출액의 1% 이내로 정해 놓았으나 워낙 비중이 낮아 백화점의 경품활동을 규제하기는 사실상 어려웠다.

오성환 경쟁국장은 "백화점의 경품제공이나 연중세일이 결과적으로 소비자들의 부담으로 전가된다"며 "소비자와 전문가들의 의견을 수렴하는 합리적인 개선방안을 마련하고 있으며 상반기 중에는 시행될 것"이라고 보충 설명했다. (매일경제, 2005.2.15)

<생활경제뉴스 5-4>

백화점 규제 부활 대책 마련 부심 …… 판촉 방향 전면 수정

공정거래위원회가 올해 안에 백화점의 과다한 경품 제공과 연중 세일에 대한 규제를 부활하겠다고 밝힘에 따라 백화점들의 영업이 큰 타격을 받을 것으로 예상된다. 15일 업계에 따르면 롯데 현대 신세계 등 주요 백화점은 경품과 세일에 대한 규제가 다시 시행될 것에 대비해 기획과 영업부서를 중심으로 운영 방안을 다시 짜고 매출 목표액을 수정하는 등 다각적인 대책 마련에 부심하고 있다. 특히 롯데 현대 신세계 등 대형 백화점들은 사은품과 세일에 대한 규제가 매출하락으로 이어질 것을 우려해 비상대책을 강구해 나갈 계획으로 알려졌다.

업계는 공정위의 규제가 본격적으로 시행되면 백화점 업계의 전반적인 침체는 불가피할 것으로 예상하고 있다. 지난해 백화점들의 실적을 보면 대부분의 매출 신장이 세일 기간에 이루어지는 데다 사은품과 경품 행사가 매출 증대를 주도했기 때문이다.

롯데백화점 관계자는 "사은품 행사를 단독으로 실시하면 추가 매출 신장률은 30%~35%이고 경쟁점에서 비슷한 경품 행사를 실시할 때도 최소한 5%의 매출 신장 효과가 있다"며 "이 때문에 한 백화점이 사은품이나 경품 행사를 시작하면 다른 백화점들도 뒤따라 행사를 벌일 수밖에 없는 상황"이라고 설명했다. 이 때문에 업계 일각에서는 이번 공정위의 규제 부활 결정은 백화점의 '자승자박(自繩自縛)'이라고 지적한다. 과소비와 과열 경쟁을 막기 위해 지난해 정했던 자율 규약을 백화점들 간 입장 차이로 결국 시행하지 못한 데 따른 결과라는 얘기다.

실제로 백화점들은 지난해 각종 브랜드 세일을 포함해 200일이 넘는 사상 초유의 연중 세일을 실시했으며 외제 승용차와 아파트 등 고가 경품을 내걸었다. 특히 롯데와 현대 신세계백화점은 벤츠와 BMW 등 외제 승용차와 아파트 등 수천만 원에서 수억 원대의 초고가 소비자 현상경품 행사로 주목을 받았다.

백화점협회 관계자는 "대형 백화점들이 치열한 경쟁을 벌이다 보니 자율 규약은 구두선(口頭禪)으로 전락하고 말았다"며 "이번 공정위 규제결정은 이 같은 상황에서 어쩔 수 없이 내놓은 카드일 것"이라고 말했다.

이번 공정위의 규제 부활은 경기회복으로 최근 백화점으로 몰려 들었던 소비자들이 할인점과 사이버쇼핑몰 등 다른 유통업태로 발걸음을 돌리는 계기가 될 수도 있다. 특히 인터넷쇼핑몰이 급성장하면서 백화점을 찾던 소비자들의 쇼핑 형태가 전자상거래로 바뀌고 있어 백화점 영업은 더욱 위축될 것으로 예상된다.

유통업계 관계자는 "세일과 사은품 행사에 대한 규제로 백화점들이 활발한 영업 활동을 못할 경우 소비자들은 당연히 할인점과 사이버쇼핑몰 등 다른 곳에서 쇼핑을 할 것"이라며 "이는 신규점 개점 등 백화점들의 공격 경영에 커다란 걸림돌로 작용할 것"이라고 말했다.(매일경제, 2000.2.16)

<생활경제뉴스 5-5>
풍년 시름과 소비자가격

풍년 들판에 농민들의 시름이 가득하다. 좋은 날씨에 병충해 태풍 등의 피해가 없어 올 쌀농사가 대풍인 데다 야채와 과일 등도 유례없는 풍작이 예상되고 있다. 그러나 농민들은 쌀 수매가 동결, 수매량 축소 등으로 영농의욕이 크게 꺾이고 배추 무 감자 등 야채류와 고추 마늘 등 양념류, 사과 배 등 과일류 값은 작년의 절반 이하로 떨어져 큰 걱정이다. 일부 농가에서는 아예 애써 가꾼 배추 수확을 포기하고 있다는 소식도 들린다. 그런데도 소비자들은 턱없이 비싼 값에 야채와 과일을 사먹어야 하고 값 내린 채소 등을 재료로 쓰는 시중 음식값 또한 인하는 커녕 인상 움직임마저 보이고 있다.

3~4년을 주기로 되풀이되고 있는 이 같은 악순환의 고리를 이제는 끊어야 한다. 농산물의 경우 조금만 흉작이면 천정부지로 값이 치솟고 풍작이면 운반비에도 미치지 못하는 시세 때문에 들판에 그대로 버려지는 사태가 빚어지고 있다. 이 과정에서 중간상인들만 막대한 이익을 챙긴다. 농산물 유통구조개선은 역대 정부가 농산물가격정책을 운위할 때마다 들먹여 왔다. 그러나 5, 6단계가 넘는 복잡한 유통구조는 여전해 배춧값의 경우 79%가 유통마진이며 일부품목은 생산지 값의 10배가 넘는 사례까지 발생하고 있다. 농산물 유통구조를 단순화하고 생산자 중심으로 수직계열화하는 것은 단순히 가격안정정책 차원만이 아닌 개방화 시대 국내농업의 경쟁력을 키우기 위해서도 필수적이다. 당장은 전국 도시에 생산자 직판시장을 확대, 적정한 값으로의 소비촉진을 도모하고 이를 방해하는 기존 중간상인들의 농간을 제도적으로 막아야 한다. 생산자도, 소비자도 울리는 풍년시름을 언제까지 두고 볼 것인가.(동아일보, 1996.10.22)

5. 수요의 소득탄력성

앞에서 우리는 수요의 가격탄력성이 가격의 변화율에 대한 수요량의 변화율임을 공부했습니다. 이제 우리는 소득이 변할 때 수요량이 얼마나 민감하게 변하는지를 살펴볼 필요가 있습니다. 소득의 변화율에 대한 수요량의 변화율을 수요의 소득탄력성이라고 합니다.

$$수요의 \ 소득탄력성 = \frac{수요량의 \ 변화율(\%)}{소득의 \ 변화율(\%)}$$

수요의 소득탄력성의 값은 가격탄력성의 값과는 달리 양(+)의 값과 음(−)의 값을 모두 가질 수 있습니다. 수요의 소득탄력성의 값은 상품을 분류하는 데 중요한 기준이 됩니다. 수요의 소득탄력성 값이 양(+)이라는 것은 소득이 증가하면 재화의 수요량이 증가함을 의미하며 이러한 재화를 정상재라고 합니다. 소득이 증가하면 수요가 감소하는 재화가 열등재라는 것을 이미 우리는 알고 있으며 이 경우 수요의 소득탄력성의 값은 음(−)이 될 것입니다. 더 나아가 정상재 중에서도 수요량의 증가율이 소득증가율보다 크냐, 작으냐에 따라 사치재와 필수재로 구분할 수 있는데 소득탄력성이 1보다 큰 재화를 사치재 그리고 1보다 작은 재화를 필수재라고 부릅니다.

<생활경제뉴스 5-6>
성공한 중산층의 상징 이젠 …… 그랜저

국내 중산층의 대표차량이 쏘나타에서 그랜저로 바뀌고 있다. 현대자동차 쏘나타는 지난 94년 이후 그 해에 가장 많이 팔리는 차량을 뜻하는 '베스트셀링카' 타이틀을 독점해 왔다. 외환위기 직후인 98년 단 한 해만 경차급인 대우 마티즈에 베스트셀링카 왕좌를 내줬다.

그러나 작년 말부터 비싼 그랜저TG의 판매량이 NF쏘나타를 앞서는 이변이 이어지고 있다. 그랜저TG는 작년 5월 처음 나온 이후 월별 판매대수에서 NF쏘나타와 1위 자리를 주거니 받거니 하며 치열한 선두다툼을 벌여왔다. 팽팽한 승부가 갈린 것이 작년 말부터. 그랜저는 작년 12월 9967대를 팔아 쏘나타(7664)를 2303대 차이로 따돌렸다. 올 1월에도 그랜저는 7916대를 판매, 쏘나타(6321대)를 앞섰다. 그랜저가 정상 출고되기 시작한 6월 이후 월평균 판매량에서도 그랜저는 7791대를 기록하며 7171대에 그친 쏘나타를 여유 있게 앞섰다. 그랜저 가격대가 2600~3880만 원대로 쏘나타 가격대(2000~3200만 원)보다 20% 이상 비싼 점을 감안하면 이해하기 힘든 결과다.

이유가 뭘까. 한국투자증권 서성문 연구원은 "쏘나타가 94년 이후 국내시장에서 독주할 수 있었던 건 '성공한 중산층을 대변한다'는 이미지가 자연스럽게 형성됐기 때문"이라며 "지난해 1인당 국민소득이 1만 6000달러로 상승하면서 성공한 중산층의 상징이 쏘나타에서 그랜저로 바뀌었다"고 말했다.

국내 자동차시장이 교체수요기에 들어서고 있는 것도 그랜저 판매 증가의 원인으로 분석된다. 국내 자동차시장은 승용차 등록대수 증가율이 매년 20%를 상회했던 87년부터 90년대 초반까지가 '대중화 시기'였다. 당시 베스트셀링카는 소형·준중형 차량인 엑셀·엘란트라였다. 이어 94년부터 소비자들은 중형차로 차량을 교체하기 시작했고, 그 덕분에 쏘나타는 외환위기 직전까지 매년 20만 대 가깝게 팔려나갔다.

자동차공업협회 강철구 이사는 "우리나라 소비자들은 차를 한 번 구입하면 다음번에는 배기량이 한 단계 높은 차로 업그레이드하는 경향이 있다"며 "90년대 중반에 쏘나타급 중형차를 구입했다가 외환위기와 경기침체로 인해 교체시기를 놓친 소비자들이 한 단계 높은 그랜저를 구입하고 있다"고 말했다. 서 연구원은 "더욱이 그랜저는 자주 새 모델이 나온 쏘나타와 달리 지난 98년 9월 이후 처음으로 모델이 완전히 바뀌어서 대기 수요도 많았다"고 덧붙였다.

굿모닝신한증권 용대인 연구원은 "지금 추세대로라면 그랜저는 올해 내수 판매에서 작년보다 45% 증가한 10만 대 선을 기록하며 그동안 쏘나타가 독점해 왔던 베스트셀링카의 타이틀을 차지할 것"이라고 말했다. (조선일보, 2006.2.21)

<생활경제뉴스 5-7>
"IMF엔 경차가 좋아요"

IMF에 따른 내수침체와 소득감소가 중-대형차를 선호했던 한국인들의 승용차 구매행태까지 바꾸고 있는 것으로 나타났다. 교통개발연구원이 15일 발표한 「IMF 경제위기 1년이 교통에 미친 영향 분석」에 따르면, 작년 11월 IMF 구제금융 이후 1년 동안 우리나라에서 팔린 자동차 10대 중 2대가 경승용차인 것으로 나타나 자동차 구매행태가 선진국형으로 변하고 있는 것으로 분석됐다. 우리나라의 자동차판매대수는 IMF 이전 월평균 15만 5백 대(97년 3분기)에서 6만 4천 대(98년 3분기)로 57.5% 감소했으나, 경차 판매대수는 월평균 6천 3백 대(97년 3분기)에서 1만 2천 2백 대로 2배가량 늘어나 전체 자동차 판매량에서 경차가 차지하는 비중도 4.3%에서 20.9%로 급증했다. 이 같은 경차판매 비율은 선진국 수준에 육박하는 것이다. (조선일보, 1998.11.16)

6. 수요의 교차탄력성

수요의 교차탄력성이란 어떤 재화의 수요가 다른 재화의 가격변화에 얼마나 민감하게 반응하는가를 나타내는 척도입니다. 우리는 앞에서 어떤 재화의 수요는 그 재화의 가격뿐만 아니라 다른 재화의 가격에 의해서도 영향을 받는다는 것을 공부했습니다. 이러한 관계는 두 재화가 서로 대체관계에 있거나 보완관계에 있을 때 발생합니다.

$$수요의\ 교차탄력성\ =\ \frac{Y재\ 수요량의\ 변화율(\%)}{X재\ 가격의\ 변화율(\%)}$$

수요의 교차탄력성의 값의 부호는 재화간의 특성을 분석하는 데 유용하게 사용됩니다. 만일 수요의 교차탄력성의 값이 양(+)이라면 두 재화는 대체관계에 있는 재화를 의미하며 음(-)인 경우는 두 재화는 보완관계에 있는 재화가 됩니다. 예를 들어 커피의 가격이 오르면(+) 커피의 수요는 감소하고 대신 그 대체재인 홍차의 수요가 증가(+)하게 됩니다. 이와 같이 수요의 교차탄력성 값이 양(+)이면 두 재화는 대체재관계에 있다고 합니다. 반대로 커피의 가격이 오르면(+) 커피의 수요가 감소하므로 보완관계에 있는 설탕의 수요도 감소(-)합니다. 따라서 교차탄력성의 값이 음(-)이면 두 재화는 보완관계에 있다고 할 수 있습니다.

물론 수요의 교차탄력성 값이 0에 가깝다면 어떤 재화의 가격이 다른 재화의 수요량에 아무런 영향을 주지 못하는 것이므로 두 재화는 독립재라 할 수 있습니다.

<생활경제뉴스 5-8>

[미니밴 불티] 휘발유값 인상 따라 LPG차 판매 최고

휘발유 가격이 급등하면서 LPG(액화석유가스)를 연료로 사용하는 승용형 미니밴 판매가 크게 늘어나고 있다. 지난달 현대·기아·대우 등 자동차 3사의 미니밴 내수판매량은 모두 2만 8212대로 사상 최고치를 기록했다. 이는 지난 4월보다는 25.6%, 지난해 같은 달보다는 무려 252.3% 늘어난 것으로 지금까지 최고치였던 지난 3월의 2만8060대 판매기록을 두 달 만에 경신했다.

차종별로는 카렌스가 7515대로 1위였고 레조 6737대, 카니발 5104대, 트라제 XG 3685대, 카스타 2696대, 싼타모 2475대 순으로 뒤를 이었다. 카렌스는 EF쏘나타에 이어 승용형 가운데 차종별 내수판매 2위를 차지했고, 레조와 카니발도 아반떼 XD에 이어 4·5위를 기록했다.

　반면 마티즈와 아토스, 비스토 등 경승용차 내수판매는 모두 7322대로 지난해 같은 달보다 무려 45.6%나 줄어드는 등 급격한 감소추세를 나타냈다. 자동차공업협회 김소림 부장은 "소득수준 회복으로 구매심리는 상향조정 됐지만 휘발유 가격이 계속 오르자 경차 수요인력이 LPG를 사용하는 미니밴으로 옮겨가고 있다"고 분석했다(조선일보, 2000.6.6)

7. 공급의 가격탄력성

　어떤 재화의 가격이 변함에 따라 그 재화의 공급량이 얼마나 변하는가는 공급의 가격탄력성으로 설명할 수 있습니다. 공급의 가격탄력성은 앞에서 공부한 수요의 가격탄력성과 유사한 개념입니다. 공급의 가격탄력성은 가격의 변화율에 대한 공급량의 변화율로 정의할 수 있습니다.

$$공급의\ 가격탄력성 = \frac{공급량의\ 변화율}{가격의\ 변화율}$$

　재화의 가격이 상승하면 재화의 공급량은 증가하고 가격이 하락하면 공급량은 감소하므로 공급의 가격탄력성은 항상 양(+)의 값을 갖게 됩니다.

8. 공급곡선의 형태와 탄력성의 값

공급의 가격탄력성 역시 수요의 가격탄력성과 마찬가지로 공급곡선의 형태에 따라 0에서 ∞까지의 값을 갖습니다. 어떤 상품의 가격 변화율과 공급량의 변화율이 같다면 공급의 가격탄력성 값은 1이 됩니다. 이 경우 공급은 단위 탄력적(unit elastic)이라고 합니다. 그리고 어떤 상품의 공급량의 변화율이 가격의 변화율보다 커서 공급의 가격탄력성이 1보다 큰 경우 공급은 탄력적(elastic)이라고 하며 이와는 반대로 1보다 작으면 공급은 비탄력적(inelastic)이라고 합니다. 한편 가격이 아무리 변해도 공급량이 전혀 변하지 않는다면 공급의 탄력성은 0이 되는데 이를 완전 비탄력적(perfect inelastic)이라고 합니다. 가격의 미세한 변화에 대해서도 공급량이 매우 크게 변한다면 공급의 탄력성은 무한대가 되며 이 경우 공급은 완전 탄력적(perfect elastic)이라고 합니다.

[그림 5-2]는 공급곡선의 모양에 따라 탄력성의 값이 어떻게 달라지는지를 보여주고 있습니다. 그림(a)는 공급의 탄력성이 0인 경우를 보여주고 있습니다. 즉 가격이 10원일 때의 공급량은 10개이나 가격이 20원으로 상승해도 공급량은 10개로 변하지 않습니다. 우리는 여기서 어떤 재화의 공급곡선이 수직선일 경우 공급이 완전 비탄력적이라는 사실을 알 수 있습니다. 한편 공급이 가격변화에 완전 탄력적이라면 공급곡선의 모양은 그림(b)처럼 수평선에 가깝게 됩니다. 이는 가격이 조금만 변해도 공급량은 무한대로 변한다는 것을 보여줍니다.

공급이 단위 탄력적이라면 공급곡선의 모양은 그림(c)처럼 원점에서 출발하는 형태가 됩니다. 공급곡선이 원점을 통과하는 경우 가격이 아무리 변해도 가격변화율과 공급량의 변화율이 항상 동일합니다. 이는 독자 여러분이 직접 확인해 보시기 바랍니다.

그림(d)는 공급곡선의 기울기에 따라 공급의 탄력성이 다를 수 있음을 보여주고 있습니다. 기울기가 가파르다는 것은 가격이 변할 때 공급량의 변화가 상대적으로 적다는 것을 의미합니다. 그림에서 공급곡선 S_1은 공급곡선 S_2에 비해 기울기가 가파른 형태를 취하고 있습니다.

공급곡선 S_1의 경우 가격이 변했을 때 공급량의 변화분은 $\varDelta Q_1$인 데 반해 S_2의 경우 공급량의 변화분은 $\varDelta Q_2$로 동일한 가격변화에 대해 공급량의 변화가 S_2의 경우 크게 나타납니다. 따라서 공급곡선의 기울기가 완만할수록 공급의 탄력성은 크고, 공급곡선의 기울기가 가파를수록 공급은 비탄력적임을 알 수 있습니다.

[그림 5-2] 공급곡선의 모양과 공급의 가격탄력성

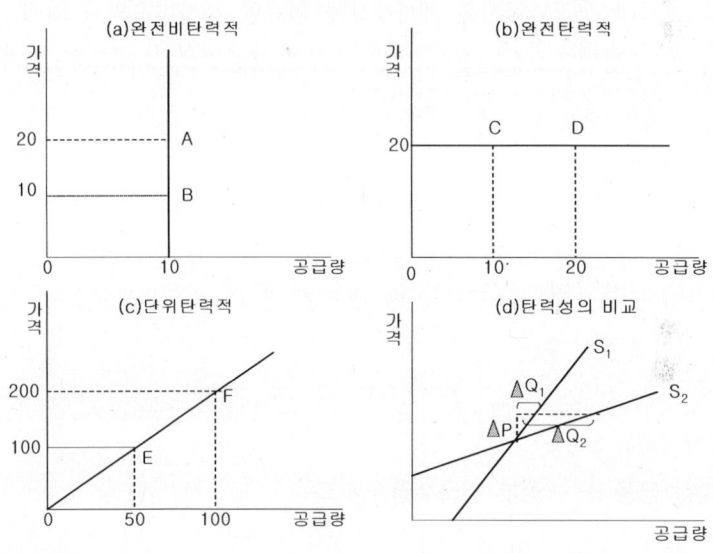

9. 공급의 가격탄력성에
영향을 미치는 여러 요인들

재화의 공급탄력성은 여러 가지 요인들에 의해 영향을 받습니다. 재화의 공급탄력성의 크기는 첫째, 재화생산에 투입되는 생산요소의 공급이 얼마나 용이한가에 따라 영향을 받게 됩니다. 어떤 재화의 가격이 상승하여 기업이 그 재화의 공급량을 늘리고자 할 때 그 재화를 생산하는 데 투입되는 생산요소의 공급이 제한적이라면 그 재화의 공급은 비탄력적이게 될 것입니다.

둘째 재화의 공급탄력성은 재화생산에 필요한 생산비용의 크기에 의해 영향을 받게 됩니다. 예를 들어 어떤 재화의 생산량을 늘리고자 할 때 생산비용이 별로 상승하지 않는다면 그 재화의 생산량 증가는 용이할 것이고 따라서 이 재화의 공급은 탄력적이게 됩니다.

마지막으로 공급의 탄력성은 기업이 새로운 가격변화에 맞추어 생산량을 조절하기 위한 생산기간에 의해 영향을 받게 됩니다. 즉 기업이 가격변화에 적응하여 생산량을 조절하는 데 필요한 기간이 긴 재화일수록 공급이 비탄력적이게 됩니다.

<생활경제뉴스 5-9>
양파값 급등 …… 정부 긴급수입

양파 값이 폭등세를 보여 정부가 긴급수입에 나섰다. 12일 농림부에 따르면 11일 현재 가락동 도매시장 양파가격은 kg당 2천 200원으로 지난 5년간 평균가격 687원의 3배가 넘었다. 양파 값은 지난 2월초 kg에 800원대이던 것이 2월말 1천400원대로 폭등한 뒤 이달 초 다시 1천 800원대로 오르는 등 급등세를 이어왔다.

농림부 관계자는 "양파 값이 오름세를 계속하는 것은 지난해 작황이 부진했던 데다 잦은 비로 양파가 썩는 것을 우려한 농민들이 서둘러 출하하는 바람에 저장물량이 부족해졌기 때문"이라고 말했다.

농림부는 4월 중순 이후 햇양파가 출하될 때까지 높은 시세가 지속될 것으로 우려하고 있다. 이에 따라 농림부는 올해 의무적으로 수입하게 돼 있는 양파 최소시장접근물량(MMA) 1만 9천 680t을 조기에 들여오기로 하고 농산물유통공사에 우선 1만 1천 280t을 긴급 수입토록 했다. 농림부 관계자는 "이달 안에 MMA물량을 전량 수입, 출하함으로써 양파가격을 진정시킬 방침"이라고 말했다. (중앙일보, 2003.3.12)

<생활경제뉴스 5-10>
무, 배춧값 폭락 땐 정부서 수매 …… 농림장관 밝혀

정부는 무 배추 등 채소류의 생산과잉으로 가격이 생산원가 밑으로 떨어지면 정부의 직접수매나 김치생산회사를 통한 구매 비축 등의 방법으로 농가피해를 줄이기로 했다.

농림부 관계자는 27일 최근 가격이 떨어진 무, 배춧값이 본격적인 김장철인 다음달에도 계속 하락할 경우 정부가 직접 채소를 수매할 방침이라고 말했다. 정부가 채소류를 직접 수매하는 것은 이번이 처음인데 장기간 비축이 어렵기 때문에 수매물량이 많을 때는 일부를 밭에서 폐기처분할 수도 있다고 농림부측은 설명했다.

이 관계자는 농가의 채소 생산원가와 적정이윤을 보장하기 위해 가격이 일정수준 이하로 떨어질 경우 정부가 즉각 수매에 나서기로 하고 이를 위해 농산물가격안정기금에서 7백 20억 원을 확보, 20여만t을 수매할 계획이라고 밝혔다. 이와 관련, 姜雲太 농림부장관은 이날 MBC대담프로에 나와 "하반기 작황이 좋아 배추를 비롯한 무, 고추 등 주요 농산물이 작년에 비해 5~20%가량 증산될 것으로 예상돼 김장채소가 본격 출하되는 다음 달엔 다시 폭락사태가 오지 않을까 우려하고 있다"고 말했다. 한편 농림부는 쌀농사 역시 대풍을 이룸에 따라 농민들의 적정소득을 보장해 주기 위해 작년 1백만 섬이었던 정부수매 외 농협을 통한 시가수매 물량을 대폭 늘리겠다고 밝혔다.(동아일보, 1996.9.27)

요약 및 복습

수요의 가격탄력성이란 독립변수인 가격의 변화율에 대한 종속변수인 수요량의 변화율을 의미합니다.

수요의 소득탄력성은 소득의 변화율에 대한 수요량의 변화율로 정의할 수 있다.

수요의 소득탄력성의 값이 양(+)인 재화를 정상재라 하며 음(-)인 재화를 열등재라 합니다.

수요의 교차탄력성이란 한 재화의 수요가 다른 재화의 가격변화에 얼마나 민감하게 반응하는가를 나타냅니다.

수요의 교차탄력성의 값이 양(+)이라면 두 재화는 대체관계에 있는 재화를 의미하며 음(-)인 경우는 두 재화는 보완관계에 있는 재화가 됩니다.

공급의 가격탄력성은 가격의 변화율에 대한 공급량의 변화율로 정의할 수 있습니다.

수요의 가격탄력성과 공급의 가격탄력성은 수요곡선과 공급곡선의 형태에 따라 0에서 ∞까지의 값을 갖습니다.

제6장 시장에서의 가격결정

1. 균형가격의 결정

재화의 가격은 시장에서 그 재화에 대한 수요량과 공급량이 일치하는 수준에서 결정됩니다. 이러한 가격을 균형가격(equilibrium price)이라고 하고 이때의 수요량과 공급량을 균형량이라고 합니다. [그림 6-1]은 소주에 대한 가상의 수요곡선과 공급곡선을 보여주고 있습니다. 소주의 균형가격은 수요곡선과 공급곡선이 만나는 1,000원으로 이 가격에서는 소비자들이 사고자 하는 양과 판매자들이 판매하고자 하는 양이 모두 60개로 일치합니다.

한편 현실경제에서 상품의 거래는 균형가격을 중심으로 때로는 높게 때로는 낮게 거래되기도 하는데 실제가격이 균형가격을 벗어나면 시장의 자동조절기능에 의해 다시 균형가격으로 돌아가도록 지속적인 압력을 받게 됩니다.

만일 실제가격이 균형가격인 1,000원보다 높은 1,300인 경우 그림에서 보이는 것처럼 사람들이 사고자 하는 최대수량은 38개인 데 반해 공급자가 판매하고자 하는 양은 80개로 42개의 초과공급(excess supply)이 발생하게 됩니다. 그러면 판매자들 사이에서 팔지 못한 재고분을 팔려고 서로 경쟁하기 때문에 가격은 하락할 수밖에 없습니다.

[그림 6-1] 균형가격의 결정

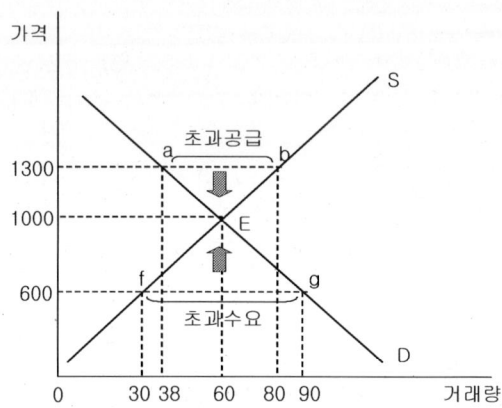

반대로 가격이 균형가격보다 낮은 600원이면 소비자들이 구매하고자 하는 수량은 90개인 데 반해 판매자들이 판매하고자 하는 양은 30개밖에 되지 않습니다. 따라서 이 경우는 60개의 초과수요(excess demand)가 발생하게 됩니다. 이렇게 되면 부족한 재화를 놓고 소비자들이 서로 경쟁을 하기 때문에 가격은 상승하게 됩니다. 결국 가격은 수요곡선과 공급곡선이 만나는 점에서 결정되는데 이는 소비자가 구매하고자 하는 수량과 판매자가 판매하고자 하는 수량이 일치하게 됨을 의미합니다.

한편 수요곡선은 소비자가 주어진 양을 구매하기 위해 지불하고자 하는 최대가격으로 그리고 공급곡선은 주어진 양을 판매하기 위해 공급자가 받고자 하는 최소한의 가격으로 해석할 수 있다고 했습니다. 따라서 그림에서는 60개가 거래가 되고 있는데 정해진 가격 1000원은 소비자가 지불하고자 하는 최대가격이 판매자가 받고자 하는 최저가격과 정확하게 일치하고 있음을 보여주는 것입니다.

<생활경제뉴스 6-1>

귀성 암표도 사이버시대

"서울에서 부산까지 왕복 기차표 팝니다. 시작가는 6만 원부터 ……." 설날이 얼마 남지 않은 요즘, 귀향 기차표가 국내 인터넷 경매사이트에서 고가에 거래되고 있어 사이버공간이 암표의 온상이 될 수 있다는 우려가 일고 있다.

인터넷 경매 사이트 '옥션'에서는 11일 하루 동안 10여 건의 설 귀향표 거래가 이뤄졌다. 서울~부산 무궁화호 일반실 왕복표의 경우 9일부터 6만 원에 경매를 시작, 경합 끝에 8만 2000원에 낙찰됐다. 이 왕복표의 정상가 는 4만 2000원. 5만 원이 채 안되는 서울~대구 새마을호 왕복표는 경매 하루 만에 7만 원에 낙찰됐다. 다른 인터넷 경매 사이트인 '와와'에서는 서 울~대구 새마을호 왕복표의 호가가 6만 5000원까지 오른 상태다.

기차표를 경매에 부친 사람들은 한결같이 "역에서 밤을 새워가며 산 표 인데 창구에 반환, 수수료를 떼이는 것이 억울해 경매에 내 놓는다"고 밝 히고 있다. 하지만 현행법상 구입한 기차표를 가격보다 비싸게 처분하는 것은 불법이다. 상습적이지 않은 경우도 20만 원 이하의 벌금이나 구류 처 벌을 받을 수 있다. 네티즌들은 가격이 선명하게 찍혀 있는 기차표를 경매 로 거래하는 것 자체가 암표거래를 부추길 수 있어 문제라는 의견도 내놓 고 있다.

이에 대해 옥션의 양세훈 법무팀장은 "자체 감시활동을 벌이고 있지만 하루 50만 건이나 되는 직거래를 일일이 감독하기가 현실적으로 어렵다" 고 말했다. (조선일보, 2001.1.12)

2. 균형가격의 변화

앞에서 우리는 소주의 가격이 일시적으로 균형가격을 벗어나더라도 시장의 자동조절기능에 의해 다시 균형가격으로 되돌아가려는 힘이 작용한다는 것을 알았습니다. 그렇다면 균형가격은 항상 그대로 유지될 수 있을까요? 수요곡선과 공급곡선이 이동하면 균형점이 변하면서 균형가격과 균형거래량이 변하게 됩니다.

먼저 공급은 일정한데 수요가 증가하는 경우를 생각해보지요. [그림 6-2](a)에서 E점은 수요곡선 D와 공급곡선 S가 만나는 최초의 균형상태를 보여주고 있습니다. 이때의 균형가격은 1000원이고 균형거래량은 60개입니다. 만일 어떠한 이유로 수요가 증가하여 수요곡선이 D에서 D'로 오른쪽으로 이동하였다고 가정해 봅시다. 그러면 새로운 균형점은 E'가 되어 균형가격은 1300원으로 상승하고 거래량은 90개로 증가하게 됩니다. 그렇다면 이렇게 소주의 수요를 증가시킬 수 있는 요인은 무엇일까요? 앞에서 살펴본 대로 소주가 정상재라면 소득이 증가한 경우를 생각할 수 있습니다. 그리고 맥주와 같은 대체재의 가격이 상승한 경우 역시 소주의 수요를 증가시키는 요인이 될 수 있을 것입니다.

반대로 공급이 변화가 없는 상태에서 수요가 감소하면 수요곡선은 왼쪽으로 이동하게 됩니다. 수요곡선이 왼쪽으로 이동하게 되면 상품의 가격은 하락하고 거래량은 감소하게 됩니다. 이는 독자 여러분이 직접 그래프를 그리고 확인해 보시기 바랍니다. 한편 수요의 감소요인으로는 수요증가요인과는 반대로 소득의 감소나 대체재 가격의 하락, 그리고 보완재 가격의 상승 등을 들 수 있겠지요.

[그림 6-2] 수요와 공급의 변화

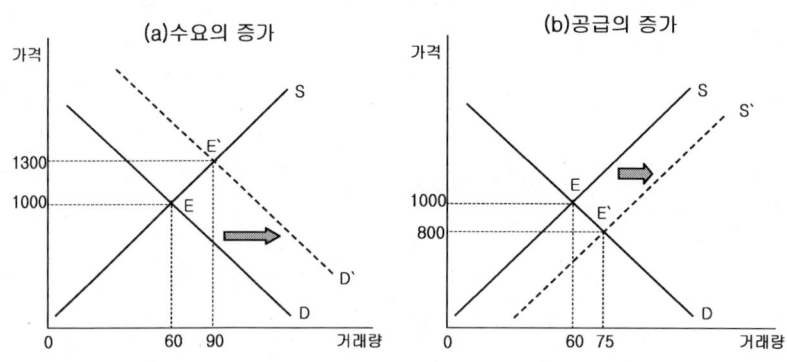

이제 공급이 변하는 경우를 생각해 보지요. [그림 6-2](b)에서 E점은 수요곡선 D와 공급곡선 S가 만나는 처음의 균형상태를 나타내고 있습니다. 수요는 변화가 없는데 공급이 증가하여 공급곡선이 S에서 S'로 오른쪽으로 이동하였다고 가정해봅시다. 새로운 균형점은 E'가 되어 거래량은 증가하고 가격은 하락하게 됩니다. 그렇다면 이렇게 공급곡선을 오른쪽으로 이동시키는 요인은 무엇일까요? 앞에서 살펴본 대로 생산기술의 발전이나 임금 및 원료가격 등 생산요소의 가격이 하락하는 경우 공급은 증가할 수 있습니다. 반대로 수요는 일정한데 공급이 감소하는 경우는 어떨까요? 공급이 감소하게 되면 공급곡선은 왼쪽으로 이동하게 되겠지요. 공급곡선이 왼쪽으로 이동하면 가격은 상승하고 거래량은 감소합니다. 이는 독자 여러분이 직접 그림을 그려 확인하기 바랍니다. 물론 이러한 공급의 감소는 생산기술의 후퇴나 생산요소가격의 상승 등으로 초래될 수 있을 것입니다.

이제 수요도 증가하고 공급도 증가하는 경우를 살펴보기로 하지요. 수요도 증가하고 공급도 증가하면 수요곡선과 공급곡선 모두 오른쪽으로 이동하여 거래량은 증가합니다. 그렇다면 가격은 어떻게 될까요? 가격은 오를 수도 있고 내릴 수도 있습니다. [그림 6-3](a)에서처럼 공급의 증가보다 수요의 증가가 더 큰 경우 가격은 상승하게 됩니다. 반면 [그림 6-3](b)에서처럼 공급이 수요보다 더 많이 증가하는 경우는 가격은 하락하게 됩니다.

같은 논리로 수요와 공급이 같이 감소하면 수요곡선과 공급곡선이 왼쪽
으로 이동하면서 거래량은 감소할 것입니다. 또한 가격은 공급과 수요 어
느 쪽이 더 많이 감소하느냐에 따라 오를 수도 있고 내릴 수도 있습니다.
직접 확인해 보기 바랍니다.

[그림 6-3] 수요와 공급의 증가

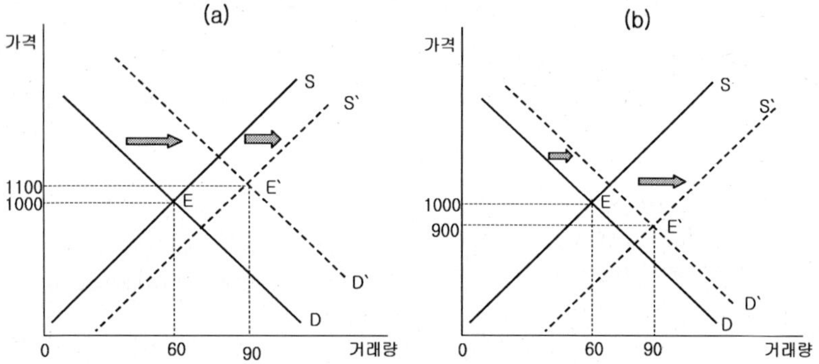

이제 수요는 증가하고 공급은 감소하는 경우를 살펴보지요.

[그림 6-4]에서 보듯이 수요가 증가하고 공급이 감소하면 균형가격은 상
승하게 됩니다. 그렇다면 거래량은 어떨까요? 이는 수요의 증가와 공급의
감소 중 어느 쪽이 크냐에 달려 있습니다. 즉 수요의 증가가 공급의 감소
보다 작다면 [그림 6-4](a)에서 보듯이 가격은 상승하지만 거래량은 감소
합니다. 반면에 [그림 6-4](b)처럼 수요의 증가가 공급의 감소보다 큰 경
우 가격은 상승하고 거래량은 증가할 것입니다.

이제 수요가 감소하고 공급이 증가하는 경우, 수요와 공급이 동일한 크
기로 감소하고 증가하는 경우 여러 가지 상황을 가정하여 여러분이 직접
그림을 그려 확인하시기 바랍니다.

[그림 6-4] 수요의 증가와 공급의 감소

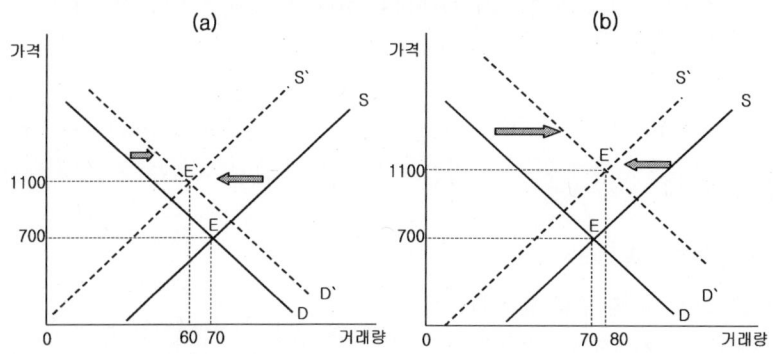

<생활경제뉴스 6-2>

흑산도 홍어 최대 풍어, 어민들 값 폭락에 울상

홍어가 사상 최대의 풍어를 기록하고 있다. 하지만 값이 폭락해 어민들은 울상이다. 신안 흑산수협은 올 들어 9척의 홍어잡이 어선이 한 차례 출어해 5~6일가량 조업하면 지난 1·2월에는 척당 평균 100여 마리씩, 이달 들어서도 평균 40~50여 마리씩을 잡아 지난해에 비해 어획량이 30%가량 늘었다고 7일 밝혔다. 특히 지난 1월에는 20t급 풍년호가 무려 270마리를 잡아 2천 5백만 원의 위판액을 올렸다. 이처럼 전남 흑산도 인근 해역에

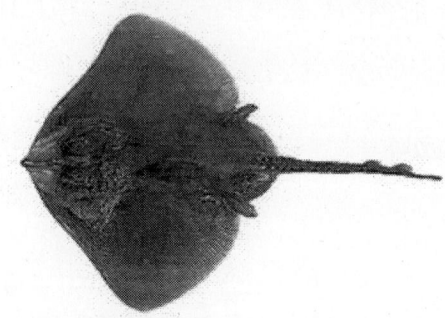

홍어 어장이 장기간 형성된 것은 정부가 소형기선저인망 등 싹쓸이 조업어선 수를 크게 줄이면서 홍어 떼가 서식에 알맞은 흑산도를 찾아오는 길목에서 남획되지 않기 때문으로 분석된다.

여기에 홍어 어장에 침입해 불법 조업을 일삼던 중국 어선

이 우리 해경의 철통같은 단속으로, 어장이 넓어진 것도 풍어의 한 요인으로 꼽히고 있다.

하지만 어민들은 시름에 잠겨 있다. 최근 홍어는 8㎏ 이상 상품(上品) 한 마리가 27만~28만 원에 거래되고 있다. 지난해에 비해 40%가량 폭락한 것이다. 몸집이 작은 수컷 홍어 가격은 10만 원 미만으로 바닥을 치고 있다. 흑산수협 박선순 유통판매과장(42)은 "홍어 풍년에 어민들은 값이 폭락해 울상인데도 소비자가격은 종전과 별 차이가 나지 않는다"며 "홍어 유통구조에 문제가 있다"고 지적했다. (경향신문, 2006.3.7)

<생활경제뉴스 6-3>
油價 다시 60弗 돌파 美 한파로 수요 늘어

추운 겨울 날씨와 OPEC(석유수출국기구)의 산유량 유지 결정으로 국제 유가가 다시 상승해 배럴당 60달러를 넘어섰다. 12일 뉴욕상품거래소에서 내년 1월 인도분 WTI(서부텍사스중질유)는 지난 주말에 비해 배럴당 1.91달러(3.2%) 상승한 61.30달러로 마감했다. 이는 5주일 만에 가장 높은 수준이다.

유가 재상승은 전체 난방유 수요의 80%를 차지하는 미국 북동부 지역에 강추위가 몰아닥치면서 석유 수요가 증가할 것이라는 전망에도 불구하고 OPEC이 현재의 산유량을 유지키로 했다는 소식 때문이다. 전문가들은 미국 북동부 지역의 난방유 수요가 작년보다 10% 가량 증가할 것으로 예상했다. OPEC은 이날 쿠웨이트에서 회원국 석유장관 회담을 갖고 하루 2800만 배럴인 원유생산량을 계속 유지하기로 결정했다. (조선일보, 2005.12.14)

<생활경제뉴스 6-4>
'10 · 29 부동산 대책' 약발 없었다

정부 부동산정책의 결정판이라 할 '10 · 29 대책'(2003년)이 약효를 발휘하지 못하고 오히려 강남권과 중대형 아파트 값만 올려놓고 있다. 올해 초 판교에서 비롯된 아파트값 상승세가 용인 · 분당 · 강남 등 주변 지역으로 확산되면서 아파트 가격이 10 · 29대책 이전 수준을 넘어섰다. 전문가들은 "나주백보유자의 세금 부담을 늘리고, 거래를 제한하는 10 · 29대책식의 부동산 수요 억제정책이 한계에 다다른 것"이라며 "주거수준의 고급화에 맞

춰 중대형 평수의 공급을 늘리는 공급확대정책이 병행되지 않으면 중장기
적으로 집값 안정은 기대할 수 없다"고 지적하고 있다.

8일 국민은행의 주택가격동향조사에 따르면, 5월 중 전국 아파트가격지
수는 102.8로 10·29대책 발표 당시의 101.7을 돌파했다. 아파트가격지수는
3주택자 양도세 60% 중과세 조치가 시행된 올 1월 100.0으로 떨어진 후 4
개월 연속 상승했다. 아파트값 상승은 30~40평 이상 중대형 평수가 주도했
다. 대형(40평 이상)과 중형(30평대)은 10·29대책 이후 각각 6%, 1.57%
올랐다. 20평대 이하 소형 평수는 같은 기간 0.79% 하락했다. 특히 강남과
분당지역의 중대형 평수는 최고 20~30% 상승했다.

전문가들은 아파트가격의 재상승을 10·29대책의 예견된 실패로 분석하
고 있다. 10·29대책은 수요를 억제하는 정책으로 평가된다. 3주택 보유자
양도세 중과세, 주택거래신고제, 주택담보대출 담보인정비율 인하, 무주택
자에 대한 우선공급비율 확대 등 집을 사기 어렵게 만드는 조치들이 주를
이뤘기 때문이다.

하지만 3주택 양도세 중과나 주택거래신고제는 거래를 위축시켰을 뿐,
가격인하로는 이어지지 않았다. 또 무주택자 우선 공급비율 확대 역시 아
파트 공급 자체가 적어 별 효과를 거두지 못했다. 투기지역 내 주택담보대
출의 담보인정비율을 집값의 50%에서 40%로 낮추는 조치도 유명무실화
됐다. 은행권은 감독당국의 지침에 따라 담보인정비율을 충실히 적용하고
있으나, 저축은행 등 제2금융권은 후순위담보대출이란 변칙수단을 통해 집
값의 최고 110%까지 대출해주고 있다.

오히려 10·29대책 이후 중대형과 소형 간의 양극화 현상이 더욱 심화
됐다는 지적이다. 서강대 김경환 교수(경제학)는 "3주택 보유자의 양도소
득세율을 60%로 대폭 높인 이후, 집을 여러 채 가진 사람들이 세 부담을
피하기 위해 소형 평수를 먼저 파는 바람에 소형 평수 가격이 하락했다"
고 말했다.

주택산업연구원 장성수 박사는 "정부는 서민들을 위해 부동산 정책을
내놓았지만, 결과적으로 중대형 평수와 강남권의 가격만 올려놓은 셈"이라
며 "수요와 공급이라는 시장원리를 무시하고 일방적으로 수요만 억제시킨
정부 정책의 실패"라고 말했다. (조선일보, 2005.06.09)

3. 수요·공급이론의 응용

1) 마약거래를 감소시키기 위해서는?

마약은 일단 중독이 되면 끊거나 양을 줄이는 것이 매우 어렵습니다. 따라서 마약수요의 가격탄력성은 매우 낮을 것입니다. [그림 6-5]에서 마약의 수요곡선은 기울기가 매우 가파른 형태로 그려져 있습니다. 또한 최초의 균형은 마약의 수요곡선 D_0와 공급곡선 S_0가 만나는 E_0점에서 이루어지고 있다고 가정합니다.

이제 정부가 마약거래를 막기 위해 공급자에 대한 처벌을 강화하는 경우를 생각해봅시다. 공급자에 대한 처벌을 강화하면 마약의 공급은 감소할 것이고 따라서 공급곡선은 S_1으로 왼쪽으로 이동하게 됩니다. 그러면 새로운 균형점은 E_1이 되고 마약의 가격은 P_1으로 크게 상승하는 반면 마약의 거래량은 Q_1이 되어 감소 폭은 그리 크지 않습니다.

반면 마약을 구입한 사람들에 대한 처벌을 강화하고 마약에 빠지지 않도록 일반인들에 대한 계몽활동을 하는 등 마약에 대한 수요를 감소시키는 정책을 펴는 경우를 살펴봅시다. 이 경우 수요곡선은 D_1으로 이동하고 새로운 균형점은 E_2가 되어 가격은 P_2로 하락하고, 거래량도 Q_2로 크게 감소합니다.

따라서 정부가 마약의 수요를 감소시키는 정책을 사용하는 경우 마약의 공급을 억제하는 정책과 달리 마약의 가격이 하락하고 마약거래량도 크게 줄어 사회 전체의 마약에 대한 지출이 감소하게 됩니다. 따라서 마약거래량과 마약 관련범죄를 줄이는 방법으로는 공급을 감소시키는 정책보다는 수요를 감소시키는 정책이 보다 효과적이라고 할 수 있을 것입니다.

[그림 6-5] 마약감소정책의 효과

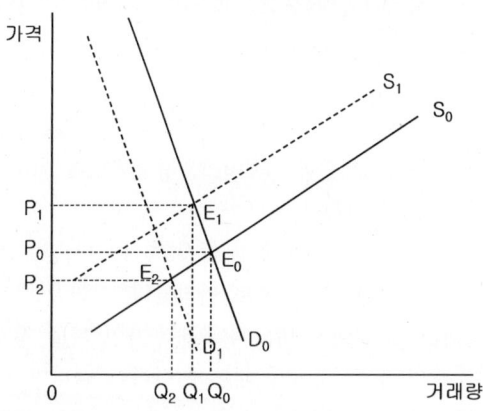

<생활경제뉴스 6-5>

태국 마약과의 전쟁서 600명 피살

태국 정부는 이달 초부터 시작된 마약 소탕전에서 19일 동안 피살자가 600명 선에 육박하는 등 무고한 피해 발생에 대한 우려가 점점 높아지고 있음에도 불구하고 소탕전을 그대로 밀고 나가고 있다. 탁신 치나왓 총리의 지시로 지난 1일부터 4월말까지 3개월 시한부로 실시되는 마약과의 전쟁에서 19일까지 596명이 피살되고 1만 5천여 명이 체포됐다.

태국 내무부는 이 중 8명만이 경찰에 의해 사살됐을 뿐 나머지는 마약거래 조직원들끼리 정보누출을 막기 위한 살해였다고 주장하고 있다. 이에 대해 태국 인권단체뿐만 아니라 세계인권단체에서 인권침해라는 비난의 목소리가 높아지고 있다. 태국 야당 측은 1970년대 공산주의자로 몰아 마구잡이로 처형하던 악몽을 방불케 한다고 비난했다.

탁신 총리는 어린이들에게도 마약을 공급하는 잔인성을 보이는 마약밀거래들을 잔인하게 대해도 괜찮다고 주장하면서도 피살사건에 대한 수사를 지시할 것이라고 밝혔으나 수사가 제대로 이루어지지 않고 있다.

마약 단속국의 찻차이 수티클롬 사무국장은 "마약단속이 없어도 매일

600명 가까이가 죽고 있기 때문에 피살은 문제가 되지 않는다"고 주장했으나 칫차이 와나사티디야 국장은 "피살자중 319명만 마약거래 블랙리스트에 올라 있으며 나머지에 대해서는 수사를 실시해 관련자들을 체포할 것이라고 말했다.

탁신 총리는 3개월 동안 마약근절이 이루어지지 않는 지역에 대해서는 주지사나 경찰책임자를 해임할 것이라고 경고했으며 이미 1차로 고위 경찰 몇 명은 전보조치를 당했다.

태국 국민들은 마약과의 전쟁에 대해 56%가 찬성하고 있으나 그 방법에 대해서는 46%가 반대하는 것으로 나타났다. 그러나 마약과의 전쟁에서 잔챙이들만 피해를 볼 뿐이지 마약거래 배후자인 거물 정치인이나 경찰은 아무런 피해를 보지 않을 것이기 때문에 단속이 끝나면 다시 마약거래가 시작될 것이라는 시큰둥한 반응도 높다. 태국 내무부는 마약거래와 관련된 공직자들의 명단을 곧 공개할 예정이다.

마약소탕작전에서 마약 600만 정이 압수되면서 태국에서 마약 값이 3배 가까이 뛰고 있는 것으로 알려졌다. 태국 북부 '황금삼각지'에서 마약이 대량 태국으로 밀반입돼 전체 인구 6천 200만 중 마약 복용 인구가 300만 명에 이르는 등 마약이 큰 사회 문제가 되고 있다. (동아일보, 2003.2.20)

2) 담배에 세금을 부과하면 세금은 누가 부담하나?

[그림 6-6]에서 세금이 부과되기 전 최초의 균형은 담배의 수요곡선 D 와 공급곡선 S_0가 만나는 점에서 이루어져 가격은 2000원에 80만 갑이 거래되고 있다고 합시다. 이때 정부가 국민들의 담배소비를 억제시키기 위해 담배 한 갑당 1000원의 세금을 담배생산자에게 부과하는 경우를 생각해보지요. 그러면 담배 생산기업은 담배 한 갑당 1000원씩의 비용부담을 갖게 되므로 공급곡선은 1000원만큼 왼쪽으로 이동합니다. 이는 세금부과 전에

[그림 6-6] 조세부담의 귀착

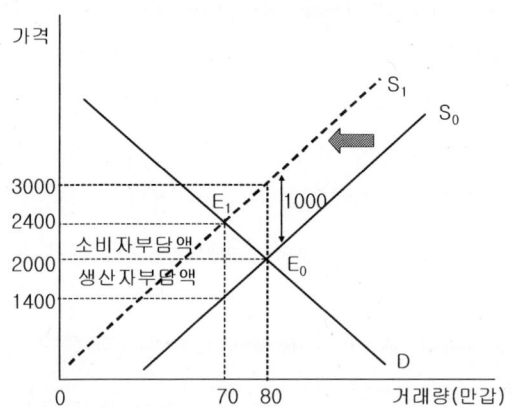

80만 갑을 공급하기 위해 생산자가 받고자 하는 가격이 2000원이었는데 한 갑당 1000원의 세금을 내야 하므로 80만 갑을 공급하기 위해서는 이제 담배 한 갑에 최소한 3000원을 받고자 할 것이기 때문입니다.

이제 공급곡선이 S_0에서 S_1으로 이동함에 따라 새로운 균형점은 E_1으로 이동하게 됩니다. 따라서 균형가격은 2400원으로 상승하고 거래량은 70만 갑으로 감소합니다. 이제 생산자가 70만 갑을 생산하면서 한 갑당 1000원의 세금을 냈기 때문에 정부의 조세수입은 7억 원(70만 갑×1000원)이지요.

그러면 7억 원의 세금은 실제로 누가 부담한 것일까요? 생산자가 7억 원의 세금을 냈다고 해서 이 7억 원을 모두 생산자가 부담한 것은 아닙니다. 생산자는 담배 한 갑을 2400원에 공급하고 한 갑당 1000원의 세금을 지불하므로 실제로 담배 한 갑에 1400원을 받은 셈이지요. 따라서 생산자는 세금부과 이전보다 한 값에 600원을 덜 받은 셈입니다. 결국 70만 갑에 대해 담배 한 갑당 600원을 덜 받은 셈이므로 생산자가 실제 부담한 세부담액은 4억 2천만 원이 됩니다. 한편 소비자는 세금부과 이전보다 한 갑당 400원을 더 지불하게 된 셈이지요. 소비자들은 70만 갑에 한 갑당 400원을 더 지불하게 되었으니 소비자가 부담한 총 세금액은 2억 8천만 원이 되는 것입니다.

 이상에서 살펴본 것처럼 어떤 상품에 세금이 부과되면 소비자와 생산자
가 조세를 나누어 부담하게 되는데 어느 쪽이 더 부담하느냐는 수요와 공
급의 탄력성에 따라 달라집니다. [그림 6-7]에는 수요의 탄력성이 공급의
탄력성보다 큰 경우와 수요의 탄력성이 공급의 탄력성보다 작은 경우를 보
여주고 있습니다. 먼저 수요가 공급에 비해 탄력적인 경우 (이는 수요곡선
이 공급곡선보다 완만한 기울기를 갖는 D₁의 경우)는 세금부과 후 담배가
격은 2400원으로 오르게 되고 소비자는 400원을 부담하고 생산자는 600원
을 부담하게 됩니다.

 이제 수요의 탄력성이 공급의 탄력성보다 작은 경우를 살펴보지요. 이는
수요곡선이 D₂로 공급곡선보다 가파른 기울기를 갖는 경우입니다. 이 경우
는 세금부과 후 가격이 2700원이 되어 소비자가 한 갑당 700원을 부담하고
생산자가 300원을 부담하는 셈이 됩니다. 결국 수요의 탄력성이 클수록 소
비자의 부담이 상대적으로 작아지고 수요의 탄력성이 작을수록 소비자의
부담은 커지게 됩니다.

[그림 6-7] 탄력성과 조세부담의 귀착

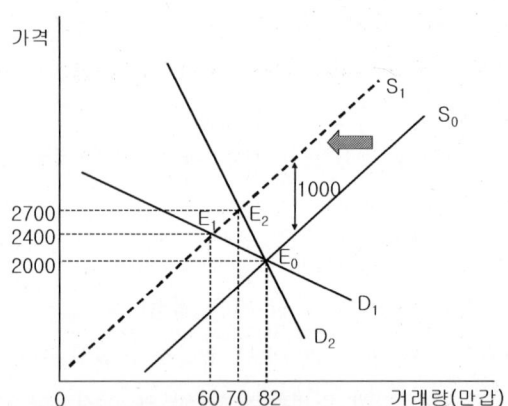

<생활경제뉴스 6-6>

담뱃값만 올리면 흡연율 뚝?

정부가 하반기 중에 담배 가격을 대폭 인상하는 방안을 추진하면서 담배가격 인상에 따른 논란도 가열되고 있다. 정부는 담배가격을 올해 하반기 중에 500원, 내년에 500원 등 두 차례에 걸쳐 모두 1000원을 인상하는 방안을 추진 중이다. 현재 국산담배 기준으로 가격은 갑당 1400~2500원이며, 가장 많이 팔리는 담배는 2000원인 '에쎄'다.

▽담배가격 인상→흡연율 하락?=주무 부처인 보건복지부는 "그렇다"고 말하고 있다. 그러나 일각에서는 다른 견해도 내놓고 있다.

한국조세연구원은 최근 '담배 관련 기금 및 세제(稅制) 개편 방안' 보고서를 내고 "담배의 가격탄력성은 0.058로 담배가격이 담배 수요에 미치는 영향은 사실상 '0'으로 봐도 무방하다"며 "이는 담배가격이 인상되더라도 담배 수요에 미치는 영향은 매우 작거나 무시할 수 있을 정도라는 점을 시사한다"고 주장했다.

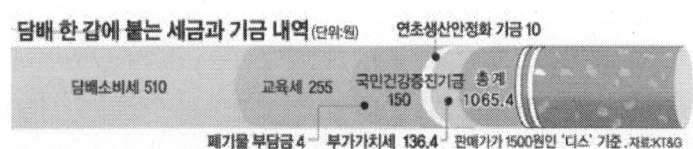

담배는 워낙 중독성이 크기 때문에 담배가격을 올린다고 해서 담배를 피우던 사람들이 담배를 끊는 경우가 많지 않을 것이라는 것.

이에 대해 복지부는 "그동안 담배가격 인상폭이 크지 않았기 때문에 과거 사례를 통해 분석하는 것은 한계가 있다"며 "두 차례에 걸쳐 1000원을 인상하면 특히 저소득층의 경우 상당수가 담배를 끊게 될 것"이라고 반박했다. (동아일보, 2004.6.15)

<생활경제뉴스 6-7>
'세금 폭탄'의 피해자는 누구인가

　　빈부 격차가 우리보다 심한 미국에서도 과거 세금으로 문제를 해결하려는 시도가 있었다.

- 중 략 -

　　외환위기 이후 우리나라가 그랬듯이 미국도 대공황 이후 빈부 차가 심해졌다. 빈곤 타파용 재원을 마련하기 위해 나온 것이 바로 부유세였다. 그러나 이 세금 정책은 실패로 끝났다. 루스벨트는 부호 밴더빌트의 초대로 그의 요트에 가보고 나서야 알게 됐다. 부자들이 호화 요트를 사서 탈세를 하고 재산을 카리브 해의 면세국으로 이미 옮겨 놓았다는 것을.

　　미국에서 요트는 부의 상징이다. 1990년 아버지 조지 부시 대통령 시절 재산세 누진과세를 협상 중이던 여야의 예산 담당자들은 타협이 어려워지자 꾀를 냈다. 불황으로 어려움을 겪고 있는 빈곤층을 달래기 위해 상징적으로 요트, 비행기, 모피, 보석 등에 사치세를 매기기로 합의한 것이다.

　　우리나라의 특별소비세에 해당하는 이 세금은 경제에 미치는 영향을 점검하는 공청회도 없이 졸속으로 처리되었다. 요트 제조업자들조차 법안이 통과된 후에야 알게 되었다. 다음 해인 1991년부터 10만 달러 이상 고급 요트에 대해 10%의 세금이 부과되었다. 사치세의 효과는 곧 나타났다. 시행 6개월 만에 고급 요트의 판매는 70%나 줄었고 소형 보트 판매도 33% 감소했다. 대신 부자들은 사치세가 없는 다른 나라로 가서 다른 사치품을 샀다. 부자들은 요트를 사지 않으니 세금을 더 낼 필요도 없었다.

　　사치세 부과로 타격을 입은 쪽은 부자들이 아니라 노동자들이었다. 한 해 동안 미국 요트 제조업체가 3분의 1 이상 문을 닫았고 약 2만5000명의 노동자가 일자리를 잃었다. 그들은 배를 만드는 데 숙련된 노동자였다.

　　결국 요트는 부자들의 필수품이 아니라 미국 요트산업 노동자에게 꼭 필요한 것이었다. 부자들은 세금이 늘면 요트를 소비하지 않아도 무방하지만 가난한 노동자들은 요트 생산이 중단되어 일자리를 잃는 고통을 겪어야 했다.

　　노무현 정부 들어 세금 중과의 대상이 된 중대형 아파트는 부의 상징이자 중산층의 필수품이다. 초대형 아파트는 요트와 비슷한 점도 있다. 초대형 고급 아파트에 '벌금성' 세금을 중과하면 집 짓는 숙련 노동자들이 일자리를 잃는 고통을 받게 된다. 그리고 고급 아파트를 사려던 사람들은 세금을 덜 내도 되는 외국으로 가서 고급 주택을 구입할 것이다. 이미 미국 캐나다 중국으로 가서 집을 사는 사람이 늘고 있지 않은가.

주택거래신고제, 종합부동산세에 이어 양도세, 재산세 등의 중과 조치가 시작되고 기반시설부담금 개발이익환수제 등이 도입되면 주택건설은 더욱 줄어들 것이다. 주택건설업에 종사하는 노동자들의 피해가 어느 정도인지 따져 보았다는 얘기는 들은 적이 없다. "상위 20%에 세금 인상을 해도 나머지 80%는 손해 볼 것 없다"는 노무현 대통령의 발언에 밀려 공청회는 생각조차 못한 게 아닌가.

미국에서 100만 달러짜리 요트를 만들려면 1만 2000시간의 노동이 필요하다고 한다. 이는 8명의 1년치 일자리에 해당한다. 그만큼 임금이 지급되고 부의 재분배 효과가 나타나는 것이다. 주택 건설도 마찬가지다. 고급 주택에 중과를 해서 늘어나는 세금과 건설 노동자들이 일자리를 얻고 소득세도 늘어나는, 부의 재분배 효과를 비교해 볼 필요가 있다.

하지만 불행히도 정부의 조세 개혁은 일방통행식이다. 세금을 새로 만들기에 앞서 다양한 의견을 수렴해야 하는 조세개혁특별위원회 위원장인 곽태원 서강대 교수가 토론이 되지 않는다면서 사의를 표명했다고 한다. 그는 부동산 관련 세제는 지속가능하지 않다고도 했다. 이쯤 되면 정부는 조세 개혁의 틀을 다시 짜야 한다. (동아일보, 2006.4.24)

4. 가격통제

가격의 결정을 시장기구에 의존하는 자본주의 시장경제에서도 경우에 따라서는 특정 상품에 대해 그 시장가격을 인위적으로 정해놓고 유지시키는 경우가 있습니다. 이를 가격통제(price control)라고 하는데 가격통제의 대표적인 예로 최고가격제와 최저가격제를 들 수 있습니다.

1) 최고가격제(가격상한제)

단기에 생활필수품의 가격이 치솟는 경우 정부는 물가를 안정시키고 소비자를 보호할 목적으로 가격의 상한선을 설정하고 상한선을 넘는 가격에서의 거래를 금지하기도 합니다. 이러한 경우 정부가 정한 가격을 최고가격(maximum price) 또는 상한가격(price ceiling)이라 하며 최고가격을 실시하는 제도를 최고가격제 또는 가격상한제라고 합니다. 최고가격은 시장에서 결정된 가격이 너무 높다고 판단하여 설정되는 가격이므로 최고가격 수준은 시장균형가격보다 낮게 설정됩니다.

[그림 6-8] 최고가격제

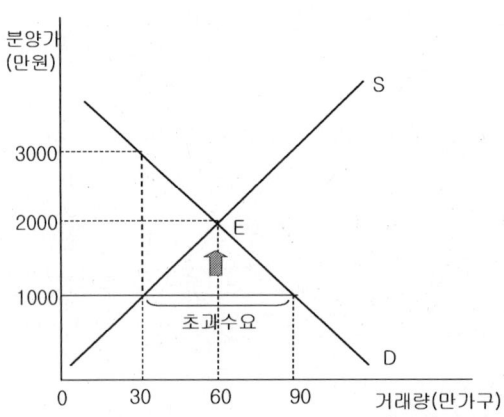

우리나라의 경우 최고가격제의 예는 과거 시행되었던 아파트 분양가 상한제를 들 수 있습니다. [그림 6-8]에서 시장에서 아파트의 평당 분양가가 2000만 원에 결정되고 이것이 균형가격이라고 가정합시다. 이제 정부가 시장에서 결정된 분양가격이 너무 높다고 판단하여 시장균형가격 2000만 원보다 낮은 1000만 원을 분양 상한가로 설정했다고 합시다.

새로운 최고가격(분양상한가) 1000만 원하에서 사람들이 구입하고자 하는 아파트 수는 90만 가구인 데 반해 기업들이 공급하는 아파트 수는 30만 가구이므로 시장에서는 아파트의 공급부족, 즉 초과수요가 발생합니다. 시장에서 아파트 부족 현상이 발생하게 되면 소비자들은 최고가격보다 높은 가격을 지불하고서라도 부족한 아파트를 구입하고자 하기 때문에 암시장이 형성되게 됩니다. 즉 그림에서 시장에 아파트가 30만 가구가 공급될 때 소비자가 지불하고자 하는 최고가격은 평당 3000만 원입니다. 결국 최고가격 1000만 원과 소비자가 지불하고자 하는 가격 3000만 원과의 차인 2000만 원이 우리가 자주 들어온 아파트 프리미엄이 됩니다. 이렇듯 최고가격제를 실시할 경우 암시장이 발생하게 됩니다. 따라서 최고가격제를 성공시키기 위해서는 정부가 초과수요를 해소시킬 수 있는 적절한 조치를 강구해야 할 것입니다.

<생활경제뉴스 6-8>
사채이자 상한 70% …… 대금업시장 격변 예고

사채이자율을 연 70%로 제한하는 대부업법 시행이 점차 다가오면서 대금업시장에 빅뱅이 예고되고 있다. 일부 사채업체나 저축은행의 소액신용대출 금리 인하효과가 예상되지만 사채업자들의 '지하화'가 확산될 것이라는 우려가 커지고 있다.

◆ 사채. 소액신용대출 금리인하 효과

대부업법이 오는 10월부터 시행되면 토종 사채업자 일부와 일본계 대금업체는 등록을 통해 합법적인 이자상한인 연 70%를 맞추게 될 전망이다. 사채업계에 따르면 토종 사채업자들은 대부업법이 시행될 경우 대형 업체 10여 개만이 등록을 하고 일본계 대금업체들은 대부분이 등록을 할 것으로 파악되고 있다.

등록할 업체들은 일단 9월부터 공정거래위원회에서 제한한 최고 금리 연 90% 선에 맞추기 위해 1차로 금리를 조정해야 하고 10월부터는 연

70% 이하로 다시 내려야 불법영업을 면하게 된다. 토종 사채업자들은 연 130%가량에서, 일본계 대금업체는 연 100%가량에서 각각 이자율 조정을 해야 한다. 일본계 대금업체는 이달부터 연 90%이하로 대출금리를 내리기로 했다. 또 대부업법에 적용되지는 않지만 제도권의 현대스위스. 좋은. 푸른상호저축은행 등도 소액신용대출을 하며 연 80~90%의 대출금리를 적용해 왔으나 '사채 보다 높은 금리'라는 눈총에 금리수준을 내릴 수밖에 없다.

저축은행중앙회 관계자는 "대부업법이 시행되면 저축은행들도 소액신용대출 금리를 연 70%이하로 줄이거나 아예 고금리 상품을 없애는 방안을 검토하게 될 것"이라며 "오는 7일 열리는 사장단회의에서 이 문제가 논의될 것"이라고 말했다.

♦ 사채업 지하화. 불법 금리 폭등

대부업법 시행으로 기대되는 일부 대금업의 금리인하 효과 이면에는 사채업의 지하화 확산이라는 부작용이 예상된다. 한국소비자금융연합회는 1일 '대금업 원가분석'을 통해 연 70%의 이자율을 적용할 경우 10억 원을 가지고 합법적인 대금업을 한 뒤 세금을 내고 나면 연간 1억 원가량의 적자가 발생한다고 밝혔다. 한마디로 연 70% 이자율로는 기존 영업관행을 획기적으로 개선하지 않는 한 손해 보는 장사를 할 수밖에 없다는 결론이며 많은 사채업자들이 불법영업을 강행할 것이라는 분석이다.

한 사채업체 간부는 "대부업법이 시행되면 일단 등록하는 극소수 업체들도 합법적인 영업과 비공개적인 영업으로 이중 영업을 시도할 것"이라며 "나머지 등록을 포기한 대부분의 업체들은 단속을 감수하며 불법영업에 나설 것"이라고 말했다. 그는 또 "이 같은 불법업자들은 위험부담이 더 커지기 때문에 금리수준은 1천 퍼센트 이상의 '살인금리'를 적용하게 될 것"이라며 "폐업을 가장한 업자들도 대부분 이 같은 수순을 밟게 될 것으로 예상된다"고 덧붙였다. 아울러 신용불량자 등 신용도가 낮은 이용객들의 합법적인 금리를 적용받는 사금융 이용 문턱은 더욱 높아질 전망이다.

합법적인 등록을 계획 중인 토종 사채업체는 물론 일본계 대금업체들도 신용도가 낮은 이용객들에 대한 대출심사를 강화할 계획이다. 일본계 대금업체 한 임원은 "일본계 업체들은 연 70%의 이자율에 맞춰 영업을 지속할 수는 있지만 대출심사를 더욱 까다롭게 할 수밖에 없다"며 "50%가량이던 지금까지의 대출 승인율이 절반가량으로 떨어지게 될 것"이라고 말했다. (동아일보, 2002.8.1)

2) 최저가격제(가격하한제)

최고가격제와는 반대로 시장에서의 균형가격이 너무 낮다고 판단될 때는 정부는 균형가격보다 높은 수준에서 가격하한선(price floors)을 정하게 됩니다. 이러한 제도를 최저가격제 또는 가격하한제라고 합니다. 이 최저가격 제도는 일반적으로 상품을 생산하는 생산자를 보호하는 데 그 기본 취지가 있습니다. 농민을 위한 농산물가격지지제도나 노동자를 보호하기 위한 최저임금제도 등이 대표적인 최저가격제도의 예라고 할 수 있습니다.

최저가격을 실시하는 경우에는 만성적인 초과공급이 발생하게 됩니다. [그림 6-9]는 노동시장의 균형을 나타내고 있습니다. 시장에서의 균형임금 은 월 40만 원이고 이 때의 균형고용량은 60만 명입니다. 정부가 시장임금 이 너무 낮다고 판단하여 최저임금을 50만 원으로 설정하는 경우 노동의 공급량은 80만 명으로 증가하는 데 반해 이들 노동의 수요량은 40만 명으로 감소하여 시장에서는 40만 명의 초과공급, 즉 실업이 발생하게 됩니다.

[그림 6-9] 최저임금제

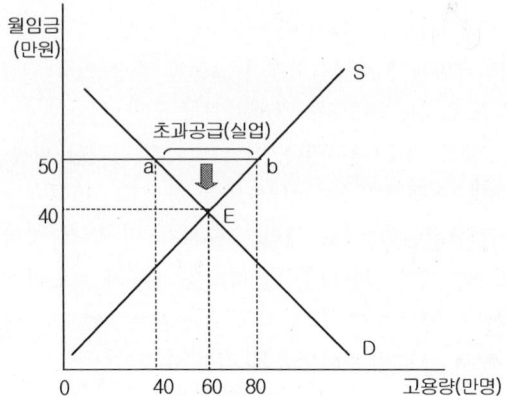

한편 최저임금제 실시로 인해 최저임금제 이전보다 고용량이 20만 명이 감소하였습니다. 즉 최저임금제가 없을 때는 60만 명이 일자리를 가지고 있었으나 최저임금제가 실시된 후에는 40만 명만이 일자리를 갖게 됩니다. 결국 최저임금제 실시 이후 일자리를 그대로 유지한 40만 명의 노동자는 임금이 높아져 혜택을 보았으나 일자리를 잃은 20만 명의 노동자는 최저임 금제로 인해 실직이라는 피해를 보게 됩니다.

<생활경제뉴스 6-9>

최저임금 月 64만1840원 확정 …… 작년보다 13.1% 인상

올 9월부터 내년 8월말까지 적용되는 근로자 최저임금이 월 64만 1840 원으로 확정됐다. 최저임금위원회는 25일 "올 9월부터 내년 8월까지 시간 급(時間給)을 지난해 2510원에 비해 330원 오른 2840원으로 결정했다"고 밝혔다.

이 시간급을 기준으로 하면 일급은 2만 2720원(2840원×8시간), 월급은 64만 1840원(2840원×226시간)이 최저임금이다. 월급 기준 최저임금은 현재 56만 7260원에 비해 13.1%(7만 4580원) 올랐다. 인상액으로는 1988년 최저 임금제도가 도입된 이래 최고치며, 인상률은 2000년 16.6% 이후 가장 높은 수치다. 새 최저임금을 적용받는 근로자는 125만 4000명으로 전체 근로자 의 8.8%에 해당한다.

25일 최저임금위원회 전체회의에서 그동안 35% 인상(월급 77만 원가량) 을 요구해온 노동계는 13.1%를, 3.8%(월급 59만 원가량) 인상을 주장해온 사용자는 10.2%를 각각 제시했다. 이날 회의에 참석한 위원 25명(노동자 9 명, 사용자 8명, 공익위원 8명)이 투표를 한 결과 15명이 노동계 안을 지 지했다. 최저임금위원회는 또 저임금 근로자 및 중소 영세사업주에 대해 각종 사회보장과 세제 금융의 지원 대책을 정부가 조속히 수립할 것을 촉 구하는 건의문을 채택했다. 이에 대해 노동계는 "앞으로 제도개선을 통해 최저임금이 전체 근로자 평균임금의 절반 수준에 이르도록 투쟁하겠다"고 말했다.

모든 사업장의 사업주는 수습사원 등 일부를 제외한 고용 근로자에 대해 최저임금 이상을 지급해야 하며 이를 어길 경우 최고 징역 3년형의 처벌을 받게 된다. (동아일보, 2004.6.25)

요약 및 복습

재화의 가격은 시장에서 그 재화에 대한 수요량과 공급량이 일치하는 수준에서 결정되며 이러한 가격을 균형가격이라고 합니다.

수요곡선과 공급곡선이 만나는 점에서 균형이 이루어지는데 이 균형점에서는 소비자가 지불하고자 하는 최대가격과 판매자가 받고자 하는 최저가격이 정확하게 일치하게 되며 소비자들이 사고자 하는 양과 판매자들이 판매하고자 하는 수량이 일치합니다.

어떤 상품에 세금이 부과되면 조세부담은 수요와 공급의 탄력성에 따라 달라집니다. 공급의 탄력성에 비해 수요의 탄력성이 클수록 소비자의 부담이 상대적으로 작아지고 수요의 탄력성이 작을수록 소비자의 부담은 커지게 됩니다.

정부가 특정 상품에 대해 그 시장가격을 인위적으로 정해놓고 유지시키는 것을 가격통제라고 합니다.

정부가 시장 균형가격이 너무 높다고 판단하여 가격의 상한선을 설정하고 상한선을 넘는 가격에서의 거래를 금지하는 제도를 최고가격제 또는 가격상한제라고 합니다.

최고가격제와는 반대로 시장에서의 균형가격이 너무 낮다고 판단하여 시장가격보다 높은 수준의 가격하한선을 설정하고 하한선 이하의 가격에서의 거래를 금지하는 제도를 최저가격제 또는 가격하한제라고 합니다.

제7장 시장의 형태 및 시장실패

1. 시장의 형태는

1) 완전경쟁시장

완전경쟁시장(perfect competition)이란 다음과 같은 조건을 모두 만족시키는 시장을 말합니다. 첫째, 시장 내에 수많은 소비자와 판매자가 존재해야 하고 둘째, 시장 내에 거래되는 상품의 질은 동일하며, 시장 내의 모든 거래자들은 모든 상품의 가격 및 품질 등에 대한 완벽한 정보를 보유하고 있어야 합니다. 마지막으로 시장 내의 진입과 퇴출이 자유로워야 합니다.

따라서 완전경쟁시장에서 판매자들은 무수히 많은 경쟁자를 갖게 됩니다. 여기서 판매자는 특정 판매자와 경쟁을 하는 것이 아니라 불특정 다수와 경쟁을 하는 것이며 경쟁 상대가 누구인지는 모르지만 경쟁에서 뒤처지면 도태된다는 사실을 정확히 인식하고 있는 무한 경쟁상태에 있는 것입니다. 또한 개개의 소비자와 판매자가 사고 파는 상품의 양이 시장 전체의 거래량에서 차지하는 비중은 매우 미미하여 개별 소비자와 판매자는 상품의 가격에 영향을 미칠 수 없습니다. 상품의 가격은 시장에서 수요와 공급에 의해 결정되며 소비자와 판매자 모두 시장에서 결정된 가격을 그대로 받아들일 수밖에 없는 가격순응자(price taker)입니다.

시장 내에서 판매되는 상품의 질이 동일하며 동시에 모든 소비자들이 가격에 대해 정확한 정보를 갖고 있으므로 상품의 가격이 판매자에 따라 달라질 수 없게 됩니다. 즉 그 어느 누구도 다른 판매자보다 1원이라도 비싸게 판매하고자 할 경우 소비자를 모두 잃게 되기 때문입니다. 결국 완전경쟁시장 내에서는 다른 기업에 비해 생산비가 높은 기업은 살아남지 못하게 되고 시장 내에는 생산비가 가장 낮은 효율적인 기업들만이 존재하게 될 것입니다.

또한 시장 내의 진입과 퇴출이 자유롭기 때문에 이윤이 존재하는 한 새로운 기업이 진입하게 되어 가격은 생산원가까지 하락하게 되고 결국 장기적으로는 초과이윤이 존재하지 않게 됩니다. 결국 완전경쟁이란 소비자 입장에서는 가장 싼 가격으로 상품을 구입할 수 있는 시장형태가 되는 것입니다.

현실세계에서 완전경쟁에 해당되는 시장의 예는 어떤 것이 있을까요? 여러분들이 한번 생각해 보기 바랍니다. 실제로 현실세계에서 완전경쟁시장에 해당하는 시장을 찾기란 불가능합니다. 그렇다면 완전경쟁시장을 공부하는 이유는 무엇일까요? 그 이유는 완전경쟁시장은 자원이 효율적으로 배분되는 가장 이상적인 시장형태이기 때문입니다. 따라서 완전경쟁시장을 분석함으로써 이를 기준으로 현실시장이 얼마나 이상적인 상태에서 벗어나 있는지를 파악하고 이에 대한 해결책을 모색할 수 있게 됩니다.

2) 독점시장

시장 내에 재화의 공급자가 하나인 경우 그 시장을 독점시장(monopoly)이라고 하며 그 공급자를 독점기업이라고 합니다. 이런 독점시장의 특징은 기업이 경쟁시장에서와 같이 가격순응자가 아니라 가격을 직접 결정할 수 있는 가격설정자(price maker)라는 점입니다. 경쟁시장에서는 다수의 기업들이 존재하기 때문에 개별 기업들은 시장가격에 영향을 줄 수 없었지만 독점시장에서는 기업이 하나밖에 없기 때문에 기업이 직접 가격과 판매량을 결정할 수 있다는 것입니다.

그렇다면 이러한 독점시장은 어떻게 해서 생기게 될까요? 결국 시장 내에 기업이 하나뿐이라는 것은 다른 기업이 그 시장에 진입하지 못하기 때문일 것입니다. 새로운 기업이 시장으로 진입하는 것을 막는 제 요인들을 진입장벽(barriers to entry)이라고 하는데 독점을 유지시키는 진입장벽으로는 다음과 같은 네 가지가 있습니다.

첫째, 생산원료의 독점으로 인한 진입장벽입니다. 어느 기업이 상품 생산에 필요한 원료를 독점하고 있다면 다른 기업이 해당 상품을 생산하는 것은 불가능하겠지요.

둘째, 특허나 판권은 제한된 기간 동안이기는 하지만 일정한 기간 동안 그 소유자에게 독점력을 부여하게 되어 다른 기업의 진입을 제한하게 됩니다.

셋째, 여러 기업이 생산하는 것보다 하나의 기업이 대량생산하는 것이 생산비가 싸지기 때문에 불가피하게 독점화되는 경우가 있습니다. 이러한 경우 자연적으로 독점이 될 수밖에 없다고 하여 이를 자연독점(natural monopoly)이라고 합니다.

마지막으로 정부가 특수한 목적을 위해 독점기업을 만드는 경우가 있습니다. 우리나라의 경우 재정수입을 목적으로 담배인삼공사를 통해 담배나 홍삼의 생산 및 판매를 독점하는 것이 그 예가 될 수 있습니다.

경제학에서는 독점을 완전경쟁에 비해 바람직하지 못한 것으로 평가하고 있습니다. 그 이유는 다음과 같습니다. 시장이 독점화가 되면 소비자들은 독점기업이 공급하는 상품 이외의 다른 상품을 선택할 수 없으므로 그 만큼 소비자들의 선택의 여지가 없어집니다.

또한 독점기업은 자신의 이윤을 극대화하기 위해 상품의 가격과 생산량을 결정하게 되는데 가격은 완전경쟁시장의 가격수준에 비해 높고 생산량은 완전경쟁시장의 경우보다 크게 작습니다. 결국 소비자는 최저가격으로 상품을 구매할 수 없게 되고 독점기업은 생산요소를 과소 고용하여 상품을 과소 생산하는 자원배분의 비효율성을 초래하게 됩니다.

마지막으로 자연독점이 아닌 정부의 규제나 인·허가를 통해 탄생한 독점기업은 자신의 독점적 위치를 유지하기 위해 정부에 대한 로비 등 대외적인 홍보를 하게 됩니다. 이를 지대추구행위(rent seeking behavior)라고 하는데 이는 경제 전체로 볼 때 자원의 낭비가 됩니다.

3) 과점시장

과점시장(oligopoly)이란 소수의 대기업들이 서로 경쟁하면서 상품을 공급하는 시장을 말합니다. 우리나라의 경우 맥주를 생산하는 기업은 오비와 하이트 그리고 진로(카스)가 있습니다. 따라서 우리나라 맥주시장은 생산자가 하나보다 많기 때문에 독점시장은 아닙니다. 그러나 맥주기업이 무수하게 많지도 않으므로 완전경쟁시장도 아닙니다. 이처럼 생산자가 하나보다는 많지만 그 수가 많지 않은 시장을 과점시장이라고 합니다. 특히 아시아나항공과 대한항공만이 존재하는 국내 항공시장처럼 2개의 기업만 존재하는 시장을 복점(duopoly)이라고 합니다.

이러한 과점시장은 기업의 수가 많지 않으므로 어느 한 기업의 가격변경이나 생산량의 변경은 다른 기업들에게 큰 영향을 주게 됩니다. 만일 하이트 맥주가 자신의 시장점유율을 높이기 위해 가격을 내리는 경우를 생각해 봅시다. 오비맥주나 카스가 이에 반응을 하여 가격을 동일하게 낮춘다면 시장점유율을 높이기 위한 하이트 맥주의 의도는 달성되기 어렵게 됩니다. 이처럼 과점시장에서는 다른 기업의 반응여하에 따라 한 기업의 성과가 달라집니다. 또한 하이트 맥주의 가격변동은 오비나 카스의 매출액 및 이윤에 직접적인 영향을 주게 됩니다. 이와 같이 과점시장내의 기업들 간에는 이해관계가 첨예하게 대립되는 상호의존성을 갖게 됩니다.

결국 과점시장의 균형은 상대기업과의 관계가 어떻게 설정되느냐에 따라 다양하게 나타날 수 있습니다. 즉 과점기업들 간에 서로 치열한 가격경쟁이 이루어진다면 과점시장의 균형은 완전경쟁시장의 균형과 유사할 것입니다. 반면에 과점기업들이 서로 협조적으로 담합을 한다면 과점시장은 독점시장과 유사한 성과를 보일 것입니다.

4) 독점적 경쟁시장

독점적 경쟁시장(monopolistic competition)은 경쟁시장적 요소와 독점시장적 요소를 동시에 갖고 있는 시장을 말합니다. 이 시장은 다수의 공급자가 어느 정도 차별화된 상품을 공급하는 시장형태를 말합니다. 이 시장의 경쟁적 요소는 기업의 수가 많아 기업 간의 경쟁이 이루어지고 있으며 또한 시장으로의 진입과 퇴출이 자유롭다는 것입니다. 반면 독점적인 요소는 각 기업들은 차별화된 상품을 공급함으로써 어느 정도의 독점력을 행사할 수 있다는 점입니다.

여기서 제품차별화(product differentiation)란 제품의 본질적인 기능은

같지만 모양이나 색상, 디자인 그리고 애프터서비스 등에서 다른 상품과
차별을 두는 것을 말합니다. 보통 독점적 경쟁시장의 예는 이발소, 미장원,
병원이나 카페 등에서 찾아볼 수 있습니다. 예를 들어 미장원의 경우 모두
헤어서비스라는 상품을 공급하지만 미장원 내부의 장식이나 분위기 그리고
미용사의 숙련도나 서비스 등에서 모두 똑같지는 않습니다. 따라서 미장원
이 제공하는 헤어서비스는 완전히 동질적인 상품은 아니고 어느 정도는 이
질적인 상품이라고 할 수 있습니다. 이러한 제품차별화를 통해 각 미장원
들은 자신의 헤어서비스에 대해 나름대로의 독점력을 보유하게 됩니다. 즉
미장원마다 자신의 헤어서비스를 선호하는 단골손님을 확보하고 있다는 것
이 바로 어느 정도의 독점력을 갖고 있다는 것을 보여주는 사실입니다. 이
러한 독점적 경쟁시장의 특징은 시장 내의 기업들이 가격경쟁보다는 품질
과 디자인, 그리고 애프터서비스 등의 비가격경쟁에 주력한다는 것입니다.

〈표 7-1〉 시장구조의 구분

상품 〳 기업수	다 수	소 수	단 일
동질상품	순수경쟁	동질과점	순수독점
차별화된 상품	독점적 경쟁	차별과점	

독점적 경쟁시장에서 기업은 자신의 상품에 대한 어느 정도의 독점력을
가지므로 완전경쟁시장에 비해 생산량은 작고 가격은 높게 됩니다. 따라서
독점시장보다 정도는 약하지만 여전히 자원배분의 비효율성을 초래하게 됩
니다.

그러나 동질의 상품만이 공급되는 완전경쟁시장에 비해 소비자들의 기호
에 부응하는 여러 가지 상품의 생산과 다양한 서비스 등이 제공된다는 측
면에서 독점적 경쟁시장의 바람직한 면도 찾을 수 있습니다.

<생활경제뉴스 7-1>

국내제조업 독점도 여전히 높아 …… LG경제연구원 분석

우리나라 제조업 분야는 80년대에 비해 독점구조를 벗어나 90년대에 경쟁적인 체제로 바뀌었지만 선진국에 비해서는 아직 독점적인 것이라는 분석이 나왔다. LG 경제연구원은 28일 발표한 국내 제조업의 업종별 경쟁도 분석에서 17개 제조업종을 대상으로 조사한 결과 생산비에 비해 높은 독점적인 가격을 받는 경향이 80년대에 비해 90년대에 낮아진 것으로 나타났다.

연구원은 한 단위의 제품가격과 한계생산비용과의 관계를 나타내는 가산율(계산은 (가격 - 한계생산비용) / 가격)을 산출했으며 가산율이 클수록 독점가격을 받는 것.

91~98년 우리나라 17개 제조업종의 가산율 평균은 1.5로 경제협력개발기구(OECD) 회원국 평균인 1.2보다 높았으며 80년대 1.7에 비해서는 낮아졌다. 업종별 가산율은 펄프 종이 및 종이제품이 1.74로 가장 높고 의료 정밀 과학기기가 1.31로 가장 낮았다. 중화학산업의 독점구조가 완화된 반면 섬유, 의복, 인쇄 등 경공업 부문은 가산율의 하락 정도가 평균에 못 미쳤다. 전체 수출에서 차지하는 비중이 경공업제품은 80년대 42%에서 90년대 24%로 낮아진 반면 중화학제품이 80년대 50%에서 90년대 70%를 넘어 수출이 늘수록 더욱 효율적인 생산과 가격인하가 있었음을 나타냈다.

전종규(全鍾奎) 책임연구원은 선진국 기업에 비해 가산율이 높다는 것은 국내에 진출한 외국기업과의 경쟁에서 국내 기업이 불리해 국내시장이 잠식당할 가능성이 크다는 것을 의미한다고 말했다.(동아일보, 2000.7.28)

2. 시장의 실패와 정부의 개입

1) 파레토최적이란

우리는 제 1장에서 희소한 자원을 효율적으로 배분하는 문제가 경제학이 해결해야 할 주요한 과제라는 것을 공부했습니다. 그렇다면 자원배분이 효율적인가 아닌가를 판단하는 기준은 무엇일까요? 하나의 자원배분 상태에서 사회 전체가 얻고 있는 순후생이 극대화되고 있을 때, 자원배분에 있어서 경제적 효율성이 이루어졌다고 합니다. 따라서 자원배분에 있어서 경제적 효율성이 달성된 경우에는 어떤 사람의 후생을 감소시키지 않고서는 다른 사람의 후생을 증대시킬 수 없게 됩니다. 이러한 경제적 효율성에 관한 개념은 이탈리아 경제학자 파레토(V.Pareto)에 의해 처음으로 제시되었으며 그 이름을 따서 파레토효율성(pareto efficiency)이라고 합니다.

2) 시장실패란

우리는 앞에서 시장이 완전경쟁인 경우 가격기구의 역할에 의해 가장 효율적인 자원배분이 이루어진다는 것을 살펴보았습니다. 이러한 내용은 시장경제를 신봉해서 자원배분에 관해 자유방임을 주장하는 사람들에게 중요한 이론적 근거가 됩니다. 그러나 이는 시장이 완전경쟁이라는 가정하에서 성립하며 이 가정이 만족되지 못하면 시장기구에 의한 자원배분은 파레토효율성을 달성하지 못하게 됩니다. 시장기구에 의한 자원배분이 파레토효율성을 달성하지 못하는 것을 시장의 실패(market failure)라고 합니다. 시장실패의 원인으로는 불완전경쟁, 외부효과, 그리고 공공재의 존재 등을 들수 있습니다.

3) 시장실패가 발생하는 원인은?

불완전경쟁

시장에서 자원배분이 효율적으로 이루어지는 것은 가격과 한계비용이 일치하기 때문이며 이는 완전경쟁시장에서만 가능합니다. 따라서 완전경쟁이라는 전제가 무너진다면 시장기구에 의한 효율적 자원배분은 기대하기 어렵습니다. 그러나 현실세계에서 시장은 거의 불완전경쟁인 경우가 대부분이고 불완전경쟁이 존재할 때 시장의 실패가 일어나리라는 것은 당연한 일입니다.

물론 불완전경쟁이 생기게 되는 데는 인위적인 요인도 있지만 순수하게 기술적 요인에 의해 발생되는 경우도 있습니다. 즉 생산량을 늘림에 따라 생산단가가 하락하는 규모의 경제(economies of scale)가 존재하면 자연발생적으로 독점화가 진행되어 시장의 실패를 초래하기도 합니다. 즉 규모의 경제로 자연독점이 발생하면 독점기업은 완전경쟁기업보다 생산량을 줄이고 재화의 가격을 높게 책정함으로써 자원배분을 비효율적으로 만들고 소비자의 후생을 감소시키게 됩니다.

시장의 불완전경쟁으로 인한 시장실패가 나타나는 경우 정부는 경쟁이 이루어질 수 있도록 거래의 질서를 확립하고자 합니다. 현실적으로는 공정거래법과 같은 법적 제도로서 불공정거래와 이를 행하는 독과점을 규제하는 것을 들 수 있습니다.

외부성

외부성(externality)이란 어떤 경제주체의 소비 또는 생산활동이 다른 경제주체에게 의도치 않은 이득이나 피해를 주면서도 이에 대한 대가를 받지도 지불하지도 않는 경우를 말합니다. 대가를 지불하지도 않고 받지도 않는다는 면에서 시장 내부가 아닌 시장 외부에 존재하는 현상이라 하여 외부성이라는 이름이 붙여진 것입니다.

외부성에는 이로운 것과 해로운 것이 있습니다. 예를 들어 아름다운 정원을 가꾼 집이 있다고 합시다. 이는 그 집을 지나가는 행인이나 이웃주민들에게 즐거움을 주기 때문에 좋은 외부성을 주는 셈입니다. 즉 행인이나 이웃주민은 그 집 덕택으로 아무런 대가도 지불하지 않은 채 혜택을 입기 때문입니다. 이처럼 다른 사람에게 의도치 않은 혜택을 주는 외부성을 외부경제(external economy)라고 합니다.

이와는 반대로 낚시꾼들이 한강에서 떡밥낚시를 하는 경우 수질을 오염시켜 한강을 상수원로 하는 모든 서울 시민들에게 피해를 주게 됩니다. 이처럼 다른 사람에게 의도치 않은 피해를 주는 외부성을 외부불경제(external diseconomy)라고 합니다. 피해를 본 서울시민들이 낚시꾼들에게 일일이 피해보상을 받을 수 없기 때문입니다.

문제는 외부성이 거래될 수 있는 시장은 존재하지 않으므로 가격체계는 외부성에 의한 이득이나 손해를 반영하지 못한다는 것입니다. 즉 외부성이 존재하는 경우에는 사적 비용과 사회적 비용이 일치하지 않거나 사적 이득과 사회적 이득이 일치하지 않아서 경제 전체의 자원배분은 비효율성을 지니게 됩니다.

예를 들어 무스탕모피를 생산하는 기업이 염색과정에서 수질을 오염시키는 경우를 생각해봅시다. 기업은 무스탕을 생산하는 데 직접적으로 지출되는 사적 비용만 고려하여 생산량을 결정하게 됩니다. 그러나 사회 전체적으로 보면 무스탕생산으로 인한 비용은 사적 비용에 한강수질을 개선하기 위한 정화비용을 더한 것이 될 것입니다. 외부불경제가 존재할 경우 사적 비용은 사회적 비용보다 적게 됩니다. 따라서 이윤극대화를 추구하는 기업의 무스탕 생산량은 사회적 최적생산량보다 많게 되어 자원의 비효율적 배분이 발생하는 시장의 실패가 나타나게 됩니다.

이제 외부경제가 나타나는 경우를 살펴보지요. 과수원 주인이 과일나무를 더 심으면 인근에 있는 양봉업자의 꿀 생산량은 늘어날 것입니다. 과수원 주인이 과일나무를 더 심어서 과일 생산이 증가하는 것은 사적 이득이지만 사회적 이득은 과일 생산량 증가와 꿀의 생산량 증가분을 더한 것입니다. 그러나 과수원 주인은 과일나무를 더 심음으로써 얻을 수 있는 과일 생산량 증가분 즉, 사적 이득만을 고려하기 때문에 과일 생산량은 사회 전체적인 최적생산량 수준에 못 미치게 됩니다.

이상에서 살펴본 것처럼 외부경제가 존재하면 생산량은 사회적 최적수준에 못 미치고, 외부불경제가 존재하는 경우는 생산량은 최적생산량보다 많이 생산되어 자원배분이 비효율적이게 됩니다.

외부성으로 인해 시장실패가 발생하는 경우 이를 해결하기 위해서는, 정부가 외부불경제가 존재하는 경우는 벌금이나 세금을 부과하여 생산량을 적정수준까지 감소시키고 외부경제가 존재하는 경우에는 생산이나 소비를 장려하기 위해 보조금을 지급하는 정책을 실시하기도 합니다.

<생활경제뉴스 7-2>
낚시인 관리제도' 도입 추진
소양교육 이수해야 등록증 발급

이르면 2008년부터 낚시인들에 대한 등록 또는 신고제가 시행된다. 오거돈 해양수산부 장관은 31일 "낚시 행위를 레저활동으로서 확산시키는 동시에 환경오염과 어류자원 감소 등의 문제를 해결하기 위해 제도권으로 편입, 관리하는 방안을 추진키로 했다"고 밝혔다. 그는 "2004년 기준 낚시인구는 약 570만 명에 이르며 주 5일 근무 등으로 계속 늘어나는 추세"라며 "그러나 무분별한 낚시의 부작용도 함께 불거지면서 환경단체와 지역주민들 사이에 개선이 필요하다는 목소리가 커지고 있다"고 덧붙였다.

해양부는 이를 위해 '낚시종합발전기본계획'을 마련, 이날 오전 국무회의에서 보고했다. 이 계획에 따르면 정부는 등록을 원하고 소정의 소양교육을 이수한 낚시인에게 등록증을 발급하는 등의 '낚시인 관리제도'를 도입할 방침이다.

심호진 해양부 어업자원국장은 "서구 대부분의 국가들은 낚시 면허제나 허가제를 시행하고 있으며 이들의 제도는 대체로 낚시인들이 돈으로 면허를 사는 형태"라며 "그러나 이 같은 형태의 면허제에 대한 국내 낚시인들의 반발을 고려, 일정 수준의 교육만 받으면 등록증을 발급하는 제도를 검토하고 있다"고 설명했다. 그는 이어 "구체적 자격 요건이나 등록되지 않은 사람의 낚시 행위에 대한 처벌수위 등은 앞으로 공청회 등을 통해 꾸준히 논의, 조정할 것"이라고 덧붙였다.

정부는 낚시터를 유형별로 체계적으로 관리해 어촌 소득원으로 활용하고 낚시터 수질을 개선하는 한편 물고기 자원을 보호, 증식하는 방안도 함께 마련할 계획이다.

구체적으로는 ▲낚시용 집어제 및 곡물성 미끼 함량, 사용기준 설정 ▲납추를 대체할 추 개발 ▲산란기 낚시금지 구역 및 기간 명시 ▲포획 물고기 크기 및 마릿수 제한 ▲기본 소양을 수록한 '낚시 핸드북' 제작 등의 방안이 검토된다. 정부는 이와 함께 낚시 관련 민간단체 설립을 지원, 단체가 설립되면 단계적으로 낚시인 등록과 교육, 환경 감시 활동 등의 업무를 이관할 방침이다. 해양부는 올 상반기 중 전문 연구기관의 용역을 통해 이 같은 계획을 뒷받침할 '낚시 관리 및 육성법안(가칭)'을 마련, 하반기부터 낚시인과 환경단체 등의 의견을 수렴하고 관련부처와의 협의를 거쳐 내년 중 국회에 제출할 계획이다. (한국일보, 2006.1.31)

공공재

시장이 해결할 수 없는 또 하나의 문제가 바로 공공재의 공급입니다. 공공재(public goods)란 여러 사람이 공동으로 사용하는 재화로서 사적재(private goods)와는 구별이 됩니다. 사적재란 옷이나 자동차 등과 같이 가

다"고 밝혔다. 정보통신부 관계자는 "2002년 8월 민영화된 KT가 공공재 성격이 있는 공중전화 등의 사업을 진행하는 데 여러 어려움이 있다"며 "민간기업이라 서비스 질에 대해 뭐라고 말하기가 곤란하다"고 말했다. (경향신문, 2005.1.13)

<생활경제뉴스 7-4>
석유이상의 전략자원, 물

물을 물로만 봐서는 안 되는 세상이 도래했다. 물을 돈 쓰듯 아껴야 하는 시대이기도 하다. 그만큼 물이 귀해졌다. 지난해 유엔 세계물위원회 (World Water Council)는 2025년이면 세계 인구 3명 중 1명꼴인 약 27억 명이 물 기근에 시달릴 것으로 내다봤다. 해마다 수백만 명이 수인성 전염병으로 사망할 것이라는 우려도 덧붙였다. 20세기가 석유(Black Gold)의 시대였다면, 금세기는 '블루 골드'(Blue Gold)라는 물의 시대가 될 것이란 주장이 점점 설득력을 얻고 있다.

막대한 물 이권에 눈독 들인 민간기업은 물 자원을 장악하기 위해 혈안이 됐다. 세계은행 (IBRD)은 2001년 세계 물 교역량이 1조 달러에 이른다고 추산했다. '물 민영화'에 따라 빈민은 물 마실 권리마저 빼앗기고 있다. 그만큼 물 사유화에 대한 저항도 거세다. 물의 소중함을 되새기고, 공공의 물을 지켜내기 위한 노력을 살펴본다.(중략)

세계 각국에서 민간자본에 의한 물 민영화를 두고 뜨거운 논란이 일고 있다. 그동안 수도사업은 공익성을 내세워 대부분 국가에서 공공부문으로 운영했다. 그러나 최근 세계화 시대의 시장개방 추세 속에 다국적 기업이 세계시장을 급속히 잠식하고 있다. 대표적인 기업이 프랑스의 수에즈, 비방디, 온데오로 세계 물 시장의 절반 이상을 점유하고 있다. 물 부족이 심각한 인도 같은 나라는 다국적 물 기업이 시장을 독점한다.

민영화의 대가는 수도요금 인상이다. 90년대 상반기 프랑스 수도요금은 150%, 영국은 106% 올랐다. 인도 국민은 소득의 25%를 물 값으로 치르고 있다.

민영화는 크게 세 가지 형태를 띤다. 가장 흔한 유형은 프랑스처럼 기업은 물 공급을 책임지고 서비스 관리 비용을 공공부문에서 부담하는 것이다. 또 물 공급과 관리권을 한꺼번에 기업에 팔아버리는 방식이 있다. 영국 등이 이에 해당한다. 정부와 계약을 맺고 물 서비스를 관리하는 대가로 관리비를 받는 유형도 있다.

캐나다의 물 전문 환경운동가 모드 발로는 "물 민영화는 결국 공적 책임의 실종으로 이어질 수밖에 없다"며 "지구상 모든 생물의 자원인 물은 누구든 사익을 위해 사용할 권리가 없다"고 주장한다.

유엔에서는 93년 한국도 물 부족 국가 대열에 들어섰다고 경고했다. 국내 연평균 강수량은 2001년 기준 1,283mm로 세계 평균 973mm의 1.3배다. 전혀 걱정거리가 없어 보인다. 그러나 높은 인구밀도 탓에 1인당 연평균 강수량은 2,705㎥로, 세계 평균 2만2천㎥의 약 12%에 그친다. 지난해 유네스코의 세계수자원보고서도 한국의 1인당 연간 가용 수자원량이 1,491㎥로 세계 180개 나라 가운데 146위에 불과하다고 지적했다. 유엔 국제인구행동연구소(PAI)는 1인당 연간 물 사용가능량 1,000t 미만은 물 기근 국가, 1,000~1,700t은 물 부족 국가로 분류한다. 게다가 1인당 하루 물 사용량은 362ℓ로 독일(132ℓ)·프랑스(281ℓ)보다 월등히 높고 일본(357ℓ)에 앞선다.

또 여름철에 연간 강수의 3분의 2가 집중해 계절별·지역별 편중이 심하다. 그만큼 물 부족과 가뭄·홍수피해에 취약하다. 2001년 극심한 봄 가뭄 때 경기 북부지역에서 급수를 중단하고 전국 86개 시·군에서 약 30만 명에게 제한 급수하는 등 물 부족을 겪어야 했다. 일단 국내 수돗물 공급 구조는 튼튼한 편이다. 수돗물은 서울시 등 각 지방자치단체나 한국수자원공사 책임하에 관리·공급한다. 상수도 보급률이 약 90%에 이른다. 수돗물은 공공재 성격이 짙어 가격 부담도 적다. 서울 수돗물은 ℓ당 0.5원도 안 된다.

그러나 수돗물을 불신해 그대로 마시는 서울 시민은 약 1%에 머무는 것으로 추산된다. 이에 따라 생수와 정수기 시장이 급팽창하고 있다. 이미 생수시장 매출액은 3천 5백억 원, 정수기 시장은 1조 원을 넘어섰다. '먹는 샘물'이란 형태로 플라스틱 병에 담아 유통하는 생수는 지난 수년 사이 슈퍼마켓 진열대를 당당히 차지했다. 2000년 즈음 다국적 물 기업도 들어왔다.

전문가들은 "시민들이 수돗물을 외면하면서 물을 민간기업의 손에 넘겨주고 있다"며 "물 사유화를 막기 위해서는 안전한 수돗물 공급이 우선 과제다"라고 강조했다. 또한 민간기업과 경쟁에서 살아남을 만큼 공공부문의 경쟁력도 높여야 한다.(경향신문, 2004.9.13)

3. 소득분배의 문제

1) 기능적 소득분배와 계층별 소득분배

소득분배에 대한 전통적인 경제이론은 크게 두 가지로 분류됩니다. 첫째는 사회 전체의 소득이 생산에 참여한 노동이나 자본, 토지 등과 같은 생산요소의 제공자들에게 얼마만큼씩 돌아갔느냐를 분석하는 기능적 소득분배(functional distribution of income)이론입니다. 둘째는 사회 전체의 소득이 사회구성원 개개인들 또는 소득계층별로 어떻게 분배되는가를 분석하는 계층별 소득분배(size distribution of income)이론입니다.

기능적 소득분배이론은 분배의 실상에 대한 완전한 이해를 제공하지 못한다는 면에서 본격적인 분배이론으로서는 결함을 가지고 있다고 지적되어 왔습니다. 즉 사회 전체의 소득 중 자본에 더 큰 몫이 분배되느냐 혹은 노동에 보다 더 큰 몫이 분배되느냐를 아는 것이 분배의 실상을 파악하는 데 어느 정도 도움은 줄 수 있지만 그 자체로서 최종적인 답을 주는 것은 아니기 때문입니다. 사실 자본가와 노동자간에 소득이 어떻게 분배되는가를 아는 것보다는 부유층과 빈곤층 간에 분배상태를 아는 것이 분배의 본질을 정확하게 파악하는 데 도움이 될 것입니다. 따라서 한 사회의 소득분배의 실상을 이해하는 데는 계층별 소득분배이론이 보다 직접적인 도움을 준다고 할 수 있습니다.

그러나 기능적 분배와 계층별 분배 간에 전혀 관계가 없는 것은 아닙니다. 왜냐하면 기능적 분배가 어떻게 이루어지느냐에 따라 계층별 분배에 영향을 미치기 때문입니다. 결국 한 사회 내에서 자본가는 부유한 계층이고 노동자들은 상대적으로 빈곤한 계층이라는 것을 감안한다면 기능적 분배와 계층별 분배는 서로 밀접한 관련이 있다고 할 수 있습니다.

2) 소득분배의 측정방법

계층별 소득분배상태를 측정하는 방법으로는 여러 가지가 있으나 다음에 설명하는 로렌츠곡선과 지니계수가 가장 널리 알려져 있고 또 많이 사용되고 있습니다.

로렌츠곡선(Lorenz curve)이란 미국의 통계학자 로렌츠(M.O. Lorenz)가 한 나라 국민들의 소득분배 정도를 파악하기 위해 인구의 누적비율과 소득의 누적점유율 사이의 상관관계를 그림으로 표시한 곡선을 말합니다. 만일 모든 국민의 소득이 동일하다면 인구 10%가 소득의 10%를, 인구 20%가 소득의 20%를, 인구 30%가 소득의 30%를 차지하여 인구의 누적비율과 소득의 누적점유율이 똑같게 될 것입니다. 이러한 분배상태를 완전균등분배라고 하는데 이를 그림으로 나타내면 로렌츠곡선은 [그림 7-1]의 AB와 같은 대각선이 됩니다.

[그림 7-1] 로렌츠곡선

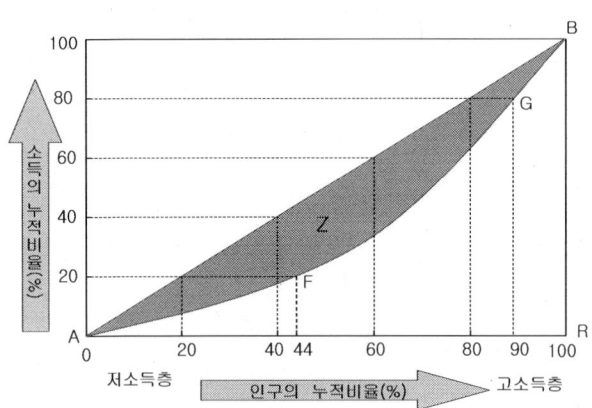

그러나 현실적으로는 개인의 능력과 노력의 차이 그리고 부모로부터 상속받은 재산의 차이 등 여러 가지 요인으로 인해 완전히 균등한 분배가 이루어질 수는 없습니다. 예를 들어 상위소득수준 인구의 10%가 소득의 20%를 점유하고(G점), 하위소득수준 인구의 44%가 소득의 20%밖에 점유하지 못한다고 가정할 경우(F점) A F G B점들을 연결한 선이 로렌츠곡선이 됩니다. 만일 인구의 0.1%가 소득의 전부를 갖고 나머지 99.9%는 소득이 전혀 없는 완전 불균형 소득분배가 될 경우 로렌츠곡선은 ARB선으로 표시됩니다. 따라서 소득분배의 불평등 정도가 높을수록 로렌츠곡선은 아래로 늘어지는 형태를 취하게 됩니다.

한편 지니계수(Gini coefficient)란 프랑스의 통계학자 지니(Gini)가 소득분배상태를 파악하기 위하여 로렌츠곡선이 나타내는 내용을 단순한 하나의 숫자로 표시한 것입니다. 따라서 로렌츠곡선과 지니계수는 표현방법만 다를 뿐 기본적인 내용은 동일합니다.

[그림 7-1]에서 소득분배의 불균형 정도가 클수록 소득의 완전균등분배를 나타내는 대각선과 로렌츠곡선 사이의 빗금 친 면적 Z가 넓어진다는 사실에 착안하여, 이 면적 Z를 직각삼각형 ARB의 면적으로 나눈 값을 지니계수(Gini coefficient)라고 합니다.

$$지니계수 = \frac{Z의\ 면적}{\triangle ARB의\ 면적}$$

소득분배가 완전균등일 경우 로렌츠곡선은 대각선 AB가 되어 Z의 면적은 0이므로 지니계수는 0이 됩니다. 반면 소득분배가 완전불균등일 경우 로렌츠곡선은 ARB가 되어 Z의 면적과 △ARB의 면적이 일치하기 때문에 지니계수는 1이 됩니다. 따라서 지니계수는 0에서 1까지의 값을 갖게 되는데 그 값이 1에 가까울수록 소득분배가 불균등함을 나타냅니다.

우리나라에서는 통계청에서 지니계수를 발표하고 있는데 1985년 0.345에서 1996년 0.295로 지속적으로 낮아졌으나 2000년에 다시 0.352로 높아져 최근에 소득의 불평등 정도가 많이 심화된 것으로 나타나고 있습니다.

[그림 7-2] 우리나라 지니계수 추이

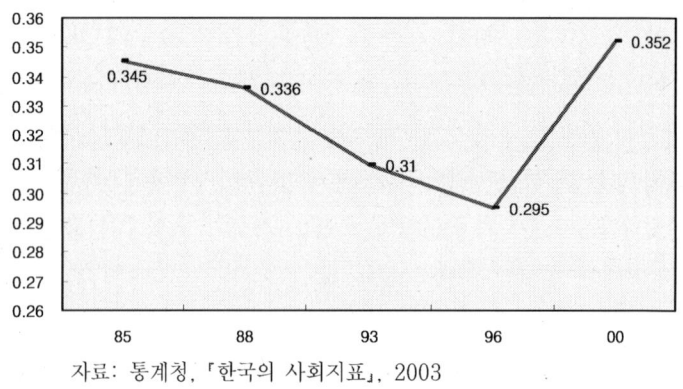

자료: 통계청, 「한국의 사회지표」, 2003

<생활경제뉴스 7-5>
"사회보장제 통한 소득재분배 효과 낮아"

국민기초생활보장제도, 4대 보험제도 등 각종 사회보장제도에도 불구하고 우리나라의 소득재분배 효과가 선진국에 비해 크게 낮다는 연구결과가 나왔다. 대한상공회의소가 지난해 OECD(경제협력개발기구) 자료 등을 분석해 14일 발표한 '우리나라 소득재분배 효과의 현황과 시사점' 보고서에 따르면 한국의 '소득분배개선도'는 OECD 평균(29.2%)의 7분의 1에 불과한 4.5%로 나타났다.

'소득분배 개선도'란 가처분 소득의 지니계수를 각각 계산해 그 변화 정도를 산정한 것으로, 변화율이 클수록 복지제도를 통한 소득재분배 개선 효과가 크다는 것을 의미한다.

보고서는 이같이 소득재분배 효과가 낮은 원인에 대해 "국민기초생활보장제의 경우 대상자가 전체 인구의 3% 내외에 불과해 전반적인 소득분배를 개선시키는 데 구조적 한계가 있다"며 "또한 국민연금 등 4대 보험제도의 경우 사회보험 중복급여, 보험가입자에 대한 정확한 소득 파악 및 부과체제의 미흡 등으로 소득재분배 기능을 제대로 하지 못하고 있다"고 지적했다.

이에 따라 대한상의는 소득재분배 효과를 개선하기 위한 방안으로 고성장 정책을 유지하면서 사회보험제도의 효율성을 제고하는 두 가지 방법을 병행해 접근해야 한다고 주장했다.

상의는 "고성장을 통한 새로운 일자리 창출이야말로 소득분배 문제를 개선하기 위한 근본적 방법"이라며 "또한 경제성장에 따른 가계의 소득 증가는 가계가 납부하는 조세와 사회보장부담금의 증가로 이어져 각종 사회보험의 재원을 늘리는 데도 도움을 줄 것"이라고 밝혔다. 상의는 또 "사회보험제도의 소득재분배 기능 개선을 위해서는 자영업자의 소득 파악 체제의 정비, 중복급여 방지 등 사회보험시스템의 전반적 개선을 본격 검토할 필요가 있다"고 덧붙였다.

한편 이날 상의가 밝힌 2005년 세계은행 보고서에 따르면 소득분배의 불평등도를 나타내는 지니계수를 볼 때 우리나라의 소득분배 구조는 전체 123개국 가운데 26위로, 프랑스(34위), 스위스(36위), 영국(51위), 미국(76위) 등 주요국에 비해 양호한 것으로 나타났다. (서울경제, 2006.6.14)

<생활경제뉴스 7-6>

소득불균형 59세 가장 심해 …… 중년 이후로 갈수록 격차 커져

중년 이후로 갈수록 소득불균형이 심해져 59세 때 최고조에 이르는 것으로 조사됐다.

한국조세연구원 성명재(成明宰) 연구위원은 '연령별 소득분포 분석을 통해 살펴본 노령층 소득분배 구조의 특징'이라는 보고서에서 25~65세의 연령별 경상소득 기준 지니계수는 59세가 0.338로 가장 높다고 12일 밝혔다. 이 보고서는 국세월보 3월호에 소개됐다.

지니계수는 소득 불평등 정도를 보여주는 지수로 1에 가까울수록 불평등이 심하고 0에 가까울수록 불평등도가 약하다는 것을 뜻한다.

통계청의 2002년 도시가계조사 결과를 바탕으로 실시된 이 분석에서 연령대별 지니계수는 △60세 0.333 △61세 0.333 △62세 0.331 △63세 0.330 등으로 60대의 소득 불평등도가 다른 연령대보다 높았다.

반면 지니계수가 가장 낮은 연령은 27세와 30세대로 각각 0.219였다.

또 △25세의 지니계수는 0.231 △35세 0.254 △40세 0.237 △45세 0.280 △50세 0.262 △55세 0.292 △65세 0.315 등으로 나이가 들수록 소득분배 격차가 커지는 것으로 나타났다. (동아일보. 2004.3.12)

요약 및 복습

완전경쟁시장(perfect competition)이란 ①시장 내에 수많은 소비자와 판매자가 존재하고, ②시장 내에 거래되는 상품의 질이 동일하며 ③시장 내의 모든 거래자들은 모든 상품의 가격 및 품질 등에 대한 완벽한 정보를 보유하고 있으며 ④시장 내의 진입과 퇴출이 자유로운 시장을 말합니다.

완전경쟁시장에서 기업은 가격을 결정할 수 없고 시장에서 결정된 가격 하에 생산량만을 결정할 수 있는 가격순응자입니다. 또한 완전경쟁시장 내에는 생산비가 가장 낮은 기업들만이 존재하게 되며 장기에 기업의 초과이윤은 0이 되어 소비자는 가장 저렴한 가격에 소비할 수 있는 가장 이상적인 시장형태입니다.

시장 내에 재화의 공급자가 하나인 경우 그 시장을 독점시장(monopoly)이라고 하며 독점시장의 특징은 기업이 가격을 직접 결정할 수 있는 가격설정자(price maker)라는 점입니다. 독점시장에서의 가격은 완전경쟁시장에 비해 높고 생산량은 작습니다.

과점시장(oligopoly)이란 소수의 대기업들이 서로 경쟁하면서 상품을 공급하는 시장을 말합니다. 과점시장의 특징은 기업 간 상호의존성이라고 할 수 있습니다.

독점적 경쟁시장(monopolistic competition)은 경쟁시장적 요소와 독점시장적 요소를 동시에 갖고 있는 시장으로 다수의 공급자가 어느 정도 차별화된 상품을 공급하는 시장형태를 말합니다.

한 사회 내에서 어떤 사람의 후생을 감소시키지 않고서는 다른 사람의 후생을 증대시킬 수 없는 상태를 자원배분의 파레토효율성이 이루어졌다고 합니다.

시장기구에 의한 자원배분이 파레토효율성을 달성하지 못하는 것을 시장의 실패(market failure)라고 하며 시장실패의 원인으로 불완전경쟁, 외부효과, 그리고 공공재의 존재 등을 들 수 있습니다.

외부성(externality)이란 어떤 경제주체의 소비 또는 생산활동이 다른 경제주체에게 의도치 않은 이득이나 피해를 주면서도 이에 대한 대가를 받지도 지불하지도 않는 경우를 말합니다.

공공재는 사적재와 구별되는 두 가지 특징을 갖고 있는데 첫째는 소비의 비경합성이고 둘째는 소비의 비배제성입니다

로렌츠곡선이란 한 나라 국민들의 소득분배 정도를 파악하기 위해 인구의 누적비율과 소득의 누적점유율 사이의 상관관계를 그림으로 표시한 곡선을 말합니다.

제8장 국민소득의 개념과 측정

1. 국내총생산의 개념

국내총생산(Gross domestic product)이란 일정기간 동안 한 국가 내에서 새로이 생산된 모든 최종 재화와 서비스의 시장가치를 의미합니다. 만일 어떤 국가에서 한 해 동안 빵 10,000개와 TV 100대, 그리고 자동차 10대를 생산하였다고 가정해보지요. 그 해의 빵 가격이 개당 300원, TV가격은 30만 원, 그리고 자동차 가격이 500만 원이라면 이 나라의 국내 총생산은 8천 3백만 원이 됩니다.

〈표 8-1〉 국민소득의 추계 (I)

	생산량	가 격	총생산액
빵	10,000개	300원	300만원
TV	100대	30만 원	3000만 원
자동차	10대	500만 원	5000만 원
국내총생산(GDP)		8천3백만 원	

국내총생산의 개념을 보다 정확히 이해하기 위해서는 국내총생산의 정의에 대한 문구를 하나씩 살펴볼 필요가 있습니다.

첫째, 국내총생산의 정의는 "일정기간"이란 말로 시작되고 있는데 이 기간은 일반적으로 1년을 뜻합니다. 이와 같이 1년이나 1개월처럼 주어진 기간을 기준으로 그 양을 측정하는 변수를 유량변수라고 합니다.

둘째, '한 국가 내에서'라는 뜻은 생산을 한 주체가 어느 나라 사람이든 관계없이 한 국가의 영토 안에서 생산된 재화나 서비스는 모두 국내총생산에 포함된다는 것입니다. 따라서 우리나라에 들어와 있는 외국계 기업이 생산한 재화의 가치는 한국의 GDP에 포함되지만 현대자동차 미국 현지법인이 생산한 자동차의 가치는 미국의 GDP에 포함됩니다.

셋째 '새로 생산된'이 의미하는 것은, GDP에는 그 해 생산된 재화와 서비스만 포함되며 과거에 생산된 재화의 거래는 포함되지 않는다는 것입니다. 따라서 올해 현대자동차가 새 차를 만들어 팔면 그 금액은 GDP에 포함되지만 중고자동차의 거래는 GDP에 반영되지 않습니다.

넷째, '시장가치'가 의미하는 바는 GDP는 수량이 아닌 금액의 개념이라는 점입니다. 또한 시장에서 거래된 재화나 서비스만 포함됩니다. 즉 농부가 쌀을 생산하여 시장에 내다 판 경우 국내총생산에 포함되지만 자가 소비를 위한 쌀 생산은 포함되지 않습니다. 같은 예로 영희가 철수 집에서 파출부 일을 할 경우 영희의 서비스는 GDP에 포함되지만 이들이 결혼을 한 경우 영희의 가사노동은 GDP에 포함되지 않습니다.

마지막으로 지적해야 할 점은 최종재의 가치만이 국내총생산에 포함된다는 것입니다. 예를 들어 자동차를 생산하는 데 사용된 타이어의 가치는 국내총생산에 포함되지 않습니다. 왜냐하면 타이어의 가치는 이미 자동차의 가격에 포함되어 있기 때문에 타이어의 가치와 자동차의 가치를 더하면 타이어의 가치가 중복 계산되기 때문입니다.

<생활경제뉴스 8-1>
외투기업도 고용창출 '큰 몫'

◆ 한국을 먹여 살리는 기업 ◆

"한국 토종 기업만 있나요? 외국인 투자기업도 한국을 먹여 살리는 데 크게 기여합니다." 한국에서 생산활동을 통해 부가가치와 고용을 창출하는 데는 토종 기업이나 외국 기업에 구별이 있을 수 없다.

한국외국인기업협회장(필립스코리아 회장)은 우리 경제에 기여하는 것이 토종 기업 몫만이 아니라고 강조한다. 그는 외국 기업들도 한국에서 기업 활동을 하면서 근로자를 고용하고 부가가치를 만들어냄으로써 국부를 창출하는 데 기여한다고 말한다.

산업자원부 조사 결과 2003년 외국인 투자기업 매출액은 모두 115조 원으로 추정됐다. 이는 국내 기업 총매출액 대비 11.6%에 달하는 것. 외투기업 가운데 제조업체는 매출 82조 원을 올려 전체 제조업체 매출 중 13.7%를 차지했다. 서비스업 외투기업 매출은 33조 원으로 전체 중 8.3%였다. 외투기업이 고용하는 한국 근로자는 2000년 19만 3000명에서 2003년 27만 5000여 명으로 늘어났다. 국내 전체 고용인원 가운데 6.6%에 달하는 것으로 나타났다. 이 중 19만 명은 제조업체에 근무하고 있으며 8만 5000명은 서비스업에 종사하고 있다.

외국인 투자기업 일자리 얼마나 창출하나
(단위=명)

기 업	2003년	2004년
GM대우	12,599	9,398
삼성테스코	8,700	8,825
까르푸	6,600	6,382
엠코테크놀로지	6,656	6,812
LG필립스LCD	7,429	10,675
월마트	3,800	3,579
한국소니전자	3,496	3,492
LG필립스디스플레이	3,109	2,591
한도	3,417	3,300
르노삼성자동차	5,559	4,105
한국코카콜라보틀링	2,600	2,580

※ 자료=산업자원부·외국인기업협회·한신평

외투기업 중 일자리를 많이 창출하고 있는 곳은 주로 자동차, 반도체, 유통업체들이다. LG필립스LCD는 일자리 1만 675개(2004년 말)를 만들어냈으며 파주에 대규모 투자를 해 고용이 대폭 늘어날 전망이다. GM대우는 9398명에게 일자리를 주고 있다. 반도체 업체인 엠코테크놀로지에는 근로자 6656명이 일하고 있다. 유통회사로는 삼성테스코가 8825명을 고용하고 있으며 까르푸에서는 6382명이 일자리를 찾았다. 르노삼성차도 4100여 명에게 일자리를 제공하고 있다.

김창룡 산자부 투자정책과장은 "외투기업도 국민경제에 크게 기여하는 만큼 토종 기업과 같은 대접을 받아야 한다"고 강조했다.

　김 과장은 특히 "외국인 투자자들이 한국에서 창출한 이익을 국외로 유출하기만 하는 것으로 인식되고 있으나 이는 주로 증시를 통한 간접투자자들이며 직접투자자들은 대부분 부가가치 창출에 크게 기여하고 있다"고 말했다. 신박제 회장도 "외국인 투자기업 역할은 점점 더 확대될 것으로 예상되고 있다"며 "이에 대한 국민적 이해와 적극적인 지원이 있었으면 좋겠다"고 덧붙였다. (매일경제. 2005.10.6.)

2. 국내총생산의 측정과 삼면등가의 법칙

　앞에서 우리는 새로 생산된 최종재의 가치만이 국내총생산에 포함된다고 하였습니다. 그러나 똑같은 타이어라도 자동차 생산에 사용된 타이어는 중간재이지만 시중에서 판매되고 있는 일반 교체용 타이어는 최종재의 성격을 갖습니다. 따라서 어떤 재화가 중간재로 사용되었는지 아니면 최종재로 사용되었는지를 일일이 확인하기란 매우 어렵습니다. 이러한 문제 때문에 국내총생산을 계산할 때는 각 생산단계에서 창출된 부가가치를 더함으로써 국내총생산을 계산하게 됩니다.

　〈표 8-2〉에서 보듯이 최종재인 빵의 생산에 의한 국내총생산은 300,000원입니다. 농부는 아무런 중간재도 사용하지 않고 밀을 생산하여 제분업자에게 150,000원에 팔았다면 농부는 밀 생산으로 150,000원의 부가가치를 창출한 것입니다. 제분업자는 이 밀을 150,000원에 구입하여 밀가루를 제조하여 다시 제빵업자에게 230,000원에 팔았다면 제분업자는 80,000원의 부가가치를 창출하게 됩니다. 마지막으로 제빵업자가 제분업자로부터 구입한 밀

가루로 빵을 만들어 300,000원에 소비자에게 팔았다면 제빵업자는 빵 생산으로 70,000원의 부가가치를 창출한 것입니다. 따라서 이들 각 생산단계에서의 부가가치를 모두 더하면 국내총생산은 300,000원과 일치합니다. 이와 같이 부가가치의 계산을 통해 GDP를 측정하는 것을 생산접근방법, 혹은 부가가치 접근방법이라고 합니다.

〈표 8-2〉 국민소득의 추계 (II)　　　　　　　　　(단위:1000원)

생산단계	판매가격	중간재가격	부가가치	임금	임대료	이자	이윤
밀: 농부	150	0	150	50	30	30	40
밀가루: 제분업자	230	150	80	30	10	20	20
빵: 제빵업자	300	230	70	30	10	5	25
합 계	680	380	300	110	50	55	85

한편 각 생산단계에서 발생하는 부가가치는 생산에 참여한 생산요소들에게 분배됩니다. 즉 〈표 8-2〉에서 보듯이 밀의 생산단계에서 창출된 부가가치 150,000원은 임금 50,000원, 임대료 30,000원, 이자 30,000원, 이윤 40,000원으로 분배됩니다. 이러한 분배과정은 밀가루와 쌀의 생산단계에서도 동일하게 이루어집니다. 따라서 각 생산단계에서 발생한 총임금 110,000원, 임대료 50,000원, 이자 55,000원, 이윤 85,000원을 모두 더하면 연간 국내총생산 300,000원과 정확히 일치해야 합니다. 따라서 이 요소소득들을 합하여 GDP를 계산하는 방법을 소득접근방법 혹은 분배접근방법이라고 합니다.

마지막으로 한 국가 내에서 일정기간 생산된 최종 생산물은 그 나라의 가계나 기업 그리고 정부가 구입하거나 혹은 다른 나라의 가계, 기업, 정부가 구입하고 그 금액을 지불하게 됩니다. 거시경제의 주체를 가계, 기업, 정부, 해외부문으로 나누면 총생산물의 가치는 가계의 소비지출, 기업의 투자지출, 정부지출 그리고 해외부문으로의 수출 등 이들 개별 경제주체들이 지출한 금액의 합과 일치하게 됩니다. 따라서 지출을 통해 GDP를 추계할 수 있는데 이를 지출접근방법이라고 합니다. 즉 GDP는 보는 관점에 따라 총생산과 같고 총지출과도 같으며 총소득과도 같습니다. 이와 같이 생산국민소득, 지출국민소득 및 분배국민소득이 언제나 동일하다는 것을 국민소득 삼면등가의 법칙이라고 합니다.

[그림 8-1] 국내총생산 삼면등가의 법칙

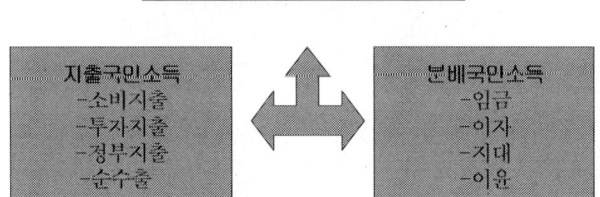

3. 명목국내총생산과 실질국내총생산

GDP는 한 해의 재화와 용역의 생산량을 시장가격으로 계산한 것이므로 그 크기는 생산량뿐만 아니라 가격에 의해서도 변하게 됩니다. 따라서 재화와 용역의 생산량이 변하지 않아도 이들의 가격이 오르면 국내총생산이 증가한 것으로 나타나게 됩니다. 예를 들어 2000년과 2005년 자동차 생산량은 100대로 변함이 없다고 가정하지요. 그런데 자동차 가격이 2000년 1만 달러에서 2005년에는 1만 5천 달러로 상승하였다면 자동차 생산에 의한

GDP는 2000년 가격으로 계산하면 백만 달러이고 2005년 가격을 기준으로 하면 백 5십만 달러가 됩니다. 이처럼 자동차 생산량과는 관계없이 자동차 가격의 변화만으로 GDP가 증가하게 됩니다. 따라서 물가의 변동에 의해 영향을 받지 않는 국내총생산량을 계산할 필요가 있습니다. 이를 위해 미리 기준연도를 정해놓고 그 기준연도의 시장가격으로 비교연도에 새로 생산된 재화나 서비스의 금액을 평가해 국내총생산을 구할 수 있는데 이를 실질국내총생산(real GDP)이라고 합니다.

실질국내총생산이란 물가가 일정하다는 가정하에 새로 생산된 재화 및 용역의 가치를 집계한 것으로 경제성장률을 계산하고 경제가 장기적으로 어떻게 변하고 있는지를 알아보는 데 주로 이용됩니다. 한편 당해연도 최종생산물에 당해연도의 시장가격을 곱해 얻은 국내총생산을 명목국내총생산(nominal GDP)이라 합니다.

〈표 8-3〉은 2000년과 20005년의 가상적인 생산활동을 보여주고 있습니다. 명목국내총생산은 해당년도의 가격을 이용하므로 2000년의 명목국내총생산은 1,450원(9×50+10×40+6×100=1,450)이 되고 2005년에는 2,360원(11×40+7×60+10×150=2,360)이 됩니다. 실질 국내총생산을 구하려면 먼저 기준연도를 정해야 하는데 기준연도를 2000년이라고 가정하지요. 2000년의 실질국내총생산은 기준연도인 2000년도 가격을 사용하여 생산물 가치를 구한 것이므로 2000년의 명목국내총생산과 동일합니다. 한편 2005년의 실질국내총생산은 기준연도인 2000년 가격을 이용하여 2005년의 생산물가치를 구한 것입니다. 따라서 2005년 실질국내총생산은 1,830원(11×50+7×40+10×100=1,830)이 됩니다. 2000년에 비해 2005년의 경우 명목국내총생산의 증가율은 62%{(2,360-1,450)/1,450}인 데 반해 실질국내총생산의 증가율은 26%{(1,830-1,450)/1,450}로 그 크기가 상대적으로 작음을 알 수 있습니다. 이러한 차이는 실질국내총생산이 물가상승을 배제하고 순수한 생산활동의 변화만을 반영하고 있기 때문입니다.

〈표 8-3〉 명목국내총생산량과 실질국내총생산량

	2000년		2005년	
	생산량	가격	생산량	가격
쌀	9	50	11	40
의류	10	40	7	60
자동차	6	100	10	150
명목 GDP	9×50+10×40+6×100=1,450		11×40+7×60+10×150=2,360	
실질 GDP	9×50+10×40+6×100=1,450		11×50+7×40+10×100=1,830	
GDP 디플레이터	100=(1,450 / 1,450)×100		129=(2,360 / 1,830)×100	

결국 명목국내총생사과 실질국내총생산의 차이는 물가상승을 반영한다고 할 수 있습니다. 구체적으로 명목국내총생산을 실질국내총생산으로 나눈 것을 GDP 디플레이터라고 하며 이는 물가상승률을 나타내는 지표로 사용됩니다.

$$GDP \text{디플레이터} = \frac{\text{명목 국내총 생산}}{\text{실질 국내총 생산}} \times 100$$

한편 경제성장이란 시간이 흐름에 따라 생산이 증가하는 현상 즉 경제활동 규모가 커지는 것을 의미하는데 순수한 경제활동의 변화를 측정하는 지표로 실질국내총생산이 사용됩니다. 일반적으로 말하는 경제성장률이란 바로 이 실질국내총생산의 증가율을 의미합니다. 경제성장률은 일정기간 동안 한 나라 경제가 이룩한 성과를 측정하는 중요한 척도의 하나로서 물가, 실업률, 국제수지 등과 함께 경제정책의 수립이나 평가과정에서 매우 중요한 개념으로 사용되고 있습니다. 이는 국민경제가 성장하면 새로운 일자리가 창출되고 소득이 증대되는 등 국민의 후생이 증진되기 때문입니다.

$$경제성장률 = \frac{\text{당해년도 실질}GDP - \text{전년도 실질}GDP}{\text{전년도 실질 }GDP} \times 100$$

<생활경제뉴스 8-2>
내년 5%대 경제성장 가능할까

연말이 되면 내년 우리 경제가 얼마나 성장할지에 대한 각종 전망자료들이 쏟아져 나온다. 경제성장률은 일정기간(보통 1년)에 한 나라 경제가 이룩한 성과를 측정하는 중요한 척도다. 쉽게 얘기해서 생산이나 소비 등 여러 경제활동부문이 만들어 낸 생산물이 전년에 비해 얼마나 증가했는지를 보기 위한 것이다. 예를 들어 기업들이 공장을 많이 지어 지난해보다 많은 물건을 만들어 팔거나 사람들이 소비를 많이 하게 되면 경제성장률은 올라간다. 반대로 물건 생산이 적거나 소비가 위축된다면 경제성장률은 떨어지거나 심지어 마이너스가 되기도 한다.

경제성장을 나타내는 대표적인 지표가 국내총생산(GDP)이다. GDP는 내국인과 외국인을 막론하고 우리나라 땅에서 생산되는 모든 재화와 서비스를 돈으로 환산해 나타낸 것이다.

한국은행은 최근 내년 우리나라 경제성장률이 5%에 달할 것이라고 예상했다. 이는 올해 GDP 금액이 100조 원이라면 내년에는 105조 원이 될 것이라는 의미. 내년 경제성장의 발목을 잡을 것으로 예상되는 요인으로 환율과 유가가 꼽혔다. 미국의 달러화 약세 분위기 때문에 원화값 강세 현상이 계속되는 것이다. 이렇게 원화값이 강세를 보이면(환율이 떨어지면) 수입을 하는 회사는 해외의 물건을 보다 싼 가격에 가져올 수 있게 된다. 반대로 수출을 하는 회사는 국내의 물건 가격이 비싸지기 때문에 수출에 어려움을 겪는다. 그 동안 국내 경제성장률 중 대부분을 차지한 수출 부문이 환율 문제로 수출이 어렵게 된다면 내년 경기 전망이 불확실해지는 셈이다.

요동치는 유가도 성장률의 발목을 잡고 있다. 우리나라는 원유를 100% 가까이 수입하는 나라이기 때문에 유가 변동이 각종 산업에 미치는 파급효과가 크다.(매일경제, 2005.12.13)

<생활경제뉴스 8-3>
GDP 성장의 고용창출 효과 갈수록 하락

국내총생산(GDP) 성장으로 유발되는 고용창출 효과가 갈수록 하락하고 있다. 따라서 실업문제 해결을 위해서는 새로운 성장산업의 발굴·육성과 함께 5% 이상의 고성장 정책이 필수 불가결한 것으로 지적되고 있다.

10일 한국은행이 기준년 개편을 통해 최근 새로 작성한 산업연관표에 따르면 GDP가 1% 성장할 때 유발되는 취업자 수는 지난 1990년 13만 7천 명에서 95년 13만 명으로 감소한 데 이어 2000년에는 11만 6천 명으로 줄었다. 이러한 추세를 감안하면 올해와 내년을 기준으로 한 GDP 성장률 1%에 따른 유발취업자 수는 10만 명을 밑돌 것으로 추정된다.

국내총생산액 10억 원당 취업자 수를 나타내는 취업유발계수도 90년 42.7명에서 95년 27.9명, 2000년 20.1명으로 계속 감소하는 추세다. 또 전산업 취업자 수에 대한 1% 경제성장에 의해 유발된 취업자 수 비율도 2000년에는 0.70%를 나타내 90년의 0.86%, 95년의 0.76%에 비해 갈수록 떨어지고 있다.

한은이 내년 성장률 전망치로 제시한 4.0%를 2000년 산업연관표에 대입하면 46만4천 명의 취업유발 효과를 거두는 것으로 단순 계산할 수 있으나 2005년을 기준으로 적용하면 실제 취업유발 인구는 40만 명을 밑돌 것으로 추정된다.

현재 정부 당국은 매년 신규로 노동시장에 유입되는 인구를 40여만 명으로 추산하고 있다. 여기에 생산성 향상과 노동의 질적 개선 효과 등으로 인해 노동시장으로 방출되는 잉여노동자 등을 감안하면 매년 50만 개 이상의 일자리 창출이 이뤄져야 한다는 것이 민간경제 전문가들의 지적이다.

한국경제연구원의 배상근 연구위원은 "최소한의 실업문제 해소를 위해서는 경제성장률이 5%를 웃돌아야 하며 노동시장에 유입되는 인구를 충분히 흡수하기 위해서는 성장률이 6%대 중반은 유지해야 한다"고 강조했다.

한은 관계자는 "실업문제 해소를 위해서는 고성장 정책이 필요하며 이와 함께 신성장산업과 돌파산업을 조속히 육성·발전시켜야 한다"고 말했다. (중앙일보, 2004.12.10)

4. 실제 GDP와 잠재 GDP란

잠재 GDP(potential GDP)란 실제 GDP(actual GDP)에 대응되는 개념으로서 노동과 자본 등의 생산요소를 완전히 고용하여 달성할 수 있는 최대 GDP를 말합니다. 따라서 잠재 GDP를 완전고용 GDP라고도 합니다.

한편 실제 GDP에서 잠재 GDP를 뺀 것을 GDP갭(gap) 또는 산출량 갭이라고 합니다. GDP갭이 음(-)이면 한 경제가 최대한 생산할 수 있는 수준 이하에서 조업하고 있으므로 인플레이션을 가속화시키지 않으면서 유효수요를 증가시켜 실업률을 낮출 수 있습니다. 그러나 반대로 GDP갭(gap)이 양(+)이면 실제 GDP가 잠재 GDP를 초과한 것이므로 경기가 과열되어 인플레이션을 가속화할 수 있으므로 총수요를 억제할 필요가 있게 됩니다.

이와 같이 잠재 GDP는 단기적으로 달성되어야 할 최적의 GDP라기보다는 그때 그때의 경제상황에 따라 실제 GDP를 조정할 때 기준이 되는 지표로서 의미가 크다고 할 수 있습니다. 우리나라의 경우 잠재 GDP를 공식적으로 추계하지는 않고 있으나 한국은행 및 학계 등 일부에서는 연구목적으로 잠재 GDP를 발표하기도 합니다.

<생활경제뉴스 8-4>

내년 5%성장으론 부족

최근 수년째 이어지고 있는 저성장을 감안할 때 한국 경제가 정상궤도를 회복하는 데 내년 5% 성장 달성으로는 부족하다는 지적이 제기됐다.

27일 한국경제연구원은 인천 하얏트호텔에서 열린 세미나에서 "양극화 해소를 위한 근본 대책은 성장"이라며 "정부는 성장파급 효과가 큰 부분에 역량을 집중해야 할 것"이라고 지적했다. 허찬국 선임연구위원은 "2003~2005년 경기부진으로 경제성장률이 잠재성장률을 밑돌았다"며 "저성장에 따른

'산출량 갭'을 해소하기 위해서는 내년과 2007년에 연 6.8% 경제성장률을 올려야 한다"고 말했다.

산출량 갭은 잠재 국내총생산(GDP)과 실제 GDP 차이를 말한다. 연구원은 경제 양극화 현상도 일부 구조적인 측면이 있으나 성장침체에 따른 고용부진이 소득 양극화를 부추기는 더 근본적인 원인이라고 지적했다. 따라서 정부가 양극화 해결을 위해 적극적 분배개선에 나서야 한다는 논리는 잘못된 것이며 성장과 일자리 창출을 통한 해결만이 근본적이며 지속가능한 해결책이라고 주장했다.

노성태 한경연 원장은 "사회 양극화가 경제 발목을 잡고 있는데 정부가 잘되는 쪽을 내려 못되는 쪽으로 맞추려고 하는 것은 문제"라며 정부 정책을 강하게 비난했다.(매일경제. 2005.11.27)

5. 국내총생산과 국민총소득

앞에서 설명한 국내총생산은 국내에서 생산된 최종생산물의 시장가치를 말한다고 했습니다. 그 나라 국민이든 아니든 관계없이 모든 경제주체들이 한 나라의 국경 안에서 일정기간 동안에 만들어낸 모든 최종생산물의 시장가치가 국내총생산인 것입니다.

반면에 국민총소득(gross national income: GNI)이란 '한 나라 국민이 일정기간 동안 만들어낸 모든 최종생산물의 시장가치를 말합니다. 국민총소득에는 국내에서 생산된 것이든 해외에서 생산된 것이든 간에 그 나라 국민소유의 생산요소에 의해 생산된 모든 최종생산물의 시장가치가 포함됩니다. 따라서 국내총생산에서 국내총소득을 계산하기 위해서는 그 나라 국민이 소유하는 생산요소에 의해 해외에서 생산된 최종생산물의 시장가치(국외수취요소소득)는 더하고 국내에서 외국인이 소유한 생산요소에 의해 생산된 생산물의 최종가치(국외지급요소소득)는 빼 주어야 합니다.

$$명목\ GNI = 명목\ GDP + 명목(국외수취요소소득 - 국외지급요소소득)$$
$$= 명목\ GDP + 명목\ 국외순수최요소소득$$

6. 실질 국내총생산과 실질 국민총소득[1]

실질 GDP는 생산활동의 수준을 측정하는 생산지표인 반면 실질 GNI는 생산활동을 통하여 획득한 소득의 실질 구매력을 나타내는 소득지표입니다. 생산지표인 실질 GDP를 소득지표인 실질 GNI로 전환하기 위해서는 수출입가격(교역조건)의 변화에 따른 실질소득의 국외유출 또는 국외로부터의 유입분을 나타내는「교역조건 변화에 따른 실질 무역손익」개념을 도입해야 합니다.

$$실질\ GNI = 실질\ GDP + 실질국외수취요소소득$$
$$+ 교역조건변화에\ 따른\ 실질\ 무역소득$$

수출입상품간의 교환비율을 의미하는 교역조건(수출가격지수 / 수입가격지수)이 변화하면 생산 및 소비에 영향을 미치게 되고 이는 결국 국민소득 수준, 즉 후생수준의 변화를 가져오게 됩니다. 일반적으로 기준년과 비교하여 교역조건이 불리해지면 일정량의 상품을 수출하여 수입할 수 있는 상품

---

1) 이 내용은 한국은행의「알기 쉬운 경제지표」를 참고하였음.

의 양이 감소하게 되므로 국민이 소비하거나 투자할 수 있는 재원이 줄어 들어 경제적 후생, 즉 실질소득이 감소하게 됩니다. 따라서 「교역조건 변화 에 따른 실질 무역손익」은 국가 간의 거래에서 교역조건이 변함에 따라 발 생하는 실질소득의 국외유출 또는 국내유입을 의미하며 지표경기(실질 GDP 성장률)와 체감경기(실질 GNI 증감률) 간의 주된 괴리요인으로 작 용하게 됩니다. 현행 실질 GDP는 교역조건이 변하지 않는 경우로서 교역 조건이 바뀌면 실질 무역이익(교역조건 개선) 및 무역손실(교역조건 악 화)이 발생하여 실질 GDP와 국민들이 피부로 느끼는 실질 소득수준과는 차이가 발생하게 됩니다.

예를 들어 2000년(기준년)에는 자동차 100대(대당 1만 달러)를 수출한 대금 100만 달러로 비행기 1대(대당 100만 달러)를 수입할 수 있었으나 2002년(비교년) 들어 자동차 수출가격의 하락(대당 1만 달러→5천달러)으 로 200대를 수출하여 비행기 1대를 수입할 수 있었다고 가정해 봅시다. 2002년 실질 GDP는 20만 달러(200대×1만 달러)로 2000년(100만 달러)에 비해 100% 증가하지만 2002년의 자동차 20대의 구매력은 비행기 1대로 2000년과 동일하게 됩니다. 따라서 2002년에는 교역조건 악화에 따른 실질 무역손실(100만 달러)이 발생하여 실질 GNI는 실질 GDP(200만 달러)에 서 교역조건 악화로 발생한 실질 무역손실을 차감한 100만 달러로서 2002 년과 동일하게 됩니다.

한편 국민총소득은 한 나라의 경제규모를 파악하는 데 유용한 지표이 만 국민들의 평균적인 생활수준을 알아보는 데는 적합하지 못합니다. 왜냐 하면 국민들의 생활수준은 전체 국민소득의 크기보다는 1인당 국민소득의 크기와 더욱 밀접한 관계가 있기 때문입니다. 국민들의 생활수준을 알아보 기 위하여 일반적으로 사용되는 것이 1인당 GNI입니다.

1인당 GNI는 명목 GNI를 한 나라의 인구로 나누어 구하며 국제비교를 위하여 보통 미 달러화로 표시하고 있습니다. 예를 들면 2002년의 경우 우 리나라의 1인당 GNI는 싱가포르의 2분의 1 수준이지만 인구가 12배나 되 기 때문에 GNI는 싱가포르의 6배 정도가 됩니다. 이는 국민들의 생활수준

면에서는 싱가포르가 우리보다 높지만 우리나라가 전체적인 경제력에 있어
서는 싱가포르보다 우세하다는 것을 나타냅니다.

<생활경제뉴스 8-5>
성장률 4%라는데 왜 실제 소득은 안 느나

　회사원 김 모(44) 씨는 우리나라의 지난해 1인당 국민소득이 2004년보
다 14.8%나 증가해 1만 6000달러를 넘어섰다는 소식을 듣고 의아해했다.
국민소득이 늘어났다는 것을 실감할 수 없기 때문이었다. 연봉은 올랐지만
집값이 끊임없이 치솟고 사교육비 지출이 늘면서 저축할 여유가 없을 정
도로 생활은 늘 빠듯했다.

　한국은행이 22일 발표한 '2005년 국민계정(잠정)'을 뜯어보면 김 씨의
이런 상황을 이해할 수 있다. 지난해 경제성장률이 4%라지만, 국민이 실
제 손에 쥐는 소득의 가치를 따지는 실질 국민총소득(GNI)은 0.5% 증가
에 그쳐 사실상 제자리걸음이었다. 다시 말해 한국 경제의 덩치는 4% 커
졌지만 지난해 우리 국민이 벌어들인 소득의 실제 구매력은 2004년과 별
차이가 없었다. 국제 유가 상승 등으로 수입 물가는 오르고, 반도체 가격
하락 등으로 수출 물가가 떨어지는 바람에 실제 소득은 외형 증가만큼 늘
지 않은 것이다.

　◆ 국민 실질 구매력 제자리＝지난해 실질 GNI 증가율은 외환위기 직후
인 1998년 마이너스 8.3%를 기록한 이후 가장 낮은 수준이다. 특히 96년
이후 지난해까지 10년째 GNI 증가율이 국내총생산(GDP) 증가율을 밑도
는 현상이 계속되고 있다. 이처럼 국민소득의 실질 구매력을 나타내는
GNI 성장률이 GDP 성장률을 밑도는 것은 경제의 외형이 커짐에도 불구
하고 국민의 실제 소득은 늘지 않고 있다는 의미다.

　지난해 실질 GNI 성장률이 낮은 것은 실질 무역 손실이 46조 3076억 원
에 달했기 때문이다. 반도체 등 주요 수출 품목의 가격이 하락한 반면 원
유 등 원자재 가격 상승으로 교역조건이 악화하면서 생긴 무역 손실이다.
이 같은 실질 무역 손실 규모는 2004년(24조 4716억 원)의 두 배 수준에
이른다. 수출을 많이 해도 남는 게 별로 없다는 얘기다.

　◆ 거품 많은 일인당 국민소득＝지난해 1인당 국민소득이 1만6291달러

로 높아진 것은 환율의 급격한 하락(원화 가치의 상승) 덕분이다. 1인당 국민소득이 2004년(1만4193달러)보다 14.8% 증가했는데, 지난해 원화 가치가 연평균 11.7% 상승한 점을 고려하면 1인당 국민소득 증가분의 80% 정도가 환율 덕분이라는 분석이 가능하다.

실제로 원화로 계산된 1인당 국민소득은 2005년 1668만 원으로 2004년(1624만 원)에 비해 44만 원 증가에 그쳤다. 반면 달러화 증가폭은 2102달러에 달한다. 1인당 국민소득은 명목가격으로 계산된다. 반면 실질 GNI는 물가 상승 등의 요인을 제거해 실질 가격 기준으로 산정된다. 이 때문에 실질 GNI 증가율이 낮은 데도 1인당 국민소득은 높게 나타난다. 지난해 명목 GDP도 달러화 기준으론 환율 급락으로 전년보다 무려 15.7% 증가한 7875억 달러를 기록했다. 하지만 원화로는 806조 6000억 원으로 전년보다 3.5% 증가에 그쳤다.

◆ 실질 국민총소득(GNI)＝국가가 재화와 용역을 생산한 결과 국민이 실제로 손에 쥘 수 있는 소득을 나타낸다. GDP가 국내에서 생산된 가치를 모두 더한 것이라면, GNI는 GDP에서 수출입 단가 차이 때문에 생긴 무역 손실과 외국인 투자자에게 지급한 배당금·이자를 제외해 실제 국내에 남는 소득이다. 수출이 늘어 GDP의 절대 규모가 커져도 무역 손실이 많이 생기고, 외국인에게 돌아가는 과실이 커지면 우리 국민의 호주머니로 들어가는 실제 소득은 줄게 된다. (중앙일보, 2006.3.22)

7. GDP 개념의 한계

국내총생산은 한 국가의 경제활동 수준을 나타내는 대표적인 지표이지만 완벽한 지표는 되지 못합니다. 또한 국민생활의 질이나 복지수준을 나타내는 지표로서도 기본적인 한계를 갖고 있습니다.

먼저 GDP는 재화나 용역의 생산량을 시장가치로 측정한 것이기 때문에 시장을 통해 거래되지 않은 재화나 용역은 GDP에 반영되지 않습니다. 청소, 세탁, 육아 등과 같은 가사노동은 파출부에 의해 이루어지면 총생산에 포함되지만 전업주부에 의한 가사노동은 총생산에 포함되지 않습니다. 또한 농부가 농사를 지은 농산물을 시장에 팔면 GDP에 포함되지만 자신이 소비한 농산물은 포함되지 않습니다. 뇌물이나 밀수와 같은 지하경제 등도 시장을 거치지 않기 때문에 GDP에 반영되지 않습니다. 따라서 GDP가 한 국가의 경제활동수준을 완벽하게 반영한다고 할 수는 없습니다.

둘째, GDP의 계산에는 각 개인이 향유하는 여가로부터 얻는 후생이 포함되지 않습니다. 예를 들어 낚시나 등산을 가기 위해 노동시간을 줄이는 경우를 가정해보지요. 노동시간의 감소는 산출량의 감소를 가져와 국내총생산은 감소하게 됩니다. 그렇다고 해서 국민후생이 감소했다고 할 수는 없을 것입니다. 그러나 개인이 영화를 보거나 야구경기를 관람하러가는 경우 입장료를 지불해야 하므로 같은 여가라도 국내총생산에 포함됩니다.

또한 GDP는 물질적 생산만을 고려하기 때문에 생산과정에서 발생되는 환경오염이나 환경파괴 등과 같은 부작용들을 전혀 고려하고 있지 못합니다. 따라서 국내총생산이 삶의 질을 정확하게 반영하지 못한다는 비판이 가능합니다.

마지막으로 GDP는 총량 개념이므로 소득이 누구에게 분배되었는지에 대한 정보를 제공해 주지 못하는 단점을 갖게 됩니다. 예를 들어 GDP 규모가 동일하더라도 국가별로 소득분배에는 차이가 있을 수 있습니다. 그러나 총량 개념인 GDP는 국가들 간의 소득분배에 대한 어떠한 정보도 제공하지 못합니다.

<생활경제뉴스 8-6>
일 많고 잠 적고 '피곤한 한국인'

우리나라 성인들은 미국인이나 독일인에 비해 잠은 적게 자고 일은 더 많이 하는 것으로 나타났다. 남자 성인들이 돈을 벌기 위해 일하는 시간은 독일 남성보다 두 배에 육박하는 일벌레지만 가사노동시간은 고작 4분의 1 수준에 불과했다. 여자 성인들은 독일 여성보다 가사노동시간이 31분 많 으면서도 생업을 위해 일하는 시간도 1시간 33분이나 많아 집 안팎에서 과도한 노동을 하고 있는 것으로 나타났다. 전업주부가 하는 무급 가사노 동 가치는 1인당 월 111만 원으로 추산됐다.(중략)

◆ 잠 적게 자고 일 많이 하는 한국인

우리나라 20세 이상 74세 이하 성인이 수면을 취하는 시간은 하루 7시 간 44분으로 미국 8시간 34분, 독일 8시간 15분보다 31~50분 적은 것으로 나타났다. 이에 비해 일하는 시간은 하루 4시간 57분에 달해 미국(3시간39 분)보다는 1시간 이상, 독일(2시간 53분)보다는 2시간 이상 많았다. 우리 나라 여성 수면시간은 7시간 41분으로 남성보다 6분 덜 자는 것으로 나타 났지만 미국이나 독일 여성은 남성보다 7분을 더 자는 것으로 나타났다. 우리나라는 주 5일제 시행 후 수면시간이 늘고 일하는 시간이 줄었지만 선진국 수준에는 미치지 못하고 있는 셈이다.(중략)

◆ 전업주부 무급 가사노동 월 111만 원

김종숙 여성개발원 연구위원은 주제발표를 통해 전업주부 무급 가사노 동 가치를 국내총생산(GDP) 대비 28.2%인 219조 원으로 추산된다고 밝혔 다. 전업주부 1인당 무급 가사노동 가치는 월 111만 원, 연간 1337만 원이 었으며 무급 가사노동 시간은 하루 평균 5시간 49분으로 나타났다. 논문에 서는 미취학 아동 돌보기, 취학아동 보살피기, 배우자·부모·그 외 가족 보살피기 등 '돌봄'과 관련된 가계 산업에 투입된 노동과 자본 등을 모두 계산한 결과 GDP 대비 5.48%인 42조6587억 원에 달한다고 분석했다.(매 일경제, 2005. 12.28)

<생활경제뉴스 8-7>

한국 지하경제규모 159兆

"국내총생산의 27.5% 달해 …… 선진국 평균보다 높아"

정부가 파악할 수 없는 블랙이코노미(지하경제)의 규모가 국내총생산 (GDP)의 27.5%에 달해 우리나라의 지하경제 비중이 선진국 평균보다도 높은 것으로 추정됐다. 조사 대상 기간을 기준으로 할 때 그 규모는 159조 1,200억 원에 달한다. 지하경제 규모를 줄이려면 부가가치세 등 간접세 부담을 낮추는 것이 필요하다는 지적이 제기됐다.

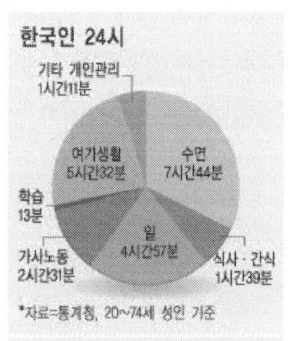

한국인 24시

기타 개인관리 1시간11분
여가생활 5시간32분
수면 7시간44분
학습 13분
가사노동 2시간31분
일 4시간57분
식사·간식 1시간39분

*자료=통계청, 20~74세 성인 기준

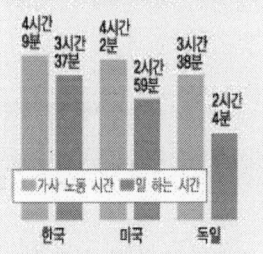

집에서도 밖에서도 일 많은 한국 여성

4시간9분 3시간37분 4시간2분 2시간59분 3시간38분 2시간4분

■가사 노동 시간 ■일 하는 시간

한국   미국   독일

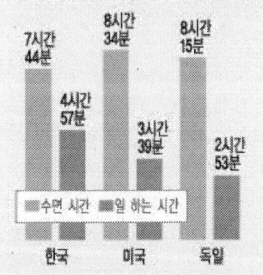

잠 적게 자고 일 많이 하는 한국인

7시간44분 8시간34분 8시간15분
4시간57분 3시간39분 2시간53분

■수면 시간 ■일 하는 시간

한국   미국   독일

전태영 경상대 교수와 변용환 한림대 교수는 26일 '지하경제 규모에 영향을 미치는 세무 및 비세무 요인'이란 제목의 논문에서 지하경제 분야 전문가들이 제시한 세계 110개국 지하경제 규모 추정치를 바탕으로 세무 및 비세무요인과 지하경제 규모의 상관관계를 분석한 결과 이같이 나타났다고 밝혔다.

이들 연구결과에 따르면 우리나라의 지하경제 규모는 지난 2000년 기준으로 GDP의 27.5%를 기록, 조사대상국 평균인 32.6%에 비해선 낮았다. 그러나 경제협력개발기구(OECD) 회원국 평균인 18%보다는 크게 높은 것으로 나타났다. 우리나라와 지하경제 비중이 비슷한 20~30% 그룹에는 이탈리아·인도·그리스·이스라엘 등 17개국이 포함됐다. 반면 미국(8.7%), 스위스(8.8%), 오스트리아(10.2%), 일본(11.3%), 영국(12.6%) 등의 지하경제 비중이 가장 낮았으며 중국(13.1%), 싱가포르(13.1%) 등도 낮은 편이었다.

지하경제 비중은 보통 간접세 비중(생산·판매·이전·소비에 부과된 세금을 부가가치로 나눈 비중) 직접세 비중(소득·이윤·자본이득에 부과된 세금을 세금수입 총액으로 나눈 비중)

노동시장 규제, GDP 대비 정부지출, 실업률, 소비자물가 등 각각의 변수들이 미치는 영향을 고려해 집계됐다.

전 교수와 변 교수는 이번 논문에서 간접세 비중, 실업률, 정부지출, 민간부문 보호수준 등 네 가지 요인이 지하경제를 확대하는 데 많은 영향을 미쳤다고 설명했다. 논문은 "간접세 비중이 증가할수록 지하경제 규모도 증가한다는 결과가 나타났다"며 "지하경제의 감소를 위해선 부가가치세·특별소비세 등의 간접세를 적절한 수준으로 인하하는 방안이 필요하다"고 지적했다. 또 정부지출이 늘어날수록 면세혜택도 많아지고 민간 부문의 시장 잠식도 커져 지하경제를 확대하는 것으로 점쳐졌다. 논문은 "비세무 요인 중에는 법률구조와 재산권 안정 등 민간 부문에 대한 국가의 보호장치가 지하경제의 비중에 상당한 영향을 미치는 것으로 나타났다"면서 민간 부문에 대한 우리나라의 보호수준이 평균보다 낮았다고 덧붙였다.(서울경제, 2006.2.26)

요약 및 복습

국내총생산(GDP: gross domestic product)이란 일정기간 동안에 한 국가 내에서 생산된 모든 최종생산물의 시장가치를 말합니다.

생산국민소득, 지출국민소득 및 분배국민소득이 언제나 동일하다는 것을 국민소득 삼면등가의 법칙이라고 합니다.

당해연도 최종생산물에 당해연도의 시장가격을 곱에 얻은 국내총생산을 명목국내총생산(nominal GDP)이라 합니다.

실질국내총생산(real GDP)이란 물가가 일정하다는 가정하에 새로 생산된 재화 및 용역의 가치를 집계한 것입니다.

명목국내총생산을 실질국내총생산으로 나눈 것을 GDP디플레이터라고 합니다.

경제성장률이란 실질 GDP성장률을 말합니다.

잠재 GDP(potential GDP)란 노동과 자본 등의 생산요소를 완전히 고용하여 달성할 수 있는 최대 GDP를 말하며 완전고용 GDP라고도 합니다.

국민총소득(gross national income: GNI)이란 '한 나라 국민이 일정기간 동안 만들어낸 모든 최종생산물의 시장가치를 말합니다.

명목 GNI=명목 GDP+명목(국외수취요소소득-국외지급요소소득)
      =명목 GDP+명목 국외순수취 요소소득

실질 GNI=실질 GDP+실질 국외순수취 요소소득
      +교역조건변화에 따른 실질 무역손익

1인당 GNI는 명목 GNI를 한 나라의 인구로 나누어 구하며 국제비교를 위하여 보통 미 달러화로 표시하고 있으며 주로 국민들의 생활수준을 알아보기 위하여 사용되는 지표입니다.

제9장 국민소득의 결정요인

1. 소비지출

소비지출이란 한 해에 생산된 최종재화나 서비스 중 가계가 구입하는 소비재의 총시장가치를 의미합니다. 따라서 중고품에 대한 지출은 소비지출에 포함되지 않습니다. 한 가계가 어떤 중고품을 구입했다는 것은 다른 가계가 이 중고품을 매각한 것과 상쇄되기 때문입니다.

소비지출에 대한 연구는 1930년대 중반 영국의 케인즈(J.M.Keynes)에 의해 이루어졌습니다. 케인즈는 가계의 소비지출이 소득에서 세금을 뺀 가처분소득의 크기에 의해 결정된다고 보았습니다. 소비지출의 가장 큰 요인을 가처분소득의 절대적 크기로 보았다는 점에서 케인즈의 소비이론을 절대소득가설이라고 부릅니다. 따라서 가처분소득을 Y_d라고 하면 소비함수(consumption function)는 다음과 같이 표시할 수 있습니다.

$$C = f(Y_d)$$

소비와 가처분소득 간의 관계에서 우리는 한계소비성향과 평균소비성향이라는 개념을 도출할 수 있습니다. 한계소비성향(marginal propensity to consume: MPC)이란 가처분소득이 1원 증가할 때 소비가 얼마나 증가하는가를 나타내는 것으로 소득의 증가분에 대한 소비의 증가분의 비율로 표시할 수 있습니다.

$$한계소비성향 \; = \frac{소비의\;증가분}{가처분소득의\;증가분} = \frac{\Delta C}{\Delta Y_d}$$

한편 평균소비성향(average propensity to consume: APC)은 소비가 가처분소득에서 차지하는 비율을 나타냅니다.

$$평균소비성향 \; = \frac{소비}{가처분소득} = \frac{C}{Y_d}$$

만일 가처분소득이 200조 원인데 그 해의 소비지출이 140조 원이라면 평균소비성향은 0.7(=140조 / 200조)이 됩니다. 다음 해에 가처분소득이 210조 원으로 증가하고 소비지출이 145조로 증가한다면 한계소비성향은 0.5(=5조 원 / 10조 원)가 됩니다.

이 소비함수는 구체적으로 다음과 같은 특징을 가지고 있다고 간주됩니다. 첫째, 가처분소득이 증가하면 소비는 증가한다는 것입니다. 소득이 높아질수록 소비수준이 더욱 높아진다는 것은 너무도 당연한 사실입니다.

둘째, 가처분소득이 증가하면 소비는 증가하나 그 증가폭은 소득의 증가폭보다는 작다는 것입니다. 이는 소득이 증가하면 늘어난 소득을 모두 소비하기보다는 일부를 저축한다는 의미입니다. 따라서 한계소비성향은 0보다는 크고 1보다는 작게 됩니다.

셋째, 소득이 매우 낮을 때 소비지출은 소득을 초과한다는 것입니다.

이러한 가설을 토대로 가장 단순한 형태의 1차 함수형태로 표현하면 케인즈의 소비함수는 다음과 같이 쓸 수 있습니다.

$$C = C_0 + bY_d$$

이 소비함수를 토대로 가처분소득을 횡축에 소비를 종축에 표시하면 절편이 C_0이고 기울기가 b인 소비곡선(consumption curve)을 그릴 수 있습니다.

[그림 9-1] 소비곡선

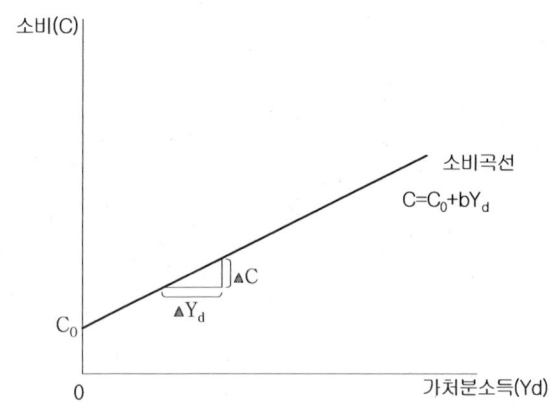

[그림 9-1]에서 보면 가처분소득이 0인 경우 소비는 C_0가 되는 것을 알 수 있는데 이는 소득이 없더라도 생존을 위해 최소한의 소비가 있어야 함을 의미합니다. 따라서 C_0는 소득과 관계없이 이루어지는 기초소비를 나타냅니다.

소비곡선의 기울기 b는 가처분소득의 증가분에 대한 소비의 증가분의 비율($\Delta C / \Delta Y_d$)을 나타내므로 바로 한계소비성향을 의미합니다.

한편 평균소비성향과 한계소비성향을 알면 평균저축성향(average propensity to save: APS)과 한계저축성향(marginal propensity to save: MPS)을 쉽게 구할 수 있습니다. 평균저축성향이란 가처분소득 중 저축이 차지하는 비율을 나타내며, 한계저축성향이란 가처분소득이 1원 증가할 때 저축이 얼마나 증가하는가를 나타냅니다. 저축을 S라고 하면 평균저축성향과 한계저축성향은 다음과 같이 표현할 수 있습니다.

$$평균저축성향 = \frac{저축}{가처분소득} = \frac{S}{Y_d}$$

$$한계저축성향 = \frac{저축의\ 증가분}{가처분소득의\ 증가분} = \frac{\Delta S}{\Delta Y_d}$$

가처분소득 중 소비되지 않는 부분은 저축이 되는 것이므로 $C + S = Y_d$라는 관계가 항상 성립합니다. 이 식이 양변을 Y_d로 나누면 $\frac{C}{Y_d} + \frac{S}{Y_d} = 1$이 되어 평균저축성향은 1에서 평균소비성향을 뺀 값이라는 것을 알 수 있습니다. 또한 소비의 증가분(ΔC)과 저축의 증가분(ΔS)을 더하면 항상 가처분소득의 증가분(ΔY_d)과 일치해야 하므로 한계소비성향과 한계저축성향을 더하면 역시 1이 되어야 합니다. 따라서 우리는 한계저축성향 역시 1에서 한계소비성향을 뺀 값이라는 것을 알 수 있습니다.

2. 소비에 영향을 미치는 요인들

위에서 우리는 가처분소득의 크기가 소비지출을 결정하는 가장 중요한 요인이라고 보고 가처분소득과 소비지출 간의 관계를 공부했습니다. 즉 가처분소득이 변화하면 소비지출은 소비곡선을 따라 어느 한 점에서 다른 한

점으로 이동하게 됩니다. 이는 [그림 9-2]에서 가처분소득이 Y^*에서 Y^{**}로 증가함에 따라 소비지출은 A점에서 C점으로 증가하는 것으로 나타나고 있습니다.

그러나 소비는 가처분소득 이외에 다른 요인들에 의해서도 영향을 받게 됩니다. 만일 가처분소득 이외의 다른 요인들이 변화하는 경우에는 소비곡선 자체가 이동하게 됩니다. 가처분소득 이외의 다른 요인들에 의해 소비지출이 증가하는 경우 소비곡선은 위로 이동하게 됩니다. [그림 9-2]에서 나타나듯이 가처분소득이 Y^*로 변화가 없을 때 다른 요인들에 의해 소비지출이 A점에서 B점으로 이동하는 것을 의미합니다. 이는 앞에서 공부한 수요의 변화와 수요량의 변화를 구분했던 것과 동일한 내용입니다. 이제 소비지출에 영향을 미치는 소득 이외의 다른 요인들에 대해 알아보겠습니다.

[그림 9-2] 소비곡선의 이동

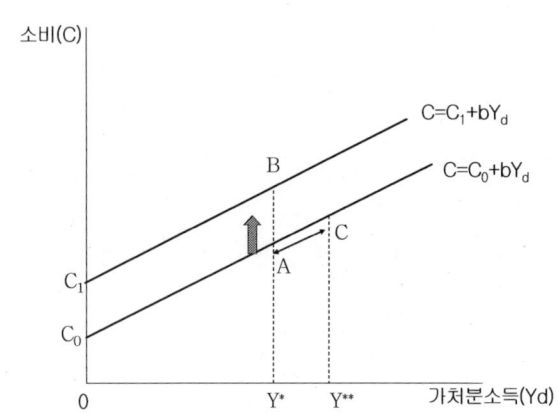

우선 소비지출에 영향을 미치는 요인으로 재산을 들 수 있습니다. 재산이라 함은 부동산이나 자동차 같은 실물자산뿐만 아니라 예금, 주식, 채권 등과 같은 금융자산을 포함합니다. 이러한 재산이 증가하면 소비지출이 증가하게 될 것이라는 것은 자명한 사실입니다. 예를 들어 주식이나 부동산

가격이 상승하여 재산이 불어나면서 사람들은 소비지출을 늘리는데 이를 가리켜 자산효과(wealth effect)라고 합니다.

둘째, 소비지출에 영향을 미치는 요인으로 물가수준을 들 수 있습니다. 가계의 명목소득이 일정할 때 물가가 오르면 가계의 실질소득 즉 구매력은 하락하게 됩니다. 또한 물가가 오르면 명목자산의 실질가치가 감소하게 되고 이 경우 가계가 보유하는 재산이 실질적으로 감소하는 효과가 발생하게 됩니다. 이와 같은 재산의 실질적 감소는 가계의 소비지출을 떨어뜨리는 역할을 하게 됩니다. 이렇듯 물가가 변동함에 따라 가계가 보유한 재산의 실질가치가 변화해 소비에 영향을 미치게 되는 것을 실질잔고효과(real balance effect)라고 부릅니다.

[그림 9-2]는 물가수준이 하락하여 자산의 실질가치가 증가하는 경우의 소비곡선의 이동을 보여주고 있습니다. 그림에서 물가가 하락하기 이전의 소비수준은 가처분소득이 Y^*일 때 점 A로 나타나 있습니다. 이때 물가가 하락하면 가처분소득이 Y^*로 변화가 없더라도 자산의 실질가치가 상승하여 소비지출은 B점으로 늘어나게 됩니다. 따라서 물가가 하락하면 자산의 실질가치가 증가하여 소비곡선이 위쪽으로 평행이동하고 반대로 물가가 상승하면 소비곡선이 아래쪽으로 평행이동하게 됩니다. 물론 명목재산이 증가하는 경우 소비곡선이 위로 이동할 것이라는 것은 더 설명할 필요가 없겠지요.

셋째, 사람들은 소비나 저축에 대한 결정을 할 때 이자율을 고려하게 됩니다. 즉 이자율이 높아지면 사람들은 소비를 줄이고 저축을 늘리는 반응을 보일 것으로 짐작할 수 있습니다. 그러나 현실경제에서 이자율이 소비지출에 미치는 영향은 그리 크지 않은 것으로 보고되고 있습니다.

마지막으로 소비지출을 결정하는 요인으로 현재의 소득뿐만 아니라 미래의 예상소득을 들 수 있습니다. 현재의 소득이 변화가 없더라도 미래의 소득증가가 예상된다면 사람들은 현재의 소득수준 이상으로 소비를 증가시킬 수 있을 것입니다.

소비지출을 결정하는 데 현재의 소득뿐만 아니라 미래의 소득 역시 중요한 역할을 한다는 인식은 1950년대 후반에서 1960년대 초반에 걸쳐 모드글리아니(F. Modigliani)의 생애주기소득가설(life cycle income hypothesis)과 프리드만(M. Friedman)의 항상소득가설(permanant income hypothesis)에 의해 이론화됩니다.

[그림 9-3] 소득세 감면의 효과

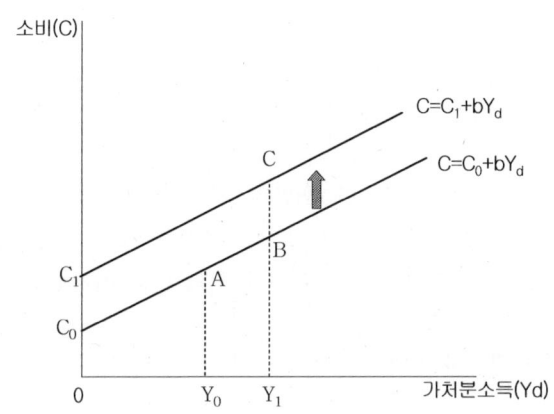

소비가 미래의 예상되는 소득에 의해서 영향을 받는다는 사실은 경제정책의 수립에 중요한 의미를 갖습니다. 즉 정부가 경기활성화를 위해 소득세를 감면해주는 경우 경기활성화에 미치는 효과는 소득세감면이 일시적인가 혹은 영구적인가에 따라 크게 달라질 수 있게 됩니다. [그림 9-3]에서 최초의 가처분소득이 Y_0일 때 소비지출은 A점입니다. 이때 정부가 경기활성화를 위해 올해 한 해만 소득세를 감면해주기로 하는 경우 가처분소득은 Y_1으로 증가하고 소비지출은 소비곡선을 따라 A점에서 B점으로 증가하게 됩니다. 그러나 영구적으로 소득세를 감면해주는 경우 올해의 소득뿐만 아니라 미래의 소득도 증가하게 되므로 소비곡선은 위로 이동하게 됩니다. 따라서 소비지출은 C점으로 크게 증가하게 됩니다.

<생활경제뉴스 9-1>

건설경기 위축 땐 내수회복 '찬물'

정부가 내놓은 부동산대책이 거시경제에 미치는 파장은 어떻게 될 것인가? 단기적으로는 건설경기에 악영향을 끼쳐 경제성장률과 내수 등에 부정적인 파장을 미칠 가능성이 점쳐지고 있다. 특히 부동산가격 하락에 따른 소비심리 위축은 살아나는 내수경기에 찬물을 끼얹을 수 있다는 분석이다.

매일경제가 지난달 31일 경제전문가들을 대상으로 실시한 긴급 설문조사에 따르면 정부의 부동산 안정화대책으로 인한 파급효과 가운데 가장 염려되는 것으로 건설경기 위축이 꼽혔다.

바재령 삼성경제연구소 수석연구위원은 "부동산경기가 안 좋아지면 70~80%의 확률로 건설경기도 위축된다"며 "부동산대책으로 인한 부동산경기 위축은 건설경기에도 악영향을 줄 것으로 보인다"고 지적했다. 문제는 부동산대책 이전에도 건설경기의 호전 기미가 나타나지 않는 모습이었다는 것이다. 건설물 착공과 건설기성 등의 건설경기 동행지표는 2분기 들어 감소세가 둔화 되거나 증가세가 확대되는 모습을 보였다. 하지만 지난해 4분기부터 회복세를 보이던 건축허가면적 등의 선행지표는 오히려 감소세로 반전했다. 지난 6월에는 -26.4%로 큰 폭 떨어졌다.

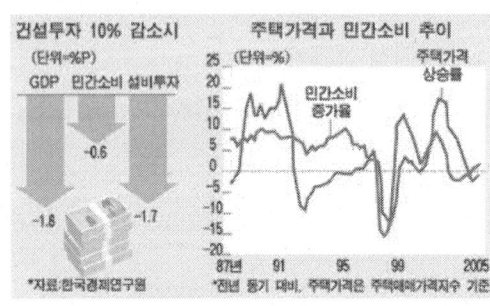

선행지표가 감소세로 돌아선 것은 건설경기에 대한 전망이 불확실하다는 것을 의미한다. 불안한 모습을 보인 건설경기는 이번에 나온 정부의 강력한 부동산 안정대책으로 더욱 침체될 가능성이 높다. 유병규 현대경제연구원 경제본부장은 "보유세와 양도세 등의 세금을 강화한 정부 대책은 부동산의 수요위축과 가격하락을 초래할 가능성이 높다"며 "신규분양과 재건축사업 개발수요를 급격히 냉각시킬 것"이라고 지적했다.

또 강남 이외 지역의 개발은 건설경기에 대한 긍정적인 영향보다는 시중 유동성을 이 지역으로 몰리게 해 선순환적인 자금 흐름을 막을 수도 있는 것으로 분석됐다.

건설경기 위축은 필연적으로 국내 경제성장률과 민간소비, 설비투자 등에도 악영향을 주게 된다. 한국경제연구원이 최근 분석한 자료에 따르면 국내 건설투자가 1%만 감소해도 민간소비와 설비투자 국내총생산(GDP)은 각각 0.1%포인트씩 떨어지는 것으로 나타났다

부동산대책에 따른 건설투자 위축이 더욱 크게 나타나 5%(6조 원)까지 줄어든다면 문제는 더 심각해진다. GDP가 0.9%포인트나 떨어지고 민간소비는 0.3%포인트, 설비투자도 0.9%포인트 줄게 된다.

고용에 미치는 영향도 부정적이다. 건설분야의 경우 일용직에서부터 전문직까지 전 직군을 망라해 고용을 일으키기 때문에 고용에 대한 파급효과가 크다. 고용은 건설투자 1% 감소시 1만9000명, 5% 때는 10만5000명, 10%는 23만 명이 줄어드는 것으로 분석됐다.

정부의 부동산대책은 소비에도 부정적인 영향을 미칠 것으로 염려됐다. 통계청·한국은행 등에서 발표하는 소비자기대지수를 보면 주가나 부동산 가격에 민감하게 반응하는 것으로 나타났기 때문이다. 또 보유하고 있는 부동산이나 주식의 가치가 오를수록 소비가 늘고, 가치가 떨어지면 소비를 줄이는 자산효과(Wealth effect)도 무시할 수 없는 변수다.

LG경제연구원이 최근 분석한 자료에 따르면 주택가격이 1% 하락할 때 민간소비는 0.11%포인트 하락하는 것으로 나타났다. 이는 주가가 1% 하락할 때의 민간 소비 감소율 0.011%포인트의 10배에 육박한다.

송태정 LG경제연구원 부연구위원은 "우리나라는 실물자산이 가계자산 구성에서 차지하는 비중이 약 80%에 이를 정도로 매우 높기 때문에 주택 가격 영향력이 주가보다 월등히 크다"며 "정부 대책은 단기적으로 경제에 마이너스 효과를 줄 것은 분명하다"고 지적했다.

한경연이 올해 성장률 전망치 4.0%를 내놓으면서 건설투자가 120조 원에 달할 것이라고 추정한 것에서 1조 2000억 원가량 투자가 줄었을 때의 예상이다. (매일경제, 2005.8.31.)

<생활경제뉴스 9-2>

日·英의 부가세 인상 사례, 물가상승·소비위축 역풍

일본은 97년 4월 하시모토·내각 때 소비세율을 3%에서 5%로 인상했다. 이 조치는 소비위축을 가속시켜 10년 장기불황의 원인이 됐다는 지적을 받고 있다. 당시 일본은 겨우 살아나려던 경기를 본격적인 회복으로 보고 재정적자를 줄이기 위해 소비세율을 올리고 감세제도를 폐지했는데 이후 경기가 급속히 얼어붙었다. 일본정부는 대대적인 경기 부양책을 내놓았지만 경기회복 불씨를 되살리는 데 실패했다.

영국은 대처 정부 초기에 부가세율을 8%에서 17%로 전격 인상했다가 심각한 후유증을 겪었다. 한 경제전문가는 "부가세 인상은 경제에 미치는 파장이 큰 만큼 소득세율 인하와 국민복지 확대 등 보완책이 수반돼야 할 것"이라고 말했다. 가격시스템 변화와 이에 따른 물가인상 가능성도 걸림돌이다.

또 다른 경제 전문가는 "현재 모든 제품의 가격은 '10% 부가세율'을 전제로 매겨져 있다"며 "세율을 바꿀 경우 기업들의 회계시스템은 물론 구멍가게의 금전 출납기까지 바꿔야 할 수도 있다"고 말했다. 예를 들어 1100원짜리 상품이라면 소비자가격이 대략 제품가 1000원에다 부가가치세 100원을 포함해 매겨져 있다. 그런데 부가세율을 12%로 2%포인트 올린다면 기업이나 상점주인이 소비자가격을 1120원으로 올리는 것이 아니라 1150원이나 1200원으로 올릴 가능성이 높다. 이 경우 소비세율 인상에 따른 물가상승 압력이 커지게 된다. (매일경제. 2005. 9.29)

<생활경제뉴스 9-3>

日 백화점 대호황 …… 소비세 『내달 인상』발표에 사재기열풍

다음달 1일부터 일본의 소비세가 현행 3%에서 5%로 2%포인트 인상됨에 따라 각종 상품가격 및 숙박 교통요금 등이 모두 인상된다. 소비세는 상품 및 서비스가격에 일정 비율(현재 3%)만큼 부과하는 간접세로 생산자나 판매자가 세금을 내지만 결국 소비자 부담이다. 쇼핑 때는 물론 철도 및 택시요금 호텔요금 학원수강료 등에도 이 세금은 따라 붙는다.

요즘 일본의 각 백화점과 대형슈퍼는 소비세 인상 전에 물건을 사두려는 소비자들이 몰려 '대호황'을 누리고 있다. 특히 고급가구 의류 보석류 등 고가품의 특수(特需)가 두드러지고 자동차나 컴퓨터 관련 품목도 날개

돋친 듯 팔려나가고 있다. 이와 함께 '사재기 현상'이 나타남에 따라 백화점업계 등은 고객이 구입한 물품을 장기간 보관해 주기로 하는 등 고객 유치에 열을 올리고 있다.

일본 소비세가 인상됨에 따라 외국인 중 일본을 가장 많이 찾는 한국인들은 경비부담이 크게 늘게 됐다. 지난해 일본을 방문한 한국인은 연인원 1백 11만여 명으로 전체 외국인 방문객의 23.9%. 한국인들은 특히 씀씀이가 커 소비세 인상에 따른 부담도 가장 많이 받을 전망이다. 또 일본주재 상사원이나 공무원 가족들은 소비세 인상에 따른 물가상승으로 생활에 주름살이 늘게 돼 울상이다. (동아일보, 1997.3.27)

3. 투자지출

총수요의 구성요소로서 가계의 소비지출 못지 않게 중요한 것이 기업의 투자지출(investment expenditure)입니다. 여기서 우리가 말하는 기업의 투자지출은 일반적인 주식투자, 채권투자나 부동산투자 등과는 그 성격이 다릅니다. 거시경제이론에서 말하는 기업의 투자지출은 한 국가에서 한 해 동안 생산된 최종재 중 기업이 구입하는 자본재의 총 가치를 의미합니다. 따라서 주식이나 채권 부동산 등을 구입하는 행위는 이미 존재하고 있는

자산의 소유권이 이전되는 것이므로 이런 행위들은 엄밀한 의미에서 투자행위가 되지 못합니다.

이제 기업의 투자 결정기준에 대해 생각해 봅시다. 기업이 기계장비를 구입하여 생산과정에 투입한다면 1년 후에는 b_1, 2년 후에는 b_2, 그리고 T년 후에는 b_T의 수익을 얻게 된다고 가정합시다. 연간이자율이 r이라 할 때 기업이 기계를 구입함으로써 T년 동안에 걸쳐 얻게 되는 수익의 ($b_1, b_2, \cdots\cdots$)의 현재가치는 다음과 같이 쓸 수 있습니다.

$$PV = \frac{b_1}{(1+r)} + \frac{b_2}{(1+r)^2} + \cdots\cdots + \frac{b_T}{(1+r)^T}$$

기업은 이와 같이 기계에 투자를 할 경우 예상되는 미래수익의 현재가치를 구한 다음, 그 기계를 구입하는 데 드는 비용과 비교하여 투자여부를 결정하게 됩니다. 즉 기계구입으로부터 얻을 수 있는 수익의 현재가치가 기계구입비용(C)보다 크다면 기계를 구입하기로 결정하게 됩니다.

$$\frac{b_1}{(1+r)} + \frac{b_2}{(1+r)^2} + \cdots\cdots + \frac{b_T}{(1+r)^T} \geq C$$

위의 식에서 본다면 투자에 영향을 미치는 요인 중 가장 대표적인 것으로 이자율을 들 수 있습니다. 투자수익의 현재가치는 이자율이 높을수록 작아지게 됩니다. 다시 말하면 투자를 하는 기업의 입장에서 보면 이자율이 상승한다는 것은 투자하는 데 드는 기회비용의 상승을 뜻하게 됩니다. 남에게 빌린 돈으로 투자하는 경우에는 더 많은 이자를 지불해야 하는 한편 자신의 자금으로 투자하는 경우는 더 많은 이자소득을 포기하는 셈이 되기 때문입니다. 따라서 이자율이 상승하면 투자는 감소한다고 할 수 있습니다. 반대로 이자율이 하락하면 투자는 증가할 것입니다. 이자율과 투자 간의 역의 관계를 보여주는 투자곡선이 [그림 9-4]에 나타나 있습니다.

[그림 9-4] 투자곡선

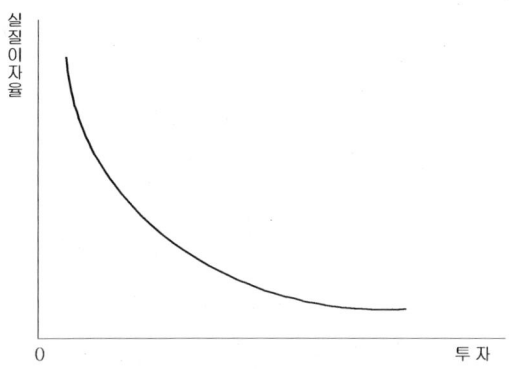

투자에 영향을 줄 수 있는 또 다른 요인은 자본재를 구입함으로써 기대되는 예상수익(b) 그리고 기계의 가격(C) 등을 들 수 있습니다. 자본재를 구입함으로써 예상되는 수익이 감소하면 투자가 감소하는 것은 자명한 사실입니다. 또한 자본재 구입가격이 하락하면 투자비용이 작아지므로 그 만큼 투자는 증가하겠지요.

이외에도 현실에서 투자는 국민소득수준이나 정부의 경제정책, 자본시장의 여건 등 다양한 요인들에 의해 영향을 받게 됩니다. 이자율 이외에 기타 요인들이 변하면 투자곡선 자체가 좌우로 이동하게 됩니다. [그림 9-5]는 이자율이 변화가 없더라도 경기가 호전되어 국민소득이 증가하는 경우 투자가 증가하게 됨을 보여주고 있습니다. 그림에서 이자율이 r_0일 때 국민소득이 증가하기 이전의 투자수준은 I_0이었으나 국민소득이 증가하면 이자율이 r_0로 변화가 없더라도 기업의 투자지출은 I_1으로 증가하게 됩니다. 물론 경기가 부진하여 투자에 따른 예상수익이 감소한다면 투자곡선은 왼쪽으로 이동하게 될 것입니다.

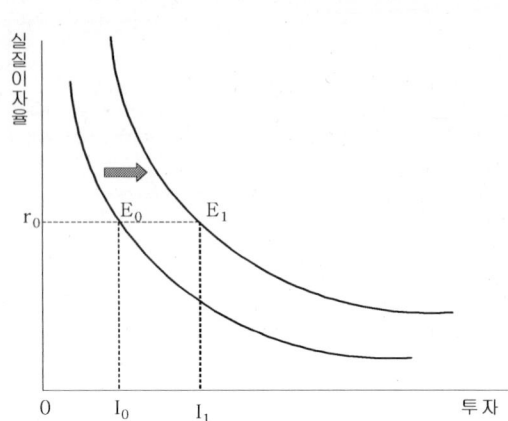

[그림 9-5] 투자곡선의 이동

<생활경제뉴스 9-4>

"시중금리 1%p 상승하면 투자계획 줄인다"

시중금리가 1%p 오르면 기업의 20% 가량이 이미 계획했던 투자를 줄일 것이라는 조사결과가 나왔다. 대한상공회의소가 수도권 소재 300개 제조업체의 임원 및 재무담당자들을 대상으로 조사해 11일 발표한 '금리상승이 기업의 투자에 미치는 영향과 정책과제' 보고서에 따르면 금리가 현 수준보다 0.25%p 상승하면 응답기업의 5.7%가, 0.5%p 오를 땐 응답기업의 12.8%가, 1%p 상승 시에는 20.6%가 계획했던 투자를 축소할 것으로 나타났다.

시중 금리상승은 투자심리에도 부정적 영향을 미치는 것으로 조사됐다. 시중금리가 0.5%p 상승할 경우 응답기업의 57.4%가, 1.0%p 상승할 경우에는 71.8%가 투자심리가 위축된다고 응답했다.

기업의 투자 관련, 평균 자금조달 금리를 묻는 질문에는 '6.0~7.0%대'라는 응답(44.9%)이 가장 많았으며 '4.0~5.0%대'라는 응답도 35.2%를 차지했다.

'기업 입장에서 적정 시중금리수준은 어느 정도인가'라는 질문에는 85.4%의 기업이 '5.0~6.0%대(45.1%)' 또는 '3.0~4.0%대(40.3%)'라고 답했다.

'세계적 금리상승 추세에 따라 한국의 금리도 상승할 것으로 보는가'를 묻는 질문에 응답기업의 90.0%가 '금리상승 가능성 있음'이라고 답한 반면, '금리상승 가능성 없음'이라고 답한 기업은 3.7%에 불과했다.

시중금리(회사채AA-기준)의 향후 전망을 묻는 질문에는 전체의 72.6%가 '6.0%대'라고 응답했으며, 다음으로 '7.0%대(18.4%)', '8.0%대(7.5%)'의 순이었다. 이는 현재 회사채AA-의 금리가 5%대 초반인 점을 감안하면 대부분의 기업이 앞으로 시중금리가 약 1%p 더 상승할 것으로 전망하는 것으로 풀이된다.

시중금리 인상에 따른 기업의 투자심리 위축을 방지하기 위한 정책과제로 기업들은 '세제 및 자금면의 투자지원 강화(40.5%)', '정책금리 수준 유지(25.1%)', '신용보증 지원 확대(19.7%)', '신용대출 확대13.4%)', '기타(1.3%)'를 요청했다.(동아일보. 2006.4.11)

<생활경제뉴스 9-5>
제조업체 10곳 중 4곳 투자 '미달'

기업들의 투자 부진에 대한 우려가 고조되고 있는 가운데 제조업체 10곳 중 4곳이 적정수준에 못 미치는 투자를 하고 있으며 이 기업들은 대부분 3년 이내에 경쟁력 상실을 예상하고 있는 것으로 조사됐다.

대한상공회의소가 서울지역 제조업체 164곳을 대상으로 실시해 28일 발표한 '기업의 투자현황과 향후 계획'에 따르면 필요한 수준에 못 미치는 '과소투자'를 하고 있다는 응답이 40.9%에 달했다. 특히 과소투자 응답 비율이 대기업은 36.1%, 중소기업은 45.7%로 집계돼 중소기업의 투자부진이 대기업에 비해 더 심각한 것으로 밝혀졌다. 과소투자 업체 중 27.3%는 이미 경쟁력 상실을 경험 중이라고 밝혔으며 22.7%는 1년 이내, 36.4%는 2-3년 내로 투자부진에 따른 경쟁력 상실에 직면하게 될 것으로 전망했다.

적정 투자를 하지 못하는 이유에 대해 대기업은 안정위주의 내실경영(31.7%)과 경기부진(26.7%), 자금조달 애로(20.0%) 등을 꼽은 반면 중소기업은 경기부진(32.4%), 자금조달 애로(28.4%), 안정 위주의 경영(20.3%) 등의 순으로 답했다. 또 지난 1년간 시설수리나 노후시설 교체 이상의 적극적인 투자를 한 업체(56.1%) 중 해외 투자가 국내 투자규모와 같거나 초과하는 경우가 17.6%에 달하는 것으로 나타났다.

해외투자 지역으로는 중국(62.5%)이 압도적인 우위를 차지했으며 미국 (13.9%), 동남아시아(9.7%) 등이 그 뒤를 이었다. 이들 지역을 선호하는 이유로 대기업은 시장개척(41.0%), 저렴한 생산비용(34.4%)을 꼽은 반면 중소기업은 저렴한 생산비용(35.6%), 시장개척(33.3%)의 순서로 응답했다. 대한상의는 이에 대해 "대기업의 해외투자는 세계시장을 공략하는 적극적인 수단으로 불가피한 측면이 없지 않지만 중소기업의 해외투자는 고임금, 고물가에 따른 제조공장 이전의 성격이 강하다는 점에서 문제를 안고 있다"고 지적했다.

한편 국내투자 확대 시점에 대해서는 '기약이 없다'는 응답이 25.5%로 가장 많았으며 '투자 확대 중'(18.5%), '내년 하반기'(17.2%), '내후년 이후'(14.0%) 등이 그 뒤를 이었다. 또 국내투자를 확대하는 데 도움이 되는 정책으로는 경기부양 대책(31.4%)을 가장 많이 꼽았으며 기업금융 원활화 (18.2%)와 세제지원 확대(18.2%), 규제완화(17.2%), 경영심리안정(13.9%) 등도 투자활성화 대책으로 지적됐다. (동아일보, 2003.9.28)

4. 정부지출

현대사회에서 정부는 치안, 국방, 일반 행정 등의 기본임무 이외에도 사회복지를 확충하고 경제성장이나 안정을 위해 다양한 역할을 수행하고 있습니다. 이러한 여러 기능을 수행하기 위해 정부가 구입하는 재화나 서비스의 총 가치를 정부지출(government expenditure)이라고 합니다. 여기서 주의해야 할 점은 정부지출과 재정지출은 서로 다른 개념이라는 것입니다. 정부지출은 어떤 한 해에 생산된 최종재에 대해 정부가 지출한 것만을 의미하는 데 반해 재정지출이란 그 성격이 무엇이든 정부가 행한 모든 지출을 포함하는 것으로 쉽게 말해 정부가 쓴 돈 전체를 의미합니다. 예를 들어 정부가 지급한 실업수당이나 각종 보조금 같은 이전지출은 재정지출에는 포함되지만 정부지출에는 포함되지 않습니다. 이전지출은 아무 대가 없이 구매력을 이전한 것이므로 최종재에 대한 수요와는 무관하기 때문입니다. 정부지출은 재화나 서비스시장에서 수요요인으로 나타나기 때문에 총수요의 한 부분을 구성하게 됩니다.

이러한 정부지출의 크기는 소득이나 이자율과 같은 다른 거시경제변수에 의해 결정되는 것이 아니라 정부의 계획에 의해 결정된다고 가정합니다.

<생활경제뉴스 9-6>

재정정책 약발 갈수록 줄어

"민간소비 침체 정부지출로는 보전 한계" 주장 대두

국내 재정정책의 실효성에 의문이 제기되면서 일각에서는 굳이 '건전성'이란 단일 기준에 맞출 필요가 있느냐는 지적도 나오고 있다. 즉 1년 단위로만 나라살림을 고려할 것이 아니라 중장기적인 운용계획 아래 불황에는 과감하게 적자지출을 하고 이후 경기가 회복될 때 이를 극복하면 된다는 논리다.

허찬국 한국경제연구원 연구위원은 "건전성만 중시하다 보면 재정정책이 소극적으로 운영된다"며 "필요한 사용내역과 관련효과를 고려한 후 보다 과감하게 지출방안을 결정해야 효과있는 재정정책을 실시할 수 있지 않겠느냐"고 반문했다. 하지만 앞으로 경기상황이 불확실한 데다 대형 국책사업 등 향후 5년간 지출내역을 고려하면 적자재정은 문제가 있다는 반발을 무시하기 힘든 형편이다. 경기진작 수단으로서 재정정책이 예전과 같은 역할을 기대하기 힘들다는 분석도 제기되고 있다. 민간소비 침체정도가 워낙 큰 탓에 정부 재정지출로만 이를 보전하는 것 자체가 불가능하다는 얘기다.

실제로 독일·캐나다·미국 등 해외 선진국의 경우에서도 재정정책은 조세감면 등 부분적으로만 쓰이고 있다. 이들 국가의 경우 우리와는 달리 사회복지예산 비중이 매우 높아 경기진작을 도울 수 있는 재정지출을 늘리기 힘든 형편이다. 박형수 조세연구원 연구위원은 "일본의 경우 지난 90년대 초, 2000년대 초 대형 재정지출을 통해 경기진작을 시도했지만 효과가 없던 점을 고려해야 한다"며 "이제 통화정책이 거시경제 수단의 핵심으로 자리잡고 재정정책은 정부지출 확대보다는 조세감면 등의 영역에만 한정되는 것은 국제적인 추세"라고 말했다. (서울경제, 2004.8.5)

5. 순수출

　가계, 기업 및 정부 이외에도 국민경제를 구성하는 또 하나의 중요한 부문은 해외부문입니다. 오늘날 국제 간 거래를 하지 않는 폐쇄경제는 거의 없으며 특히 우리나라는 해외의존도가 매우 큰 나라로서 해외부분이 국민소득을 결정하는 데 매우 중요한 역할을 합니다.

　우리나라에서 생산된 재화나 용역에 대한 수요는 우리나라 국민뿐 아니라 외국의 국민에 의해서도 이루어집니다. 수출은 우리가 생산한 재화나 용역을 외국에서 소비하는 것입니다. 따라서 우리 경제의 총수요는 국내수요와 해외수요를 더한 것이 됩니다. 반면 수입은 국내의 소득이 국내생산물을 구입하는 데 사용되지 않고 외국의 생산물을 사는 데 사용되는 것이므로 총수요에서 공제됩니다. 따라서 소비지출과 투자지출 및 정부지출에 추가하여 총수요에 더해져야 하는 것은 수출에서 수입을 뺀 순수출이 되는 것입니다.

　수출에서 수입을 뺀 순수출을 무역수지라고 하는데 수출이 수입을 초과하여 순수출이 정(+)인 경우를 무역수지 흑자라 하며 순수출이 음(-)인 경우를 무역수지 적자라고 합니다. 무역수지에 영향을 주는 중요한 요인으로는 각 나라들의 국민소득수준과 환율 등을 들 수 있는데 이에 대해서는 제14장에서 자세히 설명하기로 합니다.

<생활경제뉴스 9-7>

경기침체터널 길어지나

수출 줄고 성장 더디고 투자 급랭까지 겹쳐

"침체의 터널이 길어지고 있다.", "'V자형'을 예상했는데 'U자형'으로 가고 있다." 2001년 상반기를 힘겹게 넘긴 한국 경제에 대한 전문가들의 공통된 평가다. 재정경제부와 주요 국책·민간 연구소 전문가들은 한결같이 "연 초에는 미국 경제가 2·4분기 중 회복, 우리 경제도 하반기에는 본격 반등할 것으로 예상했으나 세계 경제 침체가 장기화하면서 어두운 상황에서 하반기를 맞고 있다"고 말했다.

◆ 개선 기미가 없는 지표들

올 들어 6월까지 물가, 수출, 설비투자, 성장률 등 주요 지표들은 시간이 흐를수록 우울하게 바뀌고 있다. 이에 따라 'V자형'의 급격한 경기회복은 물 건너갔으며 'U자형'의 점진 회복도 희망사항에 그칠 수 있다는 우려까지 나오고 있다. 연초 정부가 5~6%대로 전망했던 성장률이 1·4분기 3.7%대로 떨어진 데 이어 2·4분기에는 3.3%에 머물 전망이다. 재경부는 올해 전망치를 4%대로 낮췄으며 한국은행은 아예 3%대로 낮춘 상태다. 수출도 마찬가지. 지난 1, 2월 간신히 한자리수를 유지하던 수출증가율이 4월과 5월에는 마이너스 9.9%와 마이너스 6.9%로 급감했다. 다만 경상수지는 수입이 수출보다 훨씬 급격히 감소하면서 30%대의 높은 증가율을 유지하고 있다.

전문가들이 가장 심각하게 여기는 것은 설비투자. 지난 해 11월 이후 7개월 연속 마이너스 행진을 거듭, 성장엔진이 식어버릴 수 있다는 우려가 나올 지경이다. 정부 역시 투자세액공제 등 각종 대책을 내놓고 있지만 기업들의 투자심리는 회복되지 않고 있다.

◆ 막연하게 확산되는 낙관론

지난 6개월 동안 실물지표가 악화한 것과 달리 기업실사지수(BSI), 소비

동향지수(CSI) 등 심리지표는 회복세를 타고 있다. 지난 1월 63이던 전경련 BSI가 2월에는 83을 기록한 데 이어 6월에는 114까지 상승했고, 산업은행과 대한상공회의소가 집계하는 BSI도 비슷한 궤적을 그리고 있다. 한국은행의 2·4분기 가계수입전망 CSI 역시 95로 1·4분기(89)에 비해 크게 개선됐다.

그러나 이 같은 심리지표의 호전을 둘러싸고 '6개월 후 경기회복을 알리는 신호탄'이라는 낙관론과 '실물과는 무관한 통계적 착시현상'이라는 비관론이 맞서고 있다.

◆하반기 경제, 미국에 달렸다

전문가들은 하반기 한국 경제가 미국, 일본 경제에 달려 있다는 분석을 내놓고 있다. 정부의 희망대로 금리인하와 감세효과가 미국 경제를 회복국면으로 되돌릴 경우 한국 경제도 정부기술(IT) 산업을 중심으로 침체의 늪에서 벗어날 수 있다는 것이다. 이와 관련 LG경제연구원 오문석 연구위원은 "올 연말로 예상되는 미국 경제의 회복시점까지 국내 경기가 너무 급격히 냉각되는 것을 방지하기 위해서는 금리인하가 필요하다"고 말했다.
(한국일보, 2001.7.1)

<생활경제뉴스 9-8>
수출로 버티는 한국경제 '사면초가'

지난해부터 회복세를 보이던 세계 경제가 둔화되는 조짐이 뚜렷해짐에 따라 가뜩이나 불황에 시달리고 있는 한국 경제에 '비상등'이 켜졌다. 특히 '세계 경제의 엔진'인 미국 경제의 하향세가 가시화되고 있고 '10년 불황'에서 탈출했다며 낙관론이 팽배하던 일본마저 최근 경기가 꺾이는 분위기여서 세계 경제의 양 축에 모두 심상찮은 기류가 흐르고 있다. 반면 국제유가는 연일 고공행진을 하고 있어 저성장과 인플레이션이 함께 발생하는 전 세계적인 '스태그플레이션' 가능성마저 제기되고 있다.

▽선진국 생산, 소비 동반 위축=최근 세계 각국의 경제 지표에서 읽을 수 있는 공통점은 생산과 소비가 일시에 둔화되고 있다는 것. 미국의 6월 산업생산은 전월보다 0.3% 떨어져 작년 4월 이후 가장 큰 낙폭을 보였다. 일본도 1.3% 줄어 4개월 만에 하락세로 반전했으며 중국은 16.2% 늘었지

만 5월(17.5%)보다는 증가폭이 줄었다. 유럽에서도 독일이 1.9%, 이탈리아가 0.7% 떨어졌다.

소비 역시 감소세다. 미국의 2·4분기 소비 지출은 전분기보다 1.0% 증가하는 데 그쳤다. 이는 1·4분기의 4.1%보다 3.1%포인트 줄어든 것으로 2001년 2·4분기(1.0%) 이후 최저치다. 일본도 6월 민간소비 증가율이 1.3%, 소매매출은 2.9%, 근로자가구 지출은 3.5% 감소했다.

고용사정도 좋지 않다. 지난달 미국에서 새로 만들어진 일자리는 3만 2000개로 당초 기대했던 24만 개를 크게 밑돌았다. 일본도 6월 근로자 임금이 작년 같은 달보다 2.4% 줄어든 것으로 발표돼 소비 위축 가능성을 높였다. 중국의 경우 정부의 의도적인 긴축정책으로 성장률이 둔화되고 있지만 그 속도가 너무 빨라 경착륙 가능성이 고개를 들고 있다. 중국의 고정투자 증가율(전년 동기 대비)은 4월 42.8%에서 5월 34.8%, 6월 31.0%로 줄었다. 또 2·4분기 경제성장률이 9.6%로 예상치(10% 이상)를 밑돌았다.

급증하는 미국의 무역수지 및 재정수지 적자(쌍둥이 적자)도 앞으로 세계 경제에 악영향을 미칠 요인으로 꼽힌다. 미국의 6월 무역수지 적자는 558억 달러, 7월 재정수지 적자는 692억 달러로 역대 최고치다. 무역수지 적자는 달러화의 가치 하락으로 미국에 들어오는 수입품의 가격을 상승시켜 결과적으로 세계 각국의 대미(對美) 수출을 줄이는 결과를 낳는다. 또 재정수지 적자는 미국 정부의 해외 차입을 늘려 세계 금리 상승으로 이어진다.

▽초(超)고유가 행진 지속될 듯=세계 경제의 불확실성을 더욱 확대시키는 요인은 국제 유가. 유가 상승은 기업들의 생산 비용 증가와 소비 위축으로 이어진다. 유가가 배럴당 10달러 오를 경우 세계 전체 성장률은 0.5%포인트 이상 떨어지는 것으로 분석된다. 더욱이 최근의 유가 상승은 석유수출국기구(OPEC)가 추가 증산(增産)을 하기 어렵다는 '공급요인'에서 발생했기 때문에 장기화할 가능성이 높다. 실제 지난달 OPEC의 산유량은 하루 평균 2900만 배럴로 추가 생산 능력은 60만 배럴에 그친다. 이에 따라 추가 공급 가능성이 희박하다고 판단한 투기 자본이 선물(先物) 매집에 돌입해 7월 말 뉴욕상업거래소(NYMEX)의 매수 포지션은 지난달 말보다 2배 이상 많은 3만 6000여 계약에 이른다.

에너지경제연구원도 이와 관련해 국제 유가가 4·4분기(10~12월)에 중동산 두바이유를 기준으로 배럴당 최고 40달러에 이를 것으로 전망했다.

▽한국 경제 사면초가(四面楚歌)=세계 경기 침체와 유가 상승은 한국의 수출 감소와 투자 및 소비 위축으로 이어진다. 이미 7월 수출 증가율(전년 동기 대비)은 38.4%로 5월(42%)이나 6월(38.5%)보다 감소했다. 특히 반도체와 자동차, 컴퓨터 등 주력 수출 품목의 증가세가 뚜렷한 둔화세를 보이고 있다. 국제 유가는 성장률 감소와 함께 물가 상승으로 이어진다. 한국은행에 따르면 유가가 연간 5달러 오르면 한국의 경제성장률은 연간 0.3%포인트 떨어지고, 물가는 0.5%포인트 오른다. 13일 중동산 두바이유는 배럴당 38.91달러로 작년 평균치(26.79달러)보다 19.88달러나 뛰었다. 이 때문에 유가 급등에 따른 물가 상승과 경기 침체가 공존하는 세계적 스태그플레이션을 우려하는 목소리가 커지고 있다. 한국도 예외는 아니다. 지난주 미국의 월스트리트저널이 민간 경제분석가 55명을 대상으로 조사한 결과 전문가들은 미국 경제의 가장 큰 위험 요소로 스태그플레이션을 꼽았다. 미국 경제 분석 기관인 디시전이코노믹스의 앨런 시나이 수석이코노미스트는 "경제에 스태그플레이션이라는 새 위험요인이 부상하고 있다"며 "미국 연방준비제도이사회(FRB)도 이 때문에 매우 곤혹스러울 것"이라고 진단했다. (동아일보, 2004.8.15)

요약 및 복습

소비지출이란 한 해에 생산된 최종재화나 서비스 중 가계가 구입하는 소비재의 총시장가치를 의미합니다.

소비지출에 영향을 미치는 요인들로는 재산, 물가수준, 이자율 그리고 미래의 예상소득 등이 있습니다.

한계소비성향(marginal propensity to consume: MPC)이란 가처분소득이 1원 증가할 때 소비가 얼마나 증가하는가를 나타내는 것으로 소득의 증가분에 대한 소비의 증가분의 비율로 표시할 수 있습니다.

$$한계소비성향 = \frac{소비의\ 증가분}{가처분소득의\ 증가분} = \frac{\Delta C}{\Delta Y_d}$$

평균소비성향(average propensity to consume: APC)은 소비가 가처분소득에서 차지하는 비율을 나타냅니다.

$$평균저축성향 = \frac{저축}{가처분소득} = \frac{S}{Y_d}$$

기업의 투자지출은 한 국가에서 한 해 동안 생산된 최종재 중 기업이 구입하는 자본재의 총 가치를 의미하는 것으로서 주식이나 채권 부동산 등을 구입하는 행위와는 다른 개념입니다.

이자율이 상승하면 투자는 감소하고 반대로 이자율이 하락하면 투자는 증가합니다. 이러한 이자율과 투자 간의 역의 관계를 나타낸 것을 투자곡선이라고 합니다.

투자에 영향을 줄 수 있는 또 다른 요인으로는 투자로부터 기대되는 예상수익뿐만 아니라 국민소득수준이나 정부의 경제정책, 자본시장의 여건 등 다양한 요인 등을 들 수 있습니다.

정부지출이란 정부가 구입하는 재화나 서비스의 총 가치로서 재정지출과는 다른 개념입니다. 정부지출은 어떤 한 해에 생산된 최종재에 대해 정부가 지출한 것만을 의미하는 데 반해 재정지출이란 그 성격이 무엇이든 정부가 행한 모든 지출을 포함하는 것으로 쉽게 말해 정부가 쓴 돈 전체를 의미합니다.

제10장 화폐와 금융

1. 화폐의 정의 및 기능

현대 사회에서의 모든 경제활동은 화폐, 즉 돈을 사용함으로써 이루어집니다. 직장에 나가 일하는 대가로 돈을 받고 그 돈으로 옷도 사 입고 가족들과 외식도 합니다. 따라서 국민경제를 인체에 비유한다면 돈, 즉 화폐는 혈액에 비유되기도 합니다. 이는 혈액이 인체의 각 부분을 순환하면서 영양분을 골고루 보내 주듯이 돈도 수많은 생산자와 소비자 사이에서 이루어지는 모든 경제거래를 매개하고 촉진하기 때문이지요.

그렇다면 화폐란 정확하게 무엇일까요? 아직까지 이에 대한 만족스러운 답은 없습니다. 다만 경제학자들은 화폐의 기능을 먼저 정의하고 그 기능을 수행하는 것을 화폐라고 정의하는 방식을 취하고 있습니다. 이제 화폐의 기능에는 어떤 것이 있는지 알아봅시다.

첫째 화폐의 기능 중 가장 중요한 것은 교환의 매개수단(medium of exchange)으로서의 기능입니다. 교환의 매개수단으로서의 기능을 쉽게 이해하기 위해서 물물교환경제를 상상해 보지요. 사과를 생산하는 승규는 청바지가 필요합니다. 승규가 청바지를 얻기 위해서는 사과를 필요로 하는 청바지 생산자를 만나야만 합니다. 그러나 현실경제에서 이와 같은 '욕망의 상호일치'가 이루어지기란 매우 어려운 것이 사실입니다. 서로 원하는 물건을 갖고 있는 사람을 만나기 위해서는 많은 시간과 노력이 필요하겠지요. 이러한 시간과 노력을 거래비용이라 하는데 경제 전체적으로 볼 때 자원의 낭비라 할 수 있습니다. 그러나 화폐가 존재하는 경우 사과를 생산하는 승규는 사과를 팔아 그 돈으로 청바지를 구입하면 되므로 거래비용을 줄일 수 있게 됩니다.

둘째, 화폐는 회계의 단위(unit of account) 혹은 가치의 척도(measures of value)로서의 기능을 수행합니다. 화폐적 교환경제에서는 상품들의 가치가 모두 화폐단위(원, 달러 혹은 엔 등과 같은)로 표시되기 때문에 우리는 여러 상품들의 가치를 쉽게 비교할 수 있습니다. 예를 들어 사과 1개의 가격이 1000원이고 배 1개의 가격이 2000원이라면 배 1개의 가치와 사과 2개의 가치가 동일함을 알 수 있습니다.

셋째, 화폐는 가치를 저장하는 수단(store of value)이 됩니다. 물물경제에서는 가치를 저장하려면 물건을 쌓아놓아야 하지만 화폐를 사용하면 물건을 화폐로 교환해서 그 물건이 필요할 때까지 구매력을 화폐로 저장할 수 있습니다. 이와 같이 화폐는 한 시점의 구매력을 다른 시점까지 보관해 주는 역할, 즉 가치저장의 역할을 수행합니다. 물론 화폐가 구매력의 저장수단이 되기 위해서는 화폐의 가치가 안정되어야 합니다. 즉 인플레이션으로 인해 화폐의 가치가 감소될 가능성이 큰 경우는 금이나 쌀과 같은 실물자산이 더 나은 가치 저장수단이 될 수 있기 때문입니다. 또한 주식이나 채권과 같은 금융자산은 배당이나 이자와 같은 일정한 수익을 얻으면서 저장수단으로서의 기능을 수행할 수 있습니다. 현대 사회에서는 다양한 금융자산들이 등장하면서 가치 저장수단으로서의 화폐의 기능은 약화되고 있다고 할 수 있습니다.

위의 화폐의 기능 가운데 교환의 매개수단과 가치의 척도로서의 기능을 화폐의 본원적 기능이라고 합니다. 이러한 화폐의 본원적 기능을 토대로 화폐를 정의한다면 화폐란 경제적 거래에서 일반적으로 통용되는 지불수단이라 정의할 수 있습니다.

<생활경제뉴스 10-1>

화폐도 문자도 사라진다?

21세기에는 화폐와 문자가 사라지고 말 것이라는 예언이 나왔다. 미국의 과학칼럼니스트 토머스 페징어는 '오늘날의 지폐나 동전은 모두 디지털 방식의 전자화폐로 바뀔 것'이라고 했다. 스탠퍼드대의 케이스 데블린 교수는 '앞으로 컴퓨터 화상의 삽화와 도표 등을 통해 견해와 느낌이 충분히 전달되므로 문자의 필요성이 없어질 것'이라고 전망했다. 영국의 데일리 텔레그래프가 60명의 저명한 과학자와 미래학자에게 신세기 전망을 묻는 데서 최근 그렇게 말했다는 것이다.

인류에게 '욕망의 교환수단'이 되어온 돈. 그러나 처음부터 동전이나 지폐가 쓰였던 것은 아니다. 소금이나, 양 등의 가축이 거래수단으로 쓰일 때도 있었다. 소금(salt)과 샐러리(월급)의 어원이 같은 게 그 때문이라고 한다. 성경 '창세기'에도 양을 지불수단으로 쓰는 게 나온다. 고대 중국에서는 조개껍데기나 비단이 돈같이 쓰였다. 화폐의 화(貨)는 여러 가지 물건과 맞바꿀 수 있는 조개껍데기, 폐(幣)는 신에 바치는 비단이라는 의미다.

금화가 유통되기 시작한 것은 기원후이며 은화는 16세기에 이르러 유럽에서 본격적으로 쓰였다. 그러나 은화 금화의 무게 때문에 대규모 상거래에는 종이돈이 필요하게 되었다. 지폐는 1680년경 나오기 시작했고 영국 잉글랜드 은행이 발권은행의 효시처럼 되어 있다. 그 이래 경화(동전)는 종이돈의 보조수단으로 전락하고 말았다.

과연 이제 지폐도 사라지게 되는 걸까. 디지털기술로 사람의 신용과 재산을 완벽하게 나타낼 수 있게 되면 그렇게 된다는 얘기다. 이를테면 한 장의 카드로 택시도 타고 예금을 넣고 빼며 물건도 살 수 있는 시대가 온다는 것이다. 그러면 문자까지도 사라져 가리라는 예언을 믿을 수 있을까. 이미 문자판(키보드) 없는 컴퓨터, 문자나 소리만이 아닌 냄새나 맛 같은 오감(五感)을 전달하는 인터넷2가 연구되고 있다. 그러나 아무리 한들 '글씨 없는 정보 전달'이 가능할 것이냐고 반문하는 이도 적지 않다. 문자의 운명이 화폐와는 다르리라는 것이다. 어쨌든 눈부신 변화에의 기대, 한치 앞도 내다보기 어려운 불안이 교차하는 게 21세기 지식정보화 시대인가?

(동아일보, 2000.1.17)

2. 통화량의 측정은

시중에 유통되고 있는 화폐의 수량을 통화량이라고 합니다. 화폐가 현대의 경제활동에서 중요한 기능을 수행한다 할지라도 한 나라의 국민경제가 필요로 하는 규모를 초과하여 시중에 너무 많이 풀려 있는 경우는 그 가치가 떨어져 인플레이션이 발생하게 됩니다. 반대로 지나치게 적은 경우에는 금리가 상승하고 생산자금이 부족하게 되어 실업이 증가하는 등 경기침체가 발생하기도 합니다. 따라서 국민경제의 안정적 발전을 위해서는 시중에 유통되고 있는 통화의 양을 적정수준으로 유지해야 하는데 이를 위해서는 무엇보다도 먼저 통화량의 크기를 측정할 필요가 있게 됩니다.

경제 내에 유통되는 화폐의 수량을 측정하는 데 사용되는 지표를 통화지표라고 하는데 어디까지를 화폐로 보느냐에 따라 여러 가지 통화지표가 나올 수 있습니다. 우리나라에서는 금융기관이 취급하는 금융상품의 유동성 정도를 기준으로 협의통화(M1), 광의통화(M2) 그리고 M3(총유동성) 등의 통화지표를 편성하여 사용하고 있습니다. 이들 통화지표의 내용을 구체적으로 살펴보면 다음과 같습니다.[2]

첫째, '협의통화(M1)'는 화폐의 지급결제수단으로서의 기능을 중시한 지표로서 민간이 보유하고 있는 현금과 예금취급기관의 결제성예금 합계로 정의됩니다. 현금은 가장 유동성이 높은 금융자산으로 교환의 직접 매개수단으로 사용되는 지폐와 동전을 말합니다. 결제성예금은 예금취급기관의 당좌예금, 보통예금 등 요구불예금과, 저축예금, 시장금리부 수시입출식예금(MMDA; money market deposit account), 단기금융펀드(MMF; money market fund) 등의 수시입출식예금으로 구성됩니다. 결제성예금은 비록 현금은 아니지만 수표발행 등을 통해 지급결제수단으로 사용되거나 즉각적으

---

2) 이하 내용은 한국은행의 「알기 쉬운 경제지표」를 참조하였습니다.

[그림 10-1] 통화지표별 구성내역(2003년 12월말 현재)

(단위: 십억 원)

M3
(1,209,751)

현금통화 (17,348)	M1(협의통화) (298,953)	M2(광의통화) (898,069)	M3 (1,209,751)
			예금은행 및 비은행금융기관 기타 예수금 등 (311,681)
		준결제성예금 (599,116) 〈정기예적금 및 부금: 386,642〉 〈실적배당형금융상품: 103,257〉 〈시장형금융상품: 51,391〉 〈기타예금·금융채: 57,827〉	(좌 동)
	결제성예금 (281,605) 〈요구불예금: 59,437〉 〈수시입출식예금: 222,168〉	(좌 동)	(좌 동)
민간의 화폐보유액 (17,348)	(좌 동)	(좌 동)	(좌 동)

(자료: 한국은행, 알기 쉬운 경제지표)

로 현금과 교환될 수 있으며 기능면에서 현금과 거의 같기 때문에 협의통화(M1)에 포함되고 있습니다. 한편, 결제성예금에 저축예금 등 수시입출식예금이 포함된 것은 수시입출식예금도 각종 자동이체서비스(ATS; automatic transfer service) 및 결제기능 등을 갖추고 있어 요구불예금과 마찬가지로 입출금이 자유로운 금융상품이기 때문입니다.

둘째, '광의통화(M2)'는 협의통화(M1)보다 넓은 의미의 통화지표로서 협의통화(M1)에 포함되는 현금과 결제성예금뿐만 아니라 예금취급기관의 정기예금, 정기적금 등 기간물 정기예적금 및 부금, 거주자 외화예금 그리고 양도성예금증서, 환매조건부채권, 표지어음 등 시장형 금융상품과, 금전신탁, 수익증권 등 실적배당형 금융상품 등을 포함합니다. 다만, 유동성이 낮은 만기 2년 이상의 장기 금융상품은 제외합니다. 이와 같이 광의통화(M2)에 기간물 정기예적금 및 부금 등 단기 저축성예금 뿐만 아니라 시장형 금융상품, 실적배당형 금융상품 등을 포함하는 것은 이들 금융상품이 비록 거래적 수단보다는 자산을 증식하거나 미래의 지출에 대비한 일정기간 동안의 저축수단으로 보유되지만 약간의 이자소득만 포기한다면 언제든지 인출이 가능하여 결제성예금과 유동성 면에서 큰 차이가 없다고 보기 때문입니다. 또한 거주자외화예금도 국내에서의 지급결제수단으로는 약간의 제약이 있지만 언제든지 원화로 바뀌어 유통될 수 있기 때문에 광의통화(M2)에 포함하고 있습니다.

셋째, 총유동성(M3)은 광의통화(M2)에 ① 예금취급기관의 만기 2년 이상 정기예적금 및 금융채, 그리고 유가증권 청약증거금, 만기 2년 이상 장기금전신탁 등과 ② 생명보험회사, 증권금융회사 등 기타금융기관의 보험계약준비금, 환매조건부채권매도, 장단기 금융채, 고객예탁금 등을 포함시킨 것으로 현재로서는 가장 넓은 의미의 통화지표입니다.

<생활경제뉴스 10-2>
통화량 증가율 상승세, 알고 보니 주택담보대출 탓

경기침체로 그동안 바닥수준을 맴돌던 통화량 증가율이 모처럼 만에 뚜렷한 상승세를 나타내고 있다. 그러나 이러한 현상의 이면에는 최근 부동산시장 과열로 인해 주택담보대출이 비정상적으로 급등한 것이 한몫하고 있어 통화량 증가율이 높아진 것을 두고 본격적인 경기회복을 시사하는 지표로 해석하기는 곤란할 것으로 보인다.

14일 한국은행에 따르면 올 상반기 중 매달 2% 안팎에 머물던 본원통화 증가율이 7월에는 5.6%를 나타낸 것으로 추정됐다. 비록 추정치이기는 하지만 이는 작년 3월의 7.2% 이후 16개월 만에 가장 높은 증가세를 보인 것이다.

본원통화는 화폐발행액과 은행의 지불준비예치금으로 구성되며 시중의 현금흐름을 파악할 수 있는 지표다. 은행 및 비은행의 요구불예금과 수시입출식예금으로 구성되는 M1(협의통화)은 7월중 12% 중반의 증가율을 보인 것으로 추정됐다. 이는 2003년 1월의 13.7% 이후 2년 반 만에 가장 높은 수치다. 은행 및 비은행 금융기관의 만기 2년 미만 예수금으로 구성되는 M2(광의통화) 증가율도 6% 중반을 나타내 근 2년 만에 가장 높은 증가율을 보였다. M3(총유동성) 증가율도 6% 중반으로 추정돼 올 들어 가장 높은 증가세를 나타냈다.

한은은 민간신용의 공급이 꾸준히 증가하고 외국인 주식투자자금 등 해외부문의 통화공급 확대로 M3가 4월 이후 뚜렷한 상승세를 보이고 있다고 설명했다.

그러나 민간신용의 확대는 주로 부동산 투기 열풍에 따른 가계의 주택담보대출 급증이 상당부분을 차지하고 있는 것으로 여겨진다. 실제로 1-7월중 주택담보대출이 13조 원 가량 급증했으며 이 가운데 4월부터 7월까지 넉 달간 10조 원 이상이 집중됐다. 한은 관계자는 "금융감독당국의 주택담보인정비율 축소 조치에도 불구하고 신규분양 아파트 등에 대한 집단대출 수요가 꾸준해 주택담보대출 증가세는 계속될 것으로 보이며 그에 따라 통화량 증가율도 상승세가 이어질 것"이라고 말했다. (조선일보, 2005.8.14)

3. 금융과 금융기관

1) 금융이란

금융이란 돈을 빌리고 빌려주는 것을 말합니다. 금융에는 직접금융과 간접금융이 있습니다. 직접금융이란 자금의 최종 수요자와 공급자가 직접 자금을 거래하는 방식을 말합니다. 기업이 주식이나 채권을 발행하여 자금을 조달하는 것이 직접금융의 예입니다. 직접금융은 대개 주식이나 채권 등이 매매되는 증권시장에서 이루어지는데 이처럼 주식 회사채 어음 등과 같이 직접금융시장에서 거래되는 증권을 본원적 증권이라고 합니다. 간접금융이란 중개기관을 사이에 두고 자금의 수요와 공급이 이루어지는 방식을 의미합니다. 은행이 가계로부터 받은 예금을 토대로 기업에 대출해 주는 것이 대표적인 간접금융의 예입니다.

한편 경제가 발전함에 따라 일반적으로 한 나라의 실물자산에 대한 금융자산액의 비율은 증가하는 것으로 알려져 있습니다. 이러한 현상을 금융의 심화(financial deepening)라고 합니다. 금융의 심화정도를 측정하는 지표로 금융연관비율(financial interrelation ratio: FIR)이 있습니다. 이 금융연관비율을 측정하는 데 실물자산액의 측정이 어려우므로 실물자산액 대신 명목 GDP를 사용하여 정의합니다.

$$금융연관비율(FIR) = \frac{금융자산액}{명목\ GDP}$$

2) 우리나라의 금융기관

금융기관이란 자금을 조달하는 금융중개활동을 하거나, 금융중개활동은 아니지만 금융중개활동을 촉진시켜 주는 보조적 금융활동을 수행하는 기관으로 정의됩니다. 우리나라의 금융기관은 그 기능에 따라 중앙은행, 기타예금취급기관, 기타금융기관으로 나뉘어 집니다.

'중앙은행'이란 국가 금융기관으로서 화폐의 발행, 외환보유액 관리, 기타 예금취급기관에 대한 신용공급 등의 기능을 수행하는 기관으로 우리나라에서는 한국은행이 이러한 기능을 수행하고 있습니다. 한편 정부관리기금이지만 대외지급준비금 관리기능을 수행하고 있는 외국환평형기금도 중앙은행의 범주에 포함됩니다.

'기타예금취급기관'은 금융중개기능을 수행하면서 '광의통화(M2)'에 해당하는 단기성 예금이나 금융채 등의 유동성 부채를 발행하는 금융기관으로서 예금은행, 수출입은행, 종합금융회사, 투자신탁회사, 은행신탁, 상호저축은행, 신용협동기구, 우체국예금 등이 해당됩니다.

예금은행은 주로 일반 국민으로부터 예금을 받아 자금이 부족한 부문에 대출을 해주는 전통적인 상업금융업무를 취급하는 일반은행과, 일반은행이 자금을 공급하기 어려운 특정부문에 자금을 공급하는 특수은행으로 구분할 수 있습니다. 일반은행은 은행법의 적용을 받는 시중은행, 지방은행 및 외국은행 국내지점이 포함되며, 특수은행은 각각의 특별법에 의해 설립된 한국산업은행, 중소기업은행, 농업협동조합 및 수산업협동조합의 신용사업부문이 해당됩니다. 다만, 수출입금융을 전문적으로 취급하는 수출입은행은 예금을 취급하지 않고 있는 데다 소요자금 조달의 대부분을 정부 또는 해외로부터의 차입이나 채권발행에 의존하고 있어 예금은행이 아닌 별도의 기관으로 분류하고 있습니다.

[그림 10-2] 우리나라의 금융기관 (2004년 3월말 현재)

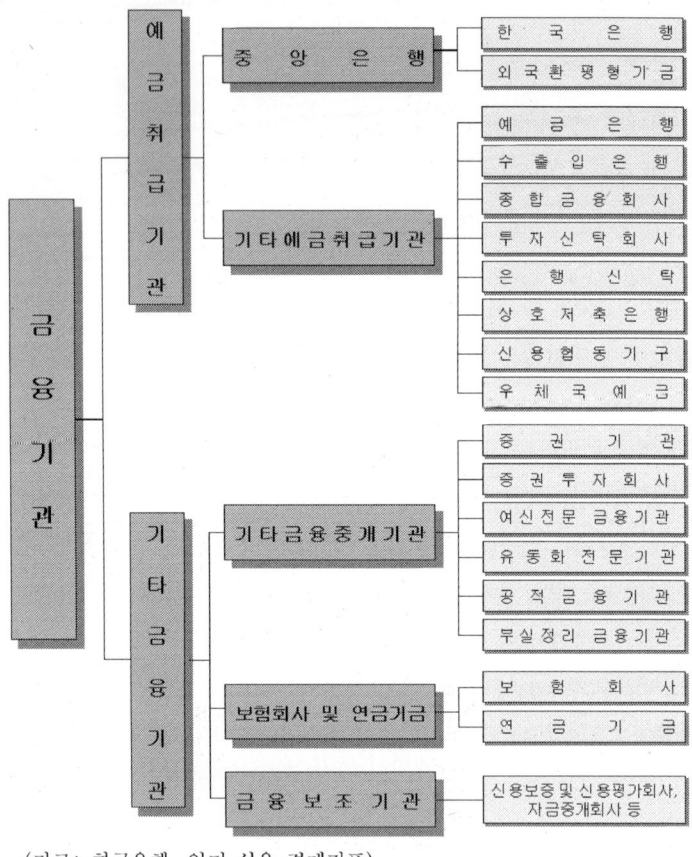

(자료: 한국은행, 알기 쉬운 경제지표)

이외에도 주로 단기금융시장과 주식 및 채권시장 등 직접금융시장에서의 자금중개기능을 수행하는 종합금융회사 및 투자신탁회사, 금전 및 재산을 신탁받아 이를 유가증권, 대출금 등으로 운용하는 은행신탁, 지역의 서민과 소규모기업을 대상으로 여수신업무에 전문화되어 있는 상호저축은행, 조합원에 대한 여수신을 통한 조합원 상호간 상부상조를 목적으로 운영되고 있는 농협, 수협, 새마을금고, 신용협동조합 등 신용협동기구, 전국의 우체국에서 취급하고 있는 공영금융기관인 우체국예금 등이 있습니다.

'기타금융기관'은 기타금융중개기관, 보험회사 및 연기금, 금융보조기관을 포함하고 있습니다. '기타금융중개기관'은 증권금융회사, 증권회사 등 증권기관과 증권투자회사(뮤추얼펀드), 리스회사, 신용카드회사, 할부금융회사 등과 같은 여신전문금융기관, 유동화전문회사, 주택저당채권유동화회사 등 유동화전문기관, 국민주택기금 등 공적금융기관, 그리고 부실정리금융기관 등이 여기에 해당됩니다.

보험회사 및 연금기금은 보험회사와 자율적 연금기금을 포함합니다. 보험회사는 그 주된 목적이 생명, 사고, 건강, 화재 등의 보험을 제공하는 금융기관으로 생명보험회사, 우체국보험, 손해보험회사 등을 말합니다. 한편 '연금기금'은 특정 피고용자 그룹에게 은퇴 후 급부를 제공하기 위하여 설립된 기관으로서 공무원연금, 군인연금, 사립학교교원연금, 대한교원공제회, 체신관서공제조합 등이 여기에 해당됩니다.

'금융보조기관'은 금융중개활동은 아니나 금융중개와 밀접한 관련이 있는 활동을 주 활동으로 하는 금융기관으로 신용보증기관, 신용평가회사, 자금중개회사, 금융결제원, 한국증권거래소, 선물거래소, 투자자문회사, 금융감독원 등이 여기에 속합니다.

<생활경제뉴스 10-3>
은행도 증시도 '그림의 떡' …… 비명 속의 中企들

"한 국가에서 기업금융(IB)이 얼마나 발달했느냐는 그 나라 경제가 얼마나 역동적인가, 얼마나 야성미(野性美)가 넘치는가를 보여 주는 단적인 지표다." 굿모닝신한증권 김학균 연구원의 말이다. 진취적인 경제구조를 갖고 있는 국가에서는 기업이 투자에 적극 나서 신천지를 개척한다. 국민은 은행과 증시 등을 통해 활발하게 기업에 자금을 공급해 준다. 하지만 한국 경제는 외환위기 이후 이런 진취성을 잃었다는 평가를 받는다. 망하는 기업들이 생기면서 지나치게 위험을 두려워하기 시작했다는 것. 기업도 '안전한 경영'을 최우선으로 하고 금융권도 안전한 곳만 찾아 자금을 공급했다. 한국 경제가 안전만을 추구하는 조로(早老)현상을 겪는 것도 기업금

융 침체로부터 출발했다는 진단이 적지 않다.≫

○퇴보하는 기업금융

금융은 크게 소비자금융과 기업금융으로 나뉜다. 그런데 한국에서는 소비자금융이 발전하고 있는 반면 기업금융은 정체 내지 퇴보하고 있다. 한국은행에 따르면 9월 말 현재 은행권의 가계대출 규모는 298조 6392억 원으로 기업대출 규모(271조 4563억 원 · 47.6%)보다 크다.

1998년만 해도 가계대출은 전체 대출 가운데 27.7%에 머물렀다. 시간이 지나면서 격차가 계속 줄더니 올해 6월 급기야 가계대출이 기업대출보다 많아졌다. 증권 쪽도 마찬가지다. 자산관리, 주식중개 등 소비자금융 부문은 눈부시게 발전하고 있지만 기업금융은 가장 낙후한 분야로 평가받는다. 특히 이윤이 많이 남는 기업의 자금 컨설팅 및 관리 분야는 외국계 증권사가 독식하고 있다. 인수합병(M&A) 분야에서는 삼성증권(9위)만이 겨우 15위권 안에 포진해 있을 정도다. 메리츠증권 박석현 연구원은 "기업금융을 잘하려면 기업의 자금을 총체적으로 관리해 본 경험이 있어야 하는데 국내 증권사는 그런 경험이 없다"고 진단했다.

○돈줄이 막혔다

현재 국내에서 설비투자에 힘을 쏟는 기업은 삼성전자와 현대자동차 등 대기업들이다. 그러나 이들 기업은 현금이 남아돌기 때문에 금융시장에서 자금을 조달할 이유가 없다. 반면 정작 돈이 필요한 기업들은 돈줄을 찾지 못하고 있다. 특히 본보 설문에 참가한 코스닥 등록기업 최고경영자(CEO)들은 "은행권이 기업의 실력을 믿고 돈을 빌려 주는 신용대출을 너무 소홀히 하고 있다"고 입을 모았다. 중소기업 대출의 연체율은 2002년 이후 2%대, 부도율도 0.02~0.04% 수준으로 안정적이다. 하지만 올해 기업은행이 실시한 설문조사 결과 중소 제조업체의 30%가 자금 압박에 시달리고 있다고 답했다.

직접금융 시장도 마찬가지다. 증시가 사상 최고치를 기록하고 있지만 기업공개와 유상증자 등 증시를 통한 자금 조달 실적은 올해 들어 9월 말까지 2조 9147억 원에 그쳤다. 이는 2000년(12조 9143억 원)에 비해 턱없이 부족한 것이며 지난해(6조 3412억 원)보다도 크게 적은 금액이다. 증시에는 기업의 장기 비전보다 단기 주가 급등을 노리는 투자자가 아직 많은 편이다. 이 때문에 올해 코스닥시장에서 이뤄진 유상증자 가운데 상당수가 투기성 재료로 주가가 급등한 바이오 기업에 집중돼 있다. 게다가 올해 코스닥시장이 분식회계와 횡령 등으로 얼룩지면서 투자는 더 위축되고 있다.
ㅇ"금융이 변해야 경제가 변한다"

　금융 시스템이 소비자금융뿐 아니라 기업금융 분야에서도 제 기능을 다
하기 위해서는 먼저 금융권이 변해야 한다는 게 전문가들의 견해다. 정부
의 강도 높은 부동산대책으로 주택담보대출로는 더는 돈을 벌기 어려운
시대가 됐다. 따라서 금융권은 대기업 대출이나 담보 위주의 대출을 지양
하고, 위험이 있지만 투자할 만한 유망한 중소기업을 찾아 나서야 한다는
것. 증권사도 자산관리나 주식중개 일변도의 경영에서 탈피해 다양한 기업
금융 영역을 개척해야 한다.

　정부도 '동북아 금융허브' 같은 구호성 발전 대책보다는 금융 시스템이
기업 경영에 직접 도움을 줄 수 있는 실질적인 방안을 추진해야 한다는
지적이다. 한화증권 최현재 연구원은 "정부, 금융권, 기업, 투자자 모두 신
천지를 개척하겠다는 진취적인 생각으로 투자에 나서야 금융 시스템이 제
기능을 하고 경제도 활기를 띨 것"이라고 말했다. (동아일보, 2005.10.27)

4. 화폐의 공급은?

1) 중앙은행의 본원통화 공급

　중앙은행은 발권은행으로서 독점적으로 현금을 발행합니다. 중앙은행의
창구를 통해 시중에 나온 현금을 본원통화(reserve base)라고 하며 이 본
원통화는 다음과 같은 네 가지 경로를 통해 공급됩니다.

　첫째는 본원통화는 정부부문을 통하여 공급됩니다. 한국은행의 정부에

대한 대출이 증가하고 한국은행에 대한 정부의 예금이 줄어들수록 정부부문을 통한 본원통화는 많이 공급됩니다.

둘째는 중앙은행은 정부뿐만 아니라 일반은행에 대해서도 대출을 합니다. 예금은행이 중앙은행으로부터 대출을 많이 받을수록 본원통화의 공급은 그 만큼 증가합니다.

셋째, 중앙은행은 보유하고 있는 국공채나 기타 유가증권의 매입 또는 매각을 통해 본원통화의 공급을 조절할 수 있습니다. 한국은행이 국공채와 같은 유가증권을 매입하거나 건물 시설 등을 구입하는 경우 본원통화의 공급은 증가하게 됩니다. 반면 유가증권을 매각하는 경우 본원통화는 감소하겠지요.

넷째, 본원통회는 해외부문을 통해서도 공급이 됩니다. 국제무역에서 수출이 수입을 초과하게 되거나, 국내증권시장에서 외국인의 투자가 증대되어 중앙은행이 외환을 매입하게 되면 본원통화는 증가하게 됩니다. 반대로 상품수입이 증가하거나 국내기업의 해외투자에 필요한 외환을 중앙은행이 매각하면 그 대금을 원화로 흡수하기 때문에 본원통화는 감소하게 됩니다.

<생활경제뉴스 10-4>
올해 말 본원통화 40조 원 첫 돌파 전망

최근 경기회복에 힘입어 올 연말께 국내 본원통화량이 사상 처음 40조 원을 넘어설 것으로 예상됐다.

본원통화는 화폐발행액과 금융기관의 한국은행에 대한 원화예치금(지불준비 예치금)의 합으로 계산되며, 시중의 자금 흐름을 살펴볼 수 있는 근본지표로 알려져 있다.

한국은행 관계자는 7일 "지난달 본원통화는 평균잔액(평잔) 기준으로 약 39조 8천억 원에 달한 것으로 잠정 집계됐다"며 "이달이나 다음달 중에 40조 원을 넘어설 가능성이 크다"고 말했다. 이렇게 될 경우 본원통화 평잔은 지난 89년 9월 10조 원, 93년 10월 20조 원, 지난 2001년 10월 30조 원을 각각 처음 넘어선 데 이어 4년 만에 40조 원을 돌파하게 된다.

우 통화정책당국은 직접 물가를 조절할 수 없습니다. 따라서 통화량을 조절함으로써 물가안정을 도모하는데 이 통화량이 통화정책의 운용목표가 되는 것입니다.

정책수단이란 통화정책의 운용목표인 이자율과 통화량을 조절하기 위해 통화당국이 직접 사용하는 정책도구를 말합니다. 이에 대해서는 다음에서 자세히 설명하기로 합니다.

2) 통화정책의 수단

(1) 공개시장조작정책

공개시장이란 누구에게나 열려있는 채권시장을 말합니다. 따라서 공개시장조작(open market operation)이란 중앙은행이 채권시장에서 국공채를 매입하거나 매각함으로써 통화량을 조절하는 것을 말합니다. 예를 들어 중앙은행이 채권시장에서 1,000억 원의 채권을 매입한다면 채권대금으로 지급한 1,000억 원이 바로 본원통화의 공급이 되는 것이지요. 반대로 중앙은행이 채권을 매각한다면 매각 금액만큼의 현금이 중앙은행으로 흡수될 것이고 이것은 바로 본원통화의 감소를 의미합니다.

한편 공개시장조작은 이자율도 변화시킵니다. 채권가격과 이자율 간에는 역의 관계에 있습니다. 예를 들어 삼성전자가 발행한 1년 만기의 액면가 1억 원짜리 채권이 9천만 원에 거래된다면 채권금리(채권수익률)는 11.1%[=(1억 −9000만 원) / 9000만 원]이지만 채권가격이 9,500만 원으로 오른다면 채권금리는 5.26%로 감소하게 됩니다.

따라서 중앙은행이 국공채를 매입하면 국공채에 대한 수요가 증가하게 되고 채권가격이 상승하여 채권수익률, 즉 이자율이 하락하게 됩니다. 반대로 국공채를 매각하게 되면 국공채의 공급증대로 채권가격이 하락하게 되고 결국 이자율은 상승합니다.

(2) 지급준비율정책

지급준비율정책이란 중앙은행이 예금은행의 법정지급준비율을 변경함으로써 통화량을 조절하는 정책을 말합니다. 앞에서 우리는 신용승수는 법정지급준비율의 역수라는 것을 공부했습니다. 중앙은행이 법정지급준비율이 높이면 신용승수가 작아져 예금통화의 창조를 억제하여 통화공급량을 줄일 수 있습니다. 반대로 중앙은행이 법정지급준비율을 인하하면 통화승수가 커져 통화량이 증가하게 됩니다.

통화량조절과 관련하여 한 가지 중요한 사실은 지급준비율의 변화는 본원통화량의 변화는 가져오지 않고 파생적 통화량 즉 예금통화의 양에만 영향을 준다는 것입니다.

(3) 재할인율정책

재할인율이란 중앙은행이 일반은행에 대해 자금을 대여할 때 적용하는 이자율을 말합니다. 중앙은행은 이 재할인율을 인상하거나 인하함으로써 통화량의 규모를 조절할 수 있습니다.

만일 중앙은행이 재할인율을 인상한다면 일반은행의 이자부담이 커지게 되어 자금차입이 억제되고 통화량은 그만큼 감소하게 됩니다. 반대로 중앙은행이 재할인율을 인하한다면 일반은행의 차입은 증가하고 일반은행의 대출금리도 하락하여 통화량은 증가하게 됩니다.

6. 화폐의 수요

사람들은 왜 돈을 보유하고자 할까요? 화폐에 대한 수요는 돈에 대한 욕구와는 다른 개념입니다. 사람들의 돈에 대한 욕구는 무한할 것입니다. 그러나 경제학에서 말하는 화폐에 대한 수요란 자신이 보유한 자산 중에서 얼마만큼을 화폐형태로 보유하고자 할 것인가 하는 자산선택의 문제입니다. 사람들이 자산의 일부를 화폐형태로 보유하려는 데는 세 가지 동기가 있다고 할 수 있습니다.

먼저 사람들은 일상생활에서 거래를 위해 일정액의 화폐를 수중에 보유하고자 합니다. 이러한 동기에 의해 화폐를 보유하는 것을 거래적 동기의 화폐수요라고 하는데 이는 소득수준에 의해 영향을 받게 됩니다. 소득수준이 높아지면 이러한 거래적 동기의 화폐수요는 증가할 것입니다. 한편 물가 역시 거래적 동기의 화폐수요에 영향을 주게 됩니다. 예를 들어 경제내의 모든 물가가 2배로 상승하였다면 거래를 위해서는 2배의 화폐량이 필요할 것이기 때문입니다. 따라서 물가가 상승하면 거래적 동기의 화폐수요는 증가하게 됩니다.

둘째, 사람들은 갑작스러운 사고로 병원에 가야 하는 경우와 같이 예상치 못한 지출에 대비하기 위해 일정량의 현금을 보유하고자 합니다. 이러한 이유로 화폐를 보유하고자 하는 것을 예비적 동기의 화폐수요라고 합니다. 이 역시 소득 수준에 의해 영향을 받게 됩니다.

마지막으로 사람들은 미래의 수익을 위한 투기목적으로 화폐를 수요하기도 하는데 이를 투기적 동기에 의한 화폐수요라고 합니다. 이러한 화폐수요는 이자율에 의해 영향을 받습니다.

가계나 기업은 장래에 있어서의 더 한층 유리한 투자기회를 포착하기 위해서 투자자금의 일부를 화폐로 보유하게 됩니다. 이는 채권투자의 예를 통해 설명할 수 있습니다. 사람들은 채권의 가격이 충분히 올라 더 이상 상승하기보다는 하락할 가능성이 높다고 판단되면 채권의 대부분을 매각하고 일단 현금으로 보유하고 있다가 이후 채권가격이 하락하면 다시 채권을 매입하고자 할 것입니다. 채권가격과 이자율 간에는 역의 관계에 있다는 것은 앞에서 이미 설명한 바 있습니다. 따라서 투기적 동기의 화폐수요는 이자율과 역의 관계에 있다고 할 수 있습니다.

화폐수요는 위의 세 가지 동기를 모두 합한 것이라고 할 수 있습니다. 따라서 물가를 P, 소득을 Y, 그리고 이자율을 i로 표시하면 화폐에 대한 수요(D)는 다음과 같은 함수형태로 쓸 수 있습니다.

$$D = P \cdot L(Y, i)$$

즉 화폐수요는 소득과 물가수준이 커질수록 그리고 이자율이 낮을수록 증가합니다.

[그림 10-4] 화폐의 수요곡선

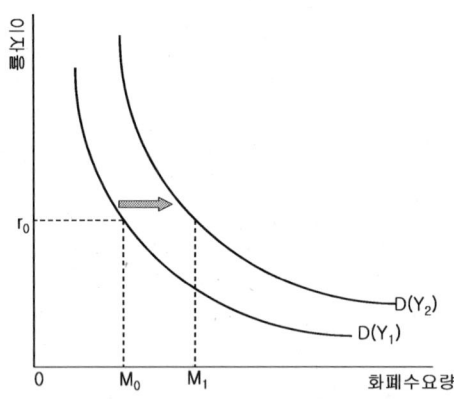

한편 소득과 물가 등 화폐수요에 영향을 주는 다른 요인들이 일정하다고 가정할 때 이자율과 화폐 수요량 간의 관계를 나타내는 곡선을 화폐의 수요곡선이라고 합니다. 횡축에 화폐수요량을 나타내고 종축에 이자율을 나타낸다면 화폐수요곡선은 [그림 10-4]와 같은 우하향하는 곡선으로 나타나게 됩니다. 이자율과 화폐수요는 역의 관계에 있기 때문입니다.

한편 화폐수요는 또한 소득에 의해 영향을 받게 되는데 소득이 증가하면 화폐수요곡선은 우측으로 이동하게 됩니다. [그림 10-4]에서 보듯이 소득이 Y_1에서 Y_2로 증가하는 경우 이자율이 r_0로 변하지 않더라도 거래적 동기 또는 예비적 동기에 의해 화폐수요량은 M_0에서 M_1으로 증가할 것이기 때문입니다.

또한 물가가 변하면 화폐수요도 변하게 됩니다. 물가수준이 올라가면 거래적 동기의 화폐수요가 증가하므로 화폐의 수요곡선은 오른쪽으로 이동할 것입니다. 물론 소득이 감소하거나 물가가 하락하는 경우 화폐수요곡선은 왼쪽으로 이동할 것입니다.

7. 금리는 어떻게 결정되나요?

이자율은 금리라고도 말하는데 이는 돈의 가격을 말합니다. 상품의 가격이 상품의 수요와 공급에 의해 결정되듯이 돈의 가격인 금리도 돈에 대한 수요와 공급에 의해 결정됩니다. 우리는 이미 돈, 즉 화폐에 대한 수요는 이자율의 함수가 됨을 알고 있습니다. 즉 이자율이 올라가면 화폐에 대한 수요는 감소하고 이자율이 하락하면 화폐에 대한 수요는 증가한다는 것을 공부했습니다. 따라서 화폐에 대한 수요곡선은 상품에 대한 수요곡선과 마찬가지로 우하향하는 형태로 나타나게 됩니다.

한편 화폐의 공급량은 매년 경제상황을 고려하여 정부가 인위적으로 결정합니다. 다시 말해 정부가 올해의 통화량을 70조 원으로 운용하기로 결정하였다면 공급 가능한 통화량은 70조 원으로 한정되어 있기 때문에 화폐의 공급곡선은 수직선으로 나타나게 됩니다.

[그림 10-5]에서 시장에서 결정되는 금리는 화폐에 대한 수요곡선과 공급곡선이 일치하는 E점에서 결정이 되는데 이 때의 금리 8%를 균형금리라고 합니다. 만일 금리가 어떠한 이유로 인해 12%로 오른다면 화폐에 대한 수요는 30조 원으로 감소하기 때문에 40조 원만큼의 초과공급이 발생하게 되고 금리는 하락하게 됩니다. 반대로 금리가 4%로 하락하게 되면 화폐에 대한 수요가 증가하게 되어 초과수요가 발생하게 되고 금리는 이 초과수요가 사라질 때까지 상승하게 됩니다. 결국 시장에서의 금리는 화폐의 수요와 공급이 일치하는 점에서 결정되며 이를 시장 실세금리라고 합니다.

[그림 10-5] 이자율의 결정

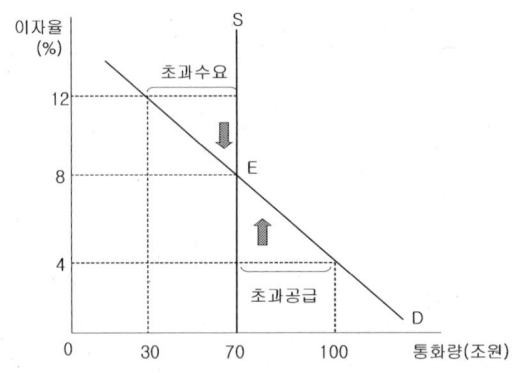

한편 화폐에 대한 수요는 이자율뿐만 아니라 소득과 물가와 같은 다른 요인들에 의해서도 변화할 수 있다고 했습니다. 즉 경제가 호경기일 때 국민들의 소득이 증가하여 소비가 증대하다 보면 국민들의 화폐에 대한 수요

가 증대할 수도 있습니다. 또한 기업들도 호경기일 때 신규투자를 위해 돈을 필요로 하기 때문에 화폐에 대한 수요가 증가하기도 합니다. 이러한 화폐에 대한 수요의 증가는 [그림 10-6]에서처럼 화폐의 수요곡선을 D에서 D'로 오른쪽으로 이동시켜 균형금리는 상승하게 됩니다. 일반적으로 호경기 때 금리가 상승하는 현상은 이러한 원리 때문입니다. 반대로 불경기 때에는 정반대의 현상이 발생하게 되기 때문에 화폐에 대한 수요곡선은 좌측으로 이동하여 균형금리는 하락하게 됩니다.

또한 경제여건에 따라 정부는 화폐의 공급을 늘릴 수도 있고 줄일 수도 있습니다. 정부가 화폐의 공급량을 늘릴 경우 화폐의 공급곡선은 S에서 S'로 오른쪽으로 이동하고 균형금리는 하락하게 됩니다. 이와는 반대로 정부가 화폐의 공급량을 줄일 경우 화폐의 공급곡선은 왼쪽으로 이동하게 되어 이자율은 상승하게 됩니다.

[그림 10-6] 화폐 수요와 공급의 변화

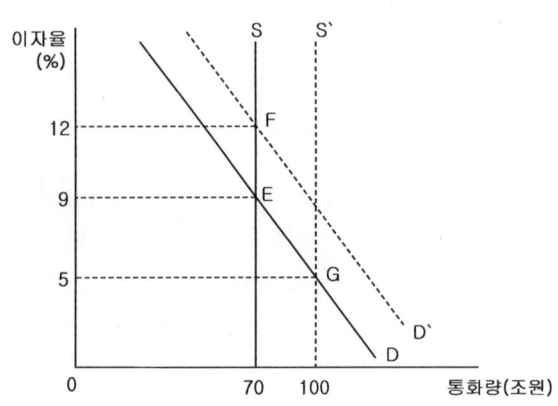

이러한 금리는 매일 매일 금융시장에서 결정되는데 얼마 전까지는 3년 만기 회사채수익률을 실세금리로 사용하였습니다. 그러나 외환위기 이후부터는 채권 가운데 가장 안전한 국고채의 금리를 대표적인 실세금리로 사용하고 있습니다.

<생활경제뉴스 10-5>
저금리시대 회사채 불티 …… 기업들 "요즘만 같아라"

자동차용 주물 제조업체인 아주금속은 연 4.9%의 금리에 3년 뒤 원금을 갚는 조건으로 300억 원 규모의 무보증 회사채를 지난달 말 발행했다

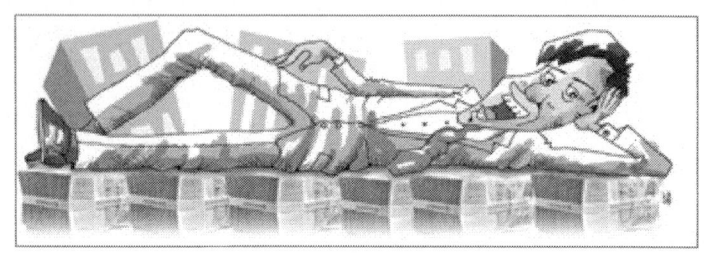

신용평가회사가 이 회사채에 매긴 신용등급은 'BBB0'. 당시 BBB0급 채권의 공식 금리는 연 6.59%였지만 아주금속은 이보다 1.69%포인트 낮은 금리에 발행하는 데 성공했다. 이 회사는 이 돈으로 올해 4월 22일 수협에서 연 7.5%로 빌린 200억 원을 깨끗이 갚아버렸다. 연간 5억 원 이상을 아낄 수 있게 된 셈이다. 신용만 웬만하다면 기업들이 큰소리칠 수 있는 세상이 됐다.

○복 터진 기업들

농기계를 만드는 국제종합기계는 지난달 150억 원어치의 BBB- 등급 회사채를 발행했다. 금리는 증권업협회 고시 금리(연 8.21%)보다 1.80%포인트 낮은 연 6.41%. 이 회사는 이렇게 마련한 돈으로 3년 전 연 11.85%로 발행했던 회사채를 모두 되사들였다. 국제종합기계 재무팀 관계자는 "요즘 같은 저금리 상황은 은행 대출은 물론 과거 고금리 회사채를 차환(借換)해 재무구조를 개선하는 데 절호의 기회"라고 말했다.

현대오일뱅크도 최근 1000억 원 규모의 회사채를 연 4.23%의 금리에 발행하고 2002년 발행했던 연 9.04%의 고금리 회사채를 되사들이기로 했다. 이 회사는 금융감독원에 제출한 유가증권발행실적 보고서에서 "금융비용을 줄이기 위해 금리 추이를 분석하다 최근의 금리 하락세가 유리한 조건이라고 결론지어 채권을 미리 발행했다"고 적어 넣었다.

한 시중은행의 기업금융 담당부장은 "요즘은 빌린 돈을 갚겠다는 기업에 '제발 조금만 더 써 달라, 일부만 갚으면 안 되겠느냐'고 사정하는 게 일과"라고 털어놓았다.

○ 저금리에 회사채 인기 폭발 …… 개인들도 입질

회사채 금리가 하락(채권 값 상승)한 것은 공급에 비해 수요가 많기 때문이다. 또 채권시장에서 회사채 수요가 만성 초과 상태가 된 근본 원인은 저금리에서 찾아야 한다는 분석이다. 고금리 자금을 유치했던 신용협동조합이나 새마을금고 등이 돈을 굴릴 곳을 찾아 채권시장으로 몰려왔고 연 3% 중반의 예금금리에 만족하지 못한 개인들도 회사채에 관심을 보이고 있기 때문.

동부증권 채권금융팀 한상현(韓常鉉) 이사는 "2, 3년 전부터 몇몇 중소형 증권사가 회사채 창구판매를 시작해 짭짤한 재미를 보고 있다"며 "위험하지만 금리가 높은 2류 회사채가 인기"라고 전했다.

회사채 창구판매란 예컨대 증권사가 연 8%에 회사채를 도매로 사들여 적은 금액으로 쪼갠 뒤 연 7%에 팔아 마진을 챙기는 방법. 이런 증권사들이 늘어나면서 회사채 창구판매 시장의 규모는 최근 약 10조 원으로 늘어난 것으로 추산된다. 이에 따라 작년 초 연 10%를 웃돌았던 3년 만기 BBB- 등급(투자적격 등급의 하한선) 회사채의 공식금리는 최근 8%대 초반까지 떨어졌고 그중 우량 기업의 회사채는 공식금리보다 훨씬 낮은 수준에서 금리가 형성된다.

한 이사는 "저금리 여파로 고수익-고위험 시장이 형성된 것"이라며 "기업의 본질가치에 비해 채권 값이 과도하게 뛰는 부작용도 있을 수 있지만 기업들에는 자금조달 비용을 낮추고 수요자들에겐 자금운용수단을 제공하는 등 순기능도 있다"고 말했다.

○ 단기 기업어음은 감소세

반면 주로 석 달 만기인 기업어음(CP) 시장은 파리를 날리고 있다. 저금리로 장기간 자금을 조달할 수 있는 수단이 많아지자 기업들이 굳이 CP를 발행할 필요성을 못 느끼기 때문. 한국은행에 따르면 지난달 증권사 및 종금사를 통해 발행된 CP 중 상환분을 제외한 순 발행금액은 5000억 원. 여기에는 자산관리공사의 부실채권 매입자금(4000억 원)과 SH공사(옛 서울도시개발공사)의 청계천 복원 관련 토지보상금(3000억 원) 등 공기업의 CP 발행금액이 포함돼 있어 일반기업은 CP 발행보다 상환한 금액이 훨씬 많았다는 게 한은의 분석이다.

　시중은행 관계자는 "기업들이 단기 채무를 장기 채무로 바꾸는 추세인데다 CP를 발행하려다가도 요즘 같은 상황에서 CP를 쓰면 '자금사정이 나빠진 것 아니냐'는 오해를 받을까 봐 포기하는 경우도 있다"고 말했다. 한국기업평가에 따르면 2002년 248건이었던 기업어음 평가건수는 지난해 210건으로 감소했다. 올해는 6월 8일까지 75건에 그쳤다. (동아일보, 2005.6.13)

요약 및 복습

　화폐의 기능은 크게 교환의 매개수단, 가치의 척도 그리고 가치의 저장수단으로 나눌 수 있습니다.

　시중에 유통되고 있는 화폐의 수량을 통화량이라 하고 화폐의 수량을 측정하는 데 사용하는 지표를 통화지표라고 합니다.

　우리나라에서는 금융기관이 취급하는 금융상품의 유동성 정도를 기준으로 협의통화(M1), 광의통화(M2) 그리고 M3(총유동성) 등의 통화지표를 편성하여 사용하고 있습니다.

　금융이란 돈을 빌리고 빌려주는 것을 말합니다. 금융에는 직접금융과 간접금융이 있습니다. 직접금융이란 자금의 최종수요자와 공급자가 직접 자금을 거래하는 방식을 말하고 간접금융이란 중개기관을 사이에 두고 자금의 수요와 공급이 이루어지는 방식을 의미합니다.

　경제가 발전함에 따라 일반적으로 한 나라의 실물자산에 대한 금융자산액의 비율은 증가하는 현상을 금융의 심화(financial deepening)라고 합니다.

금융의 심화정도를 측정하는 지표로 금융연관비율(financial interrelation ratio: FIR)이 있습니다.

$$금융연관비율(FIR) = \frac{금융자산액}{명목\ GDP}$$

중앙은행의 창구를 통해 시중에 나온 현금을 본원통화라고 합니다.

신용창조란 예금은행조직을 통한 통화의 창출을 말하는 것으로 예금창조(creation of bank deposit)라고도 합니다.

$$신용승수 = \frac{1}{법정지급준비율}$$

통화정책(monetary policy)은 통화당국이 통화량이나 이자율을 조절함으로써 국민경제의 성장과 안정을 도모하는 경제정책으로 금융정책이라고도 합니다.

통화정책수단에는 공개시장조작정책, 지급준비율정책, 재할인율정책 등이 있습니다.

공개시장조작이란 중앙은행이 채권시장에서 국공채를 매입하거나 매각함으로써 통화량을 조절하는 것을 말합니다.

지급준비율정책이란 중앙은행이 예금은행의 법정지급준비율을 변경함으로써 통화량을 조절하는 정책을 말합니다.

재할인율정책이란 중앙은행이 일반은행에 대해 자금을 대여할 때 적용하

는 이자율을 인상하거나 인하함으로써 통화량의 규모를 조절하는 정책을
말합니다.

경제학에서 말하는 화폐에 대한 수요란 자신이 보유한 자산 중에서 얼마
만큼을 화폐형태로 보유하고자 할 것인가 하는 자산선택의 문제입니다.

화폐의 수요에는 크게 거래적 동기의 화폐수요, 예비적 동기의 화폐수요
그리고 투기적 동기의 화폐수요가 있습니다.

화폐의 수요는 소득과 물가와는 비례관계에 있고 이자율과는 반비례관계
에 있습니다.

제11장 총수요와 총공급

1. 총수요와 총수요곡선이란

　앞에서 우리는 국내총생산을 민간소비지출, 투자지출, 정부지출 그리고 순수출의 합으로 정의하였습니다. 총수요란 가계와 기업, 정부 및 해외부문이 각각의 물가수준에 대응하여 지출하고자 하는 총생산을 의미합니다. 국내총생산이 실제 실현된 총지출임에 비해 총수요는 의도된 지출인 것입니다. 따라서 총수요는 다음과 같이 정의할 수 있습니다.

$$총수요 = 소비수요 + 투자수요 + 정부지출수요 + 순수출수요$$

　한편 총수요곡선이란 각각의 물가수준에서 수요되는 실질 총생산수준을 나타내는 곡선을 말합니다. 총수요곡선은 세로축에는 물가수준을 가로축에는 실질총생산을 나타냅니다. 총수요곡선은 개별상품에 대한 수요곡선과는 근본적으로 다른 차이점을 갖고 있습니다.

　먼저 우리는 제2장에서 어떤 상품의 시장수요곡선은 이 상품에 대한 개별수요곡선들을 수평으로 더해서 구한다는 것을 공부했습니다. 따라서 우리는 개별상품들의 시장수요곡선을 수평으로 더하여 총수요곡선을 도출할 수 있다고 생각할 수도 있습니다. 물론 최종생산물이 하나라면 그 최종생산물의 시장수요곡선이 바로 총수요곡선이 될 것입니다.

그러나 최종생산물이 여러 개라면 개별 최종생산물의 시장수요곡선을 수평으로 더해 총수요곡선을 도출할 수 없습니다. 개별상품에 대한 시장수요곡선은 다른 상품의 가격은 일정하다는 가정하에 그 상품의 각 가격수준에서의 수요량을 나타내주는 곡선이었습니다. 그러나 총수요곡선에서 물가가 오른다는 것은 어느 한 상품의 가격만 오르는 것이 아니라 모든 상품의 가격이 평균적으로 오른다는 것을 의미합니다. 따라서 개별상품에 대한 시장수요곡선을 수평으로 더해서 총수요곡선을 도출할 수는 없습니다.

개별상품에 대한 수요곡선과 총수요곡선과의 또 다른 차이점은 개별상품에 대한 수요곡선은 각각의 가격하에 수요되는 수요량을 나타내지만 총수요곡선은 각각의 물가수준에 대응하는 최종생산물들의 기준연도 시장가치를 나타낸다는 점입니다. 최종생산물을 자동차와 쌀이라고 할 때 이들의 수요량을 직접 더할 수 없기 때문이지요. 따라서 이들 생산물들의 기준연도에 거래된 가격으로 평가하여 더함으로써 총생산의 크기를 평가할 수 있게 되는 것입니다.

2. 총수요곡선이 우하향하는 이유는?

총수요곡선은 우리가 알고 있는 상품에 대한 수요곡선과 같이 우하향하는 형태를 갖습니다. 즉 물가가 상승하면 총수요가 감소하고 물가가 하락하면 총수요가 증가하는 것이지요. 이렇듯 총수요곡선이 우하향하는 모습을 갖는 이유는 크게 세 가지를 들 수 있습니다.

첫째는 물가수준의 변화는 화폐시장에서 이자율의 변화를 가져와 투자지출에 영향을 미치게 됩니다. 물가가 오르면 사람들은 물건을 사기 위해 더 많은 돈을 지불하여야 합니다. 즉 물가가 두 배로 오르면 같은 양의 실물을 거래시키는 데 2배의 화폐가 필요하기 때문입니다. [그림 11-1]에서처럼 물가가 P_0에서 P_1으로 상승하게 되면 화폐의 수요가 증가하게 되어 화폐의 수요곡선은 $D(P_0)$에서 $D(P_1)$으로 오른쪽으로 이동하게 되고 이자율은 r_0에서 r_1으로 상승하게 됩니다. 이자율의 상승은 민간소비수요와 투자수요에 영향을 미치게 됩니다.

먼저 이자율이 상승하게 되면 이자부담이 커지게 되어 집이나 자동차 등 고급 내구 소비재의 할부판매가 감소하겠지요. 따라서 이자율이 상승하면 소비가 감소할 것으로 생각할 수 있습니다. 또한 기업입장에서는 금융비용이 증대하게 됨으로써 투자지출이 감소하게 될 것입니다. 이처럼 물가가 상승하면 이자율이 올라 민간소비와 투자 등이 감소하여 총수요가 감소하는 효과를 이자율 효과라고 합니다.

[그림 11-1] 물가수준의 변화와 이자율의 결정

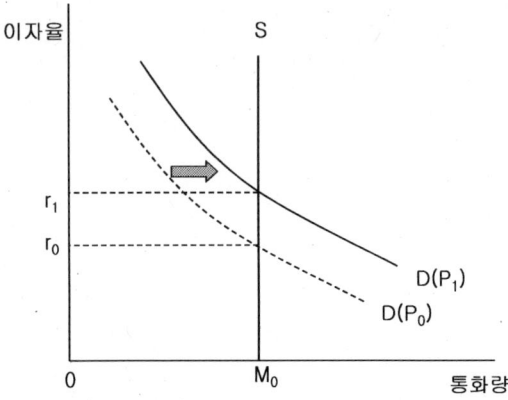

둘째는 물가수준의 변화는 가계가 보유한 자산의 실질가치를 변하게 함으로써 소비에 영향을 줄 수 있습니다. 예를 들어 물가가 오르면 가계가 보유한 현금이나 채권 등 금융자산의 실질가치가 떨어지게 됩니다. 따라서 물가가 오르기 전보다 상대적으로 가난해진 사람들은 소비를 줄이게 될 것입니다. 반면에 물가가 하락하면 가계의 소비지출은 증가하게 되겠지요. 이러한 효과를 실질잔고효과(real balance effect)라고 합니다.

셋째, 물가가 오르면 우리나라 수출상품의 가격이 올라 우리나라 수출품의 가격경쟁력을 떨어뜨립니다. 반면 우리나라 사람들은 상대적으로 값이 싸진 외국상품을 더욱 선호하게 되겠지요. 이렇듯 물가가 상승하면 수출은 감소하고 수입은 늘어나게 됩니다. 따라서 물가가 오르면 순수출이 감소하여 총수요는 감소하게 됩니다. 이와는 반대로 물가가 하락하면 이제는 수출은 증가하고 수입은 감소하여 순수출이 증가하여 총수요가 증가하겠지요. 이러한 물가의 효과를 무역수지효과라 합니다.

[그림 11-2] 총수요곡선

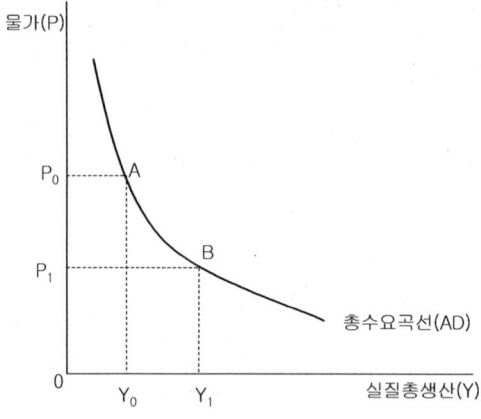

결국 이상을 종합해보면 물가가 오르면 소비지출과 투자지출 및 순수출 모두 감소하게 되어 총수요는 감소하게 되고 물가가 내리면 소비지출과 투자지출, 순수출 모두 증가하여 총수요가 증가한다는 사실을 알 수 있습니

다. 이러한 물가와 총수요와의 관계를 나타낸 것이 총수요곡선입니다. 결국 소비지출과 투자지출 그리고 정부지출 및 순수출의 합인 총수요와 물가수준 간에는 역의 관계가 존재하기 때문에 총수요곡선은 우하향하는 형태를 갖게 됩니다. [그림 11-2]에서 A점은 물가수준이 P_0일 때 총수요가 Y_0임을 나타냅니다. 이제 물가가 P_1으로 하락하는 경우를 가정해보지요. 그러면 앞에서 설명한 것처럼 소비와 투자 그리고 순수출이 모두 증가하여 총수요는 B점의 Y_1으로 증가하게 됩니다.

3. 총수요곡선의 이동

앞에서 설명한 것처럼 물가수준이 변하면 총수요는 총수요곡선을 따라 이동하는 것으로 나타납니다. 이제 물가는 변함이 없는데 다른 요인에 의해 총수요가 변하는 경우를 살펴보지요. [그림 11-3]에서 A점에서 B점으로의 이동은 물가수준이 P_0로 변함이 없는데 총수요가 Y_0에서 Y_1으로 증가하는 것으로 나타나 있습니다. 이는 총수요곡선 자체가 오른쪽으로 이동하는 것으로 나타납니다. 즉 총수요가 증가하면 총수요곡선은 오른쪽으로 이동하고 총수요가 감소하면 총수요곡선은 왼쪽으로 이동하게 됩니다.

그렇다면 총수요곡선을 이동시키는 요인은 무엇일까요? 총수요를 구성하는 것이 소비수요와 투자수요, 정부지출수요 그리고 순수출수요라는 것을 생각하면 총수요를 변화시키는 요인은 쉽게 알 수 있습니다. 이제 총수요를 증가시키는 요인, 즉 총수요곡선을 오른쪽으로 이동시키는 요인들에 대해 살펴보기로 합시다.

[그림 11-3] 총수요곡선의 이동

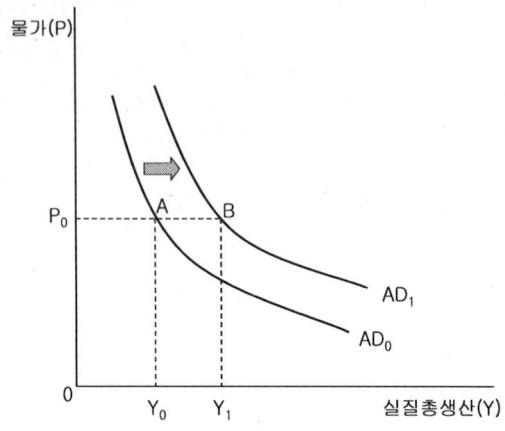

첫째, 사회 내에 근검절약 풍조가 줄어들고 소비심리가 커지면 물가수준에 관계없이 소비수요가 증대하기 때문에 총수요곡선이 오른쪽으로 이동하게 됩니다. 또한 기업이 미래를 낙관적으로 전망하여 투자수요를 확대하면 총수요곡선은 오른쪽으로 이동하게 됩니다. 결국 소비나 투자가 증대되기 위해서는 경제주체들이 향후 경기에 대한 낙관적인 기대를 갖는 것이 매우 중요할 것입니다.

둘째, 정부가 정부지출을 증가시키는 경우 총수요곡선은 오른쪽으로 이동하게 됩니다. 뿐만 아니라 정부가 세금을 감면하는 경우 국민들의 가처분소득이 증대함으로써 소비지출이 증가하여 총수요곡선은 오른쪽으로 이동하게 됩니다. 물론 세금의 증가는 총수요를 감소시켜 총수요곡선을 왼쪽으로 이동시키는 역할을 합니다.

셋째, 우리나라 상품에 대한 외국의 수요가 증가하면 순수출이 증가하여 총수요곡선은 오른쪽으로 이동합니다. 따라서 우리나라 제품에 대한 외국인들의 선호가 높아지는 경우 혹은 외국의 경기가 호황인 경우 총수요를 증대시키는 요인이 될 것입니다. 또한 외국의 물가수준이 상승하거나 환율이 상승하는 경우도 순수출은 증대하여 총수요곡선은 오른쪽으로 이동하게 됩니다.

넷째, 화폐의 공급 및 화폐의 수요가 변하면 총수요는 변하게 됩니다. 먼저 화폐의 공급이 증가하면 이자율이 하락하게 됩니다. 이자율이 하락하면 소비와 투자가 증대하게 되어 총수요곡선은 오른쪽으로 이동하게 됩니다. 한편 화폐의 수요가 변해도 총수요곡선은 이동하게 됩니다. 예를 들어 정부가 신용카드의 사용을 권장하여 화폐의 수요가 감소하였다고 가정합시다. 다른 조건이 일정하다면 화폐의 수요가 감소한다면 이자율은 하락할 것입니다. 이자율이 하락하면 다시 소비와 투자의 증대를 가져와 총수요곡선은 오른쪽으로 이동하게 되겠지요.

<생활경제뉴스 11-1>

"日 경기회복 민간소비에 달렸다" ······ 日 '미니경제백서'

일본경제가 활력을 되찾으려면 설비투자가 아니라 개인소비가 주도하는 경제구조로 전환할 필요가 있다. 개인소비 회복을 위해서는 장래에 대한 불안을 해소해 주어야 한다. 일본 경제기획청은 28일 발표한 '99년 경제회고와 전망'이라는 제목의 '미니경제백서'에서 이같이 밝혔다. 그 요지는 다음과 같다.

99년의 완만한 경기개선은 경기회복을 위한 필요조건에 불과하다. 민간수요 회복이라는 충분조건이 언제 충족되느냐가 경기회복의 관건이다. 기대 성장률 저하와 기업의 사업재구축으로 과거 경기회복 국면에서 선도적 역할을 한 설비투자는 더 이상 경제성장의 견인차 역할을 하기 어려워졌다. 대신에 소비가 중요한 역할을 차지한다.

소득이 낮아져도 가계는 기존의 소비수준을 지킨다는 지금까지의 정설은 무너졌다. 경기와 소비는 연동한다. 소득이 낮아지면 소비자심리도 악화된다. 반대로 소비를 촉진하면 경기가 살아날 수 있다. 개인소비는 경기의 견인차가 됐다.

장래소득에 대한 불안감이 빠른 속도로 커졌다. 노후에 대한 불안은 특히 30, 40대에서 높다. 일본인은 증대하는 불확실성에 대비해 불필요할 만큼 저축을 늘렸고 소비를 억제했다. 따라서 장래 불안을 없애는 것이 소비

회복에 연결될 것이다. 소비를 늘리려면 정부가 '국민부담의 장래상(像)'을 명확히 해야 한다. 의료와 개호(介護) 등 노후에 대비하기 위한 부담을 폭넓은 세대에 효율적으로 분산하는 사회보장제도를 구축해야 한다.

회사원의 소비 활성화를 위해서는 유급휴가를 쉽게 사용할 수 있도록 하고 인터넷 접속요금을 낮춰야 한다. 또 고령자가 쇼핑하기 쉽도록 도로와 건물 등의 구조에 신경을 써야 한다.

경기회복을 위해서는 고용불안 해소도 중요하다. 미국은 90년대 초 주가 상승에 따른 자산효과가 소비증가를 이끌었지만 본격적 경기회복은 고용증가 후에 가능했다. 일본은 주가상승에 의한 자산효과가 미국만큼 기대하기 어렵고 전직(轉職)에 따른 수입 감소가 미국보다 커 고용개선이 더 중요하다. (동아일보, 1999.12.28)

<생활경제뉴스 11-2>
LA타임스 "일본, 월드컵 특수 기대"

경기침체에 시달리고 있는 일본이 월드컵 특수에 큰 기대를 걸고 있다고 로스앤젤레스 타임스가 1일 보도했다. 이 신문은 로이터통신 보도를 인용, 일본의 경기침체가 10년간 지속되면서 실업률이 사상 최고에 육박하자 일본인들이 지갑을 열기 전 두 번 생각하는 등 지출을 꺼리고 있으나 적어도 5월 31일부터 한 달간 이어지는 월드컵기간 만큼은 소비자 지출이 증가할 것으로 기대된다고 전했다.

드레스드너 클라인워트 증권의 경제분석가인 시로타 수지는 "월드컵은 일본에서 소비자 지출에 자극을 가할 수 있는 유일한 희망"이라고 말했다. 사쿠라 인베스트먼트 매니지먼트의 분석가인 다쿠모리는 프랑스도 98년 월드컵 개최 후 90년대 중 최고의 경제성장률(3.3%)을 기록했음을 상기시켰다. (조선일보, 2002.4.3)

4. 총공급과 총공급곡선

총공급이란 모든 기업이 각각의 물가수준에 대응하여 공급하고자 하는 총생산을 의미합니다. 총공급곡선(aggregate supply curve)은 각각의 물가수준에서 공급되는 실질 총생산수준을 나타내는 곡선입니다. 총공급곡선도 총수요곡선과 마찬가지로 개별상품의 시장공급곡선을 수평으로 더하여 구한 것은 아닙니다. 총공급곡선이란 물가수준에 따라 공급량이 어떻게 변화하는가를 보여주는 곡선인데 이는 기업의 이윤극대화 목표에서 쉽게 도출할 수 있습니다.

총공급곡선은 [그림 11-4]와 같이 우상향의 형태를 갖게 되는데 그 이유는 개별기업의 공급곡선이 우상향하는 이유와 기본적으로 동일합니다. 기업이 산출량을 결정하는 데 기준이 되는 것은 제품 단위당 이윤입니다. 단위당 이윤이란 생산물가격에서 단위당 비용 즉 평균비용을 뺀 것을 말합니다. 만일 단위당 이윤이 커지면 기업은 산출량을 증대시키고 반대로 이윤이 감소하면 산출량을 줄일 것입니다.

만일 생산물가격이 오를 때 모든 생산요소가격도 같은 비율로 신속하게 오른다면 이윤에는 변화가 없고 따라서 이윤극대화를 목표로 하는 개별기업의 생산량은 크게 변하지 않을 것입니다. 그러나 생산물가격이 오를 때 생산요소의 가격은 단기에 즉각적으로 변하지 않고 천천히 조정되는 경향이 있습니다. 왜냐하면 임금은 노동계약으로 1년간 고정되어 있고 원자재의 가격도 일정기간 동안 고정되어 있기 때문입니다.

따라서 생산물가격이 오르면 적어도 단기에는 이윤이 증가하게 되고 기업은 산출량을 증대시키게 됩니다. 즉 물가수준이 상승하면 기업의 단위당 이윤이 증대하여 기업의 산출량이 증대하고 결국 총공급은 커지게 됩니다. 물론 물가수준이 하락하면 총공급은 감소하게 되겠지요.

[그림 11-4] 총공급곡선

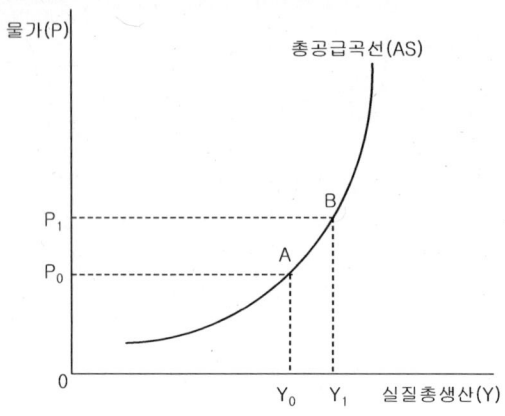

5. 총공급곡선의 이동

물가수준이 변하여 총공급이 달라지면 [그림 11-4]의 A점과 B점 간의 이동처럼 총공급곡선을 따라 어느 한 점에서 다른 한 점으로 이동하는 것으로 나타납니다.

한편 물가는 변함이 없는데 다른 요인에 의해 총공급이 변하는 경우는 총공급곡선 자체의 이동으로 나타납니다. [그림 11-5]에서 A점에서 B점으로의 이동은 물가수준이 P_0로 변함이 없는데 총공급이 Y_0에서 Y_1으로 감소하는 것으로 나타나고 있습니다. 이는 총공급곡선 자체가 왼쪽으로 이동하는 것으로 나타납니다. 즉 총공급이 증가하면 총공급곡선은 오른쪽으로 이동하고 총공급이 감소하면 총공급곡선은 왼쪽으로 이동하게 됩니다. 그렇다면 총공급곡선을 이동시키는 요인은 무엇일까요?

첫째, 총공급곡선을 이동시키는 가장 중요한 요인은 물론 임금이나 원자재가격과 같은 생산요소가격의 변동입니다. 임금이나 원자재 에너지가격과 같은 생산요소가격이 오르면 이윤이 감소하게 되므로 이윤극대를 목표로 하는 기업은 생산량을 줄이게 됩니다. 이는 경제 전체적으로 총공급의 감소를 가져오게 되어 총공급곡선은 왼쪽으로 이동하게 됩니다. 반면에 생산요소의 가격이 하락하면 총공급은 증가하고 총공급곡선은 오른쪽으로 이동합니다.

[그림 11-5] 총공급곡선의 이동

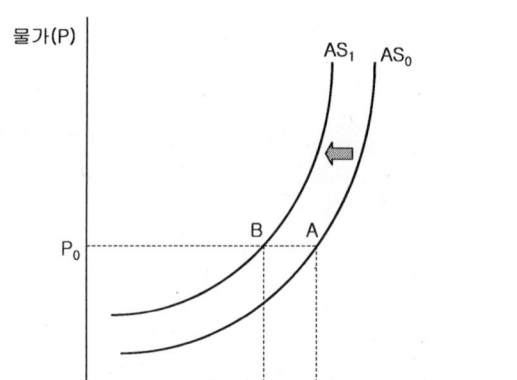

둘째, 생산기술의 향상도 총공급곡선의 오른쪽으로의 이동을 유발시키는 요인이 될 수 있습니다. 생산기술이 발전하면 주어진 생산요소로 보다 많은 양을 생산할 수 있기 때문이지요. 결국 생산기술의 발전은 단위당 생산비용의 하락을 가져와 총공급곡선을 오른쪽으로 이동시키게 됩니다.

마지막으로 향후 물가상승에 대한 예상 역시 총공급곡선의 변화를 유발하게 됩니다. 물가가 상승할 것으로 예상되면 노동자들은 임금인상을 요구하게 되고 이는 생산비용의 상승요인이 되어 총공급을 감소시킬 수 있게 됩니다. 또한 물가가 오를 것으로 예상되면 기업은 나중에 가격이 오른 다음에 제품을 파는 것이 유리하게 되므로 현재의 공급을 감소시키게 됩니다. 따라서 총공급은 감소하여 총공급곡선은 왼쪽으로 이동하게 됩니다.

<생활경제뉴스 11-3>
産銀 "국제유가 20%상승하면 성장률 0.3%p하락"

국제유가가 20% 상승할 경우 우리나라의 경제성장률이 0.3%포인트 하락할 것이라는 분석이 나왔다. 산업은행은 15일 '국제유가 상승이 경제 및 산업에 미치는 영향'보고서에서 "원유공급 여력이 감소한 반면 소비 증가세는 지속되면서 유가가 강세를 이어가고 있다"며 "내년에는 두바이유가 배럴당 60달러를 넘을 것으로 예상된다"고 밝혔다. 두바이유는 작년 4.4분기 평균 가격이 배럴당 35.77달러였으나 올 1.4분기에 41.81달러, 2.4분기에 47.99달러로 올랐으며 지난 12일에는 55.25달러를 기록했다.

보고서는 "국제유가 상승은 우리나라의 물가, 기업채산성, 경상수지, 경제성장 등 경제전반에 영향을 미칠 것"이라면서 "올해 연평균 두바이유 가격이 2.4분기까지의 평균(46.45달러)보다 10% 상승하면 성장률은 0.1%포인트, 20% 상승하면 0.3%포인트 하락할 것으로 분석된다"고 밝혔다.

보고서는 또 10% 상승할 경우 민간소비성장률과 설비투자증가율이 각각 0.1%포인트 줄고 소비자물가는 0.3%포인트 상승하며 경상수지는 20억2천만 달러 악화될 것으로 분석했다. 20%상승할 경우에는 민간소비증가율은 0.3%포인트, 설비투자증가율은 0.2%포인트 각각 하락하는 반면 소비자물가는 0.6%포인트 상승하고 경상수지는 36억 7천만 달러 악화될 것으로 내다봤다.

보고서는 또 제조업의 제조원가는 유가가 10% 상승 시 0.73%, 20% 상승 시 1.45% 올라 국내 기업의 채산성을 악화시킬 것으로 분석했다. (연합뉴스, 2005.9.15)

점) 분야도 비교적 기술력이 높았다.

반면 자동차(88.6점), 기계(89.7점) 분야는 일본과의 기술 격차가 아직도 큰 것으로 나타났다.

우리 기업들은 한·일간 기술 격차 해소를 위해 현재 '독자적인 기술개발 강화'(30.5%)와 '핵심 기술인력 확보'(22.9%)에 집중하고 있는 것으로 조사됐다. (한국일보, 2006.4.27)

<생활경제뉴스 11-7>
향후 5년간 연 5% 성장 가능할까

향후 5년간 우리나라 경제성장률이 연 5% 수준을 유지할 수 있을까. 국가재정운용계획 작업반은 25일 은행회관에서 열린 총량분야 공개토론회에서 지난해 작성된 2004~2008 재정운용계획이 실질성장률 5%대를 전제하고 하고 있지만 한국은행이나 한국개발연구원(KDI) 등 일부 기관에서는 잠재성장률의 하향조정 필요성도 나오고 있다고 밝혔다. 작업반은 여러 변수를 고려해야 하는 성장률 전망에서 아직은 5% 성장이 가능하다는 의견이 많아 2005~2009 재정운용계획도 이를 전제로 할 방침이나 비관적인 전망의 논거도 무시할 수 없어 심층토론이 필요하다고 지적했다.

작업반은 잠재성장률 5% 수준 유지가 어렵다는 논거로 노령화와 투자둔화 등으로 생산요소 투입이 잘되지 않고 교육투자가 비용에 비해 효율을 내지 못하고 있으며 노사관계가 경직되고 기업가 정신이 위축되고 있음을 들었다. 또 주요국의 성장률 변화추세를 보더라도 대체로 소득수준이 높아지면서 성장률은 낮아진다고 지적했다.

이에 비해 5% 유지가 가능하다는 주장은 교육인적자원 개발과 보육투자, 여성에 대한 경제활동 지원 등으로 요소투입을 늘리는 것이 가능하고 정보통신기술 발달과 연구·개발(R&D)투자 확대 등으로 생산성 향상도 예상된다는 점을 들고 있다. 또 규제개혁과 시장경쟁체제 강화, 기업투명성 제고 등 경제체제의 질적 개선과 자유무역협정(FTA) 등 대외개방 가속화도 성장률을 높이는 쪽으로 작용한다는 것이다.

최근 국제통화기금(IMF)이 내놓은 한국경제에 대한 보고서도 올해 중에 소비와 투자 등 내수가 회복돼 2005년 4% 성장에 이어 2006~2009년

기간에 5%의 실질성장이 가능하다고 전망했다.

기획예산처 관계자는 "작업반 내에서도 성장률 전망에 관해서는 의견이 갈린다"면서 "그러나 5% 성장이 가능하다는 의견이 많아 올해 이후 전망을 연 5%로 잡고 재정운용계획을 마련하고 있다"고 밝혔다. 이 관계자는 이어 "개인적으로는 우리나라 청년실업률이 높은 편이기 때문에 고령화가 진행되더라도 수요만 있으면 생산요소 투입이 즉각 이루어질 수 있고 산업구조도 중화학공업 중심에서 서비스업 중심으로 바뀌고 있어 투자가 둔화되는 것이 꼭 생산성이 낮아지는 것으로 해석하기 힘들다"고 지적했다. (서울경제, 2005.3.25)

요약 및 복습

총수요란 가계와 기업, 정부 및 해외부문이 각각의 물가수준에 대응하여 지출하고자 하는 총생산을 의미합니다.

$$총수요 = 소비수요 + 투자수요 + 정부지출수요 + 순수출수요$$

총수요곡선이란 각각의 물가수준에서 수요되는 실질 총생산수준을 나타내는 곡선으로 총수요와 물가수준 간에는 역의 관계가 존재하기 때문에 총수요곡선은 우하향하는 형태를 갖게 됩니다.

총수요가 증가하면 총수요곡선은 오른쪽으로 이동하고 총수요가 감소하면 왼쪽으로 이동합니다.

총수요를 증대시키는 요인으로는 소비자와 기업의 미래에 대한 낙관적인 기대, 정부의 지출증대나 조세감면, 수출의 증대 그리고 통화공급의 증대

등을 들 수 있습니다.

  총공급이란 모든 기업이 각각의 물가수준에 대응하여 공급하고자 하는 총생산을 의미합니다. 총공급곡선(aggregate supply curve)은 각각의 물가수준에서 공급되는 실질총생산수준을 나타내는 곡선입니다.

  총공급이 증가하면 총공급곡선은 오른쪽으로 이동하고 총공급이 감소하면 왼쪽으로 이동합니다.

  총공급을 변화시키는 요인으로는 생산요소 가격의 변동, 생산기술의 변화 그리고 향후 물가상승에 대한 예상 등을 들 수 있습니다.

  균형국민소득과 물가는 총수요와 총공급이 일치하는 점에서 결정됩니다.

제12장 국민경제의 순환과 경기변동

1. 국민경제의 순환

경제활동이란 생산과 소비가 되풀이되는 과정이라고 할 수 있습니다. 경제활동의 규모가 커지는 것을 경제가 성장한다고 합니다. 경제활동 규모에 영향을 미치는 결정요인들을 이해하기 위해서는 먼저 한 나라의 경제활동이 어떻게 이루어지는지를 살펴볼 필요가 있습니다. [그림 12-1]은 한 나라의 경제에서 상품과 현금이 어떻게 순환하는지를 보여주고 있습니다. 경제활동에 참여하는 경제주체들은 가계, 기업, 정부 그리고 해외부문으로 구성됩니다.

먼저 가계와 기업으로만 구성된 가장 단순한 경제를 가정해 보겠습니다. 가계는 생산요소시장을 통해 노동, 자본, 토지, 경영기법 등과 같은 생산요소를 기업에 공급합니다. 기업은 이들 생산요소를 결합하여 상품과 서비스를 생산하고 이를 생산물시장을 통해 가계에 공급합니다. 이처럼 시계반대 방향으로 순환하는 경제를 실물순환이라고 합니다.

[그림 12-1] 국민경제의 순환

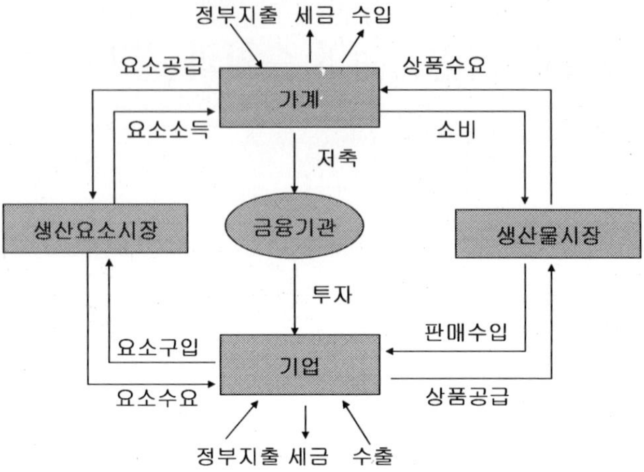

실물순환은 현금을 매개로 이루어집니다. 가계는 생산물시장에서 수요와 공급에 의해 정해진 가격으로 상품과 서비스를 구매하게 됩니다. 이러한 가계의 소비지출은 바로 기업의 판매수입이 되며, 기업은 이러한 수입으로 생산요소를 구입하기 위해 생산비를 지출합니다. 기업의 생산비지출은 임금, 지대, 이자, 이윤 등과 같은 요소소득을 통해 가계의 소득으로 귀속됩니다. 이처럼 시계방향으로 순환하는 경제흐름을 현금순환이라고 합니다. 이렇듯 경제가 성장하려면, 즉 국민소득이 증가하려면 가계부문의 소비지출과 기업의 생산비지출이 활발히 이루어져야 한다는 것을 알 수 있습니다. 만약 가계부문이 요소소득 전부를 소비지출에 사용하고 다시 기업도 판매수입 전부를 생산비지출에 사용한다면 경제활동 규모는 확대도 축소도 없는 균형상태에 있으며 이때의 국민소득을 균형국민소득이라 합니다.

그러나 현실경제에서 가계는 소득 전부를 소비하기보다는 일부를 저축하는 것이 일반적입니다. 따라서 가계의 소득은 소비와 저축으로 구성되는데 저축만큼 소비지출이 감소하기 때문에 기업의 소득인 판매수입도 그만큼 감소합니다. 기업의 판매수입 감소는 다시 생산비지출의 감소를 가져오고 그 결과 가계의 요소소득이 감소하게 되어 저축의 증가는 국민소득을 감소

시키는 요인이 됩니다. 따라서 저축은 국민소득순환 과정에서 소득이 빠져
나오도록 하므로 누출(leakage)에 속하게 됩니다.

금융기관에 예금된 저축은 기업들이 투자하는 데 필요한 자금조달의 수
단, 즉 대출에 이용됩니다. 기업은 은행 등과 같은 금융기관으로부터 대출
을 받아 기계 등과 같은 생산설비를 구입하는 데 지출하는데 이러한 행위
를 투자라고 합니다. 투자가 발생하면 생산비지출을 늘리기 때문에 그만큼
국민소득은 증가하게 됩니다. 따라서 투자는 국민소득 순환과정에서 소득
을 새로이 주입시키는 역할을 하므로 주입(injection)이라고 합니다.

가계부문이 소득의 일부를 저축하더라도 기업이 금융기관으로부터 저축
전액을 대출받아 투자한다면 누출과 주입이 일치하기 때문에 균형국민소득
에는 아무런 변화가 없게 됩니다.

민간부문의 순환과정에서 정부는 가계로부터 소득세를 그리고 기업으로
부터 법인세 등과 같은 각종 세금을 징수하게 됩니다. 정부가 가계로부터
세금을 징수하게 되면 가계의 소비가 감소하고 이는 다시 기업의 판매수입
감소로 이어지게 됩니다. 또 기업으로부터 세금을 징수하게 되면 그만큼
생산비지출이 감소하게 되므로 가계의 소득이 감소하게 됩니다. 이렇듯 세
금은 국민소득을 감소시키기 때문에 국민소득 순환과정에서 누출에 해당하
게 됩니다.

한편 정부는 가계와 기업으로부터 세금을 징수할 뿐만 아니라 소비활동
도 하는데 이를 정부지출이라고 합니다. 즉 정부는 가계와 기업으로부터
징수한 세금을 통해 가계로부터 노동을 고용하기도 하고 때로는 가계에 생
활보조금 등을 지불함으로써 가계의 소득을 증가시킵니다. 또한 도로나 철
도 항만 등과 같은 사회간접자본을 확충하는 데 지출함으로써 기업의 판매
수입을 증가시킵니다. 이처럼 정부지출은 국민소득을 증가시키기 때문에
국민소득 순환과정에서 주입에 속합니다.

수출은 우리 기업이 만든 상품을 외국소비자들이 소비하는 것을 의미합
니다. 따라서 수출의 증가는 수출품을 생산하는 우리 기업의 판매수입증가
를 의미합니다. 이러한 기업의 판매수입증가는 다시 가계로부터 생산요소

구입을 증가시키게 되므로 국민소득의 증가로 이어집니다. 따라서 수출은 국민소득 순환모형에서 주입에 해당하며 경제활동 규모를 확대합니다.

반대로 수입은 우리 국민들이 외국기업이 만든 상품을 소비하는 것을 의미합니다. 수입이 증가하면 국민소득의 일부가 해외로 빠져나가기 때문에 국민소득은 감소하게 됩니다. 따라서 수입은 국민소득 순환과정에서 누출에 해당하며 경제활동 규모를 축소시키게 됩니다. 이러한 국민소득 순환모형을 정리하면 다음과 같습니다.

저축＋세금＋수입 ＝투자＋정부지출＋수출 ⇒ 균형상태

저축＋세금＋수입 ＞투자＋정부지출＋수출 ⇒ 경제활동규모 축소

저축＋세금＋수입 ＜투자＋정부지출＋수출 ⇒ 경제활동규모 확대

<생활경제뉴스 12-1>

연기금 '藥' 쏟아 붓기 …… 재정적자 '毒' 될 수도

정부와 여당이 뒤늦게 재정과 공공기금을 총동원한 경기부양에 나서면서 부작용을 우려하는 목소리가 커지고 있다. 경제 전문가들은 당정이 뒤늦게나마 경제 살리기에 나선 것은 다행이지만 몰아치기식 경기부양책은 경기 흐름을 왜곡시켜 성장의 악순환 구조를 낳을 가능성이 높다고 우려했다. 이에 따라 정부의 경기부양대책은 재정이 허용하는 범위 내에서 제한적으로 이뤄져야 하며 민간투자와 소비를 회복시키는 근본대책이 시급하다는 게 전문가 대다수의 진단이다.

사회간접자본(SOC) 등에 재정과 연기금 8조~10조 원 규모를 투입하는 '한국형 뉴딜정책' 추진은 과연 한국 경제에 '약(藥)'이 될까, 아니면 미래세대에 재정적자를 전가하는 '독약(毒藥)'이 될까. 이에 대해 정부 여당은 내년도 5% 성장률 달성을 위해서는 불가피한 정책이라는 주장을 펴고 있다. 그러나 야당은 '한국형 뉴딜정책'이 건설경기 거품만 조장하는 '마약 같은 정책'이 될 것이라고 비판했다.

정부는 7일 열린 '당-정-청 경제 워크숍'에서 한국형 뉴딜정책의 윤곽을 발표했지만 정작 구체적인 사업아이템을 결정하지 못했다. 구체적인 투

자분야는 좀 더 검토해본 뒤 결정한다는 방침. 이는 그만큼 정부와 여당이 서두르고 있음을 보여주고 있다. 경기 침체 국면에서 정부 주도의 경기활성화 정책이 필요하다는 점은 누구나 인정하고 있다. 그러나 정부가 밝힌 것처럼 연기금을 노인요양시설이나 학교시설 등에 동원하는 '복지형 투자'로는 경기를 살리거나 성장잠재력을 확충하는 데에는 한계가 있다는 지적이다. 특히 정부가 국채를 발행하는 대신 연기금을 활용하려는 것은 재정적자 규모를 감추려는 '편법 재정지출'이라는 비판도 나온다. 연기금 투자를 끌어들이기 위해 일정수익률을 보장할 경우 그 돈은 어차피 정부 재정에서 나오기 때문이다.

만약 비효율적인 공공 투자가 이뤄질 경우 '무분별한 재정투입 → 민간투자 및 소비침체 계속 → 낮은 성장률 → 조세수입 감소 → 재정적자 증가'로 이어질 것으로 예상된다. 한마디로 경제 악순환 구조에 빠지게 된다는 것이다. (중략)

전문가들은 '정부발(發) 경기부양책'이 일시적으로 경기를 부양시키는 효과가 있을 수는 있지만 중장기적으로 구축효과(경기부양을 위해 정부가 투자를 늘릴 경우 오히려 민간부문 투자가 줄어 별다른 효과를 보지 못하는 현상)가 나타날 것을 우려하고 있다. (중략)

또 정부가 국민의 노후를 담보하는 연기금을 '정부예산'처럼 보는 것도 문제라는 지적이다. 벌써부터 '연기금 총동원령'이 내려지면서 연금관계자들은 우려하고 있다. 특히 정부가 한국형 뉴딜투자로 고려 중인 복지부문 투자의 경우 투자수익률이 떨어지고 있기 때문이다.

전문가들은 우리 경제가 위기에 직면한 중요한 이유 중 하나는 현 정부가 이른바 '개혁'을 앞세우면서 투자와 소비심리를 악화시켰기 때문이라고 지적하고 있다. 이른바 '정치발(發) 경제 불황'이란 특징을 갖고 있다는 것. 홍익대 김종석(金鍾奭·경제학) 교수는 "지금 경제위기는 경제 자체의 문제라기보다 정치와 사회 불안에 따라 기업과 소비자의 경제심리가 위축됐기 때문"이라며 "정치 사회적 안정이 우선되지 않으면 어떤 경제정책을 내놓아도 효과가 적을 것"이라고 강조했다.

따라서 기업 투자환경 개선과 부유층에 대한 적개심 해소 등 경제심리 안정에 총력을 쏟아야 '민간부문 투자 및 소비 증가 → 높은 성장률 → 정부 조세수입 증가 → 재정흑자'의 선순환 구조가 가능하다는 것이다. (동아일보, 2004.11.9)

2. 경기변동이란

경기변동(business cycle)이란 경기가 좋아졌다 나빠졌다 하는 경제현상이 주기적으로 반복되는 현상을 말합니다. 이러한 경기변동은 파동처럼 반복되기 때문에 경기순환이라고 부르기도 합니다. [그림 12-2]에는 현실 경제에서 관찰되는 전형적인 경기변동이 그려져 있습니다. 한 국가의 경제는 일정한 추세를 가지고 성장하게 됩니다. 그림의 성장추세선은 경제가 장기적으로 완만한 기울기로 일정하게 성장해 간다는 것을 나타냅니다. 경기변동이 없다면 경제는 정상적인 성장경로를 따라 확대되어 나갈 것입니다. 이러한 정상적인 성장경로를 성장추세선이라 합니다.

그러나 경제는 단기적으로 파동을 치면서 성장해 갑니다. 단기적으로는 장기 성장추세선을 기준으로 아래로 갔다가 위로 갔다가 하면서 성장해 갑니다. 경기가 단기적으로 이렇게 파동을 이루는 것을 경기변동이라 합니다. 경기가 가장 나쁜 때를 저점(trough)이라 하고 가장 좋을 때를 정점(peak)라고 합니다. 저점에서 출발하여 정점을 지나 다음 저점까지나, 정점에서 출발하여 저점을 지나 다음 정점까지를 경기순환의 한 주기(cycle)라 합니다. 경기순환의 바닥인 저점에서 정점까지를 확장국면(expansion)이라 하는데 이때는 총산출이 증가하면서 고용도 증대됩니다. 한편 정점에서 저점까지를 수축국면(contraction)이라 하는데 이때는 총산출이 감소하고 고용도 줄게 됩니다. 확장국면은 회복기와 호황기 그리고 수축국면은 후퇴기와 침체기로 구분됩니다.

호황기와 경기후퇴기는 모두 성장추세선 위에 놓여 있기 때문에 경제활동 규모가 확대되어 있는 상태이지만 각각의 경제현상은 정반대의 성격을 갖게 됩니다. 호황기에는 가계의 소비가 증가하고 기업의 생산활동도 증가하므로 경제활동 규모가 더욱 더 확대됩니다. 소비의 증가로 물가가 상승하고 기업의 이윤이 확대됨에 따라 투자도 증가합니다. 투자의 증가로 노동에 대한 수요가 증가하여 임금이 상승하고 자금수요가 증가함에 따라 이자율도 상승합니다.

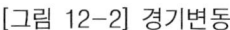

[그림 12-2] 경기변동

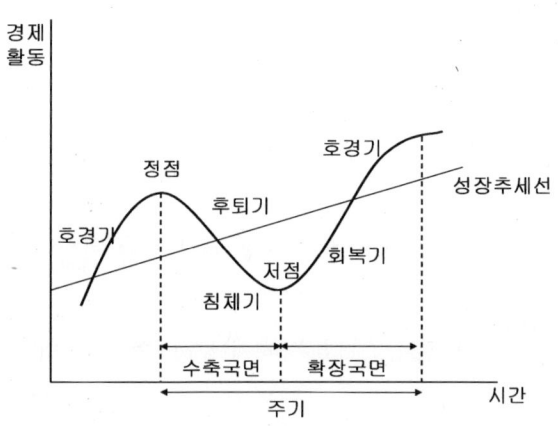

이렇게 호황기가 지속될 경우 경기과열로 기업의 시설투자가 지나치게 확대될 가능성이 크며, 그 결과 공급과잉에 따른 예기치 않은 재고가 급격히 증가할 수 있습니다. 또한 경기과열로 임금과 금리가 상승함에 따라 경쟁력이 떨어지는 기업들부터 도산이 시작되고 부분적인 실업이 발생하면서 점차 소비를 위축시켜 재고를 증가시킬 수 있습니다. 이와 같은 재고의 증가는 생산설비투자를 위축시키고 생산설비의 가동률을 떨어뜨려 생산요소에 대한 수요를 감소시키게 됩니다. 이는 가계의 소득감소를 가져와 소비를 감소시키고 이는 다시 기업의 판매수입을 감소시켜 경제활동 규모를 축소시키는 후퇴기에 접어들게 됩니다.

경기후퇴가 지속되면 가계의 소비와 기업의 생산활동이 갈수록 감소하므로 경제활동 규모가 급격히 축소되는 경기침체에 빠지게 됩니다. 이때는 도산하는 기업들이 늘어나고 노동자들은 실업의 고통을 겪게 됩니다. 그 결과 국민소득이 감소하면서 소비도 감소하고 물가도 하락하며 기업의 이윤감소와 함께 투자도 감소하게 됩니다. 기업의 투자 감소로 인해 노동에 대한 수요가 감소하여 임금이 하락하며 자금 수요 역시 감소함에 따라 금리도 하락하게 됩니다.

이러한 경기침체가 지속되다 보면 생산요소에 대한 수요의 감소로 원자재가격이나 임금 그리고 금리가 하락하기 때문에 기업은 생산원가를 절감할 수 있습니다. 생산원가의 하락은 상품가격의 하락을 가져오고 소비가 증대함에 따라 이는 다시 기업의 판매수입 증가를 가져와 경제활동 규모가 서서히 확대되는 경제회복 국면에 접어들게 됩니다.

<생활경제뉴스 12-2>
경기 바닥 찍었나 …… 박승 총재 "수출 주도 침체 탈출"

한국경제는 과연 '침체의 터널'을 빠져나가고 있을까. 박승(朴昇) 한국은행 총재와 김진표(金振杓) 경제부총리가 6일 "경제가 침체에서 벗어나고 있다"고 잇따라 밝히고 나서면서 경기회복 여부가 다시 주목받고 있다. 10월 수출이 사상 최대 실적을 경신했고 생산 출하 건설도 살아날 조짐을 보이는 등 '불황의 끝'을 예고하는 듯한 신호는 나타나고 있다.

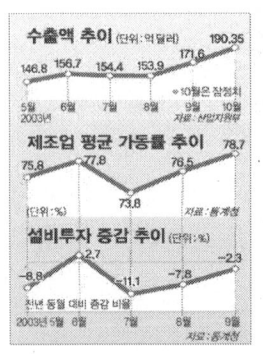

그러나 기업투자가 회복세를 보이지 않는 데다 얼어붙은 민간소비 역시 풀릴 기미가 안 보여 아직 본격적 경기회복으로 보기에는 시기상조라는 지적도 만만찮다.

박 총재는 이날 금융통화위원회가 끝나고 가진 기자회견에서 "한국 경제가 수출 주도로 경기침체의 긴 터널에서 벗어나고 있다"며 "올해 연간 경제성장률도 최근 말해온 2%대보다 상향조정될 가능성이 있다"고 말했다.

박 총재는 "3·4분기(7~9월) 성장률이 1.9%였던 2·4분기(4~6월)와 비슷한 수준이 될 것으로 봤으나 실제로는 이보다 높을 것"이라며 "4·4분기(10~12월) 성장률도 전망치(3.8%)보다 좋아질 수 있다"고 덧붙였다. 그러나 그는 "경기가 바닥을 찍고 상승세로 돌아섰다"고 하면서도 "이것이 본격적 경기회복의 시작을 의미하는지는 좀 더 지켜봐야 할 것"이라며 다소 신중한 태도도 보였다. 김 부총리도 이날 서울 웨스틴조선호텔에서 열린 한 조찬강연에서 "경기하강 국면은 3·4분기를 바닥으로 마무리 단계에 접어든 것으로 보인다"면서 "6월부터 경기선행지수가 플러스로 돌아섰고 8월부터는 동행지수도 플러스로 전환된 것을 감안하면 경기가 회복될 것으로 전망하는 것이 당연하다"고 말했다. 또 한국금융연구원은 이날 한국의 내년 경제성장률은 5.8%, 세계경제성장률은 4%가 될 것으로 전망했다. 이 같은 성장률 전망치는 최근 국내 주요 국책 및 민간 연구소가 내놓은 전망 가운데 가장 높다.

최근 한국경제 회복론에는 세계적 경기 회복에 힘입어 9월 이후 2개월 연속 20% 이상 증가율을 보인 수출이 한국 경제를 견인할 것이라는 믿음이 깔려 있다. 전국경제인연합회가 조사한 기업경기실사지수(BSI)가 3개월 연속 기준치(100)를 넘어선 것 등도 경기회복에 대한 기대감을 높이고 있다.

노무현(盧武鉉) 대통령을 비롯한 정부 고위당국자들의 현실인식이 최근 전반적으로 '갈등'보다는 '통합' 쪽으로 돌아서고 있는 것도 경제적 측면에서 호재로 꼽힌다.

그러나 최근 경제를 둘러싼 분위기가 다소 호전되는 것은 사실이지만 본격적 회복을 낙관하기는 어렵다는 시각도 적지 않다. 9월의 전년 동월대비 설비투자가 2.3%로 8월(-7.8%)에 비해 감소 폭이 줄고 8월에 -3.7%였던 기계류 내수 출하가 3.3% 증가로 돌아섰지만 아직 기업의 투자가 상승세로 돌아섰다고 보기는 힘들다. 또 9월 소비재 판매도 -3.8%로 전월에 비해 감소 폭은 줄었지만 소비심리 회복 기미는 나타나지 않고 있다. 제조업체들이 비싼 인건비와 노사갈등, 정치적 불안정 등을 피해 새로운 설비투자를 중국 등 해외에 집중하는 등 조기 투자회복이 어려울 것이라고 전문가들은 지적한다. 350만 명이 넘는 신용불량자, 과도한 가계대출 문제도 소비의 발목을 잡고 있는 불안요인이다. 삼성경제연구소 홍순영(洪淳英) 전무는 "전반적 경기상황은 수출주도로 개선되고 있지만 수출과 내수의 양극화는 해결될 기미가 보이지 않는다"면서 "지표상으로 경기가 나아지더라도 체감경기가 살아나는 데는 상당한 시간이 걸릴 것"이라고 지적했다.(동아일보, 2003.11.6)

<생활경제뉴스 12-3>
더블 딥(침체 후 회복하던 경기 다시 불황 겪는 현상)

지난주 서울 증시의 조정은 미국 경제 전문가들의 '더블 딥'론에 크게 영향을 받았다는 분석이 지배적이다. 그 동안 증시에서 "미국 경기회복을 전제로 하면, 올 증시는 호황일 것"이라는 전망이 설득력을 얻은 상태에서, 갑자기 나온 '경고'들이 충격으로 작용했다는 것이다. 모건스탠리 딘 워터의 수석 이코노미스트 스티븐 로치는 지난 7일 "미국 경제가 침체를 겪을 가능성이 있다"는 경고성 메시지를 내났다. 미국 FRB(중앙은행) 앨런 그린스펀 의장은 지난 13일 "미국 경제가 여전히 어렵다"는 발언으로 이런 논리에 힘을 실어줬다.

더블 딥(double dip)은 말 그대로 두 번 떨어짐을 뜻한다. 즉, 경기가 침체에서 회복하는 듯하다가, 다시 불황으로 빠지는 것을 뜻한다. 경기 회복과 관련해 자주 쓰이는 'L형 회복', 'U형 회복'처럼 표현한다면, 더블 딥은 'W'자의 두 번째 하향선을 뜻한다. 미국 역사에서는 80년대의 더블 딥 현상이 유명하다. 또 90년대 일본 경제를 표현할 때도 더블 딥은 자주 쓰인다.

더블 딥 가능성의 논리는 미국 경제가 공급 측면에서는 회복하는 듯한 모습을 보이고 있지만, 수요가 뒷받침하지 않으면 반등하지 못한다는 것이다. 기업들이 제품과 상품의 재고를 빠른 속도로 줄이고 있지만, 소비가 늘었다는 확증이 없고 투자 역시 정체상태라는 논리다. 소비의 바탕인 소득과 관련 있는 실업률이 좀처럼 낮아지지 않는 것도 근거로 작용한다. 스티븐 로치는 역사적으로 미국 경제 침체기 6번 중 5번은 한 분기(3개월) 동안 반등했다가 다시 떨어지는 현상을 겪었다는 점도 지적했다.

그러나 반론도 만만치 않다. 대우증권 경제조사팀 이효근 연구위원은 "그린스펀의 경고성 발언은 금리 추가 인하를 앞두고 경기 진행속도를 조절하기 위한 의도를 가진 것으로 보인다"고 분석했다. 그린스펀 의장은 말로 시장을 조절하려고 시도했고 실제로 경제 전망을 어둡게 보기 때문에 나온 말은 아니라는 것이다. 동원경제연구소 투자분석실 김광열 차장은 "미국에서도 '더블 딥' 가능성을 높게 보는 전문가가 그렇게 많지는 않다"고 분석했다. 비관론에 반대하는 입장들이 속속 나오고 있기 때문이다. 반론은 소비자신뢰지수 같은 지표를 보면, 앞으로 소비 심리가 좋아질 가능성이 높다는 것을 근거로 들고 있다. 또 기업들이 비용을 줄이면서 매출은 늘리지 못해도 수익은 증가시킬 수 있다는 논리도 등장했다. 또 높은 수준을 유지하고 있는 실업률은 경기가 회복된 뒤 비로소 반전하는 후행성을 가지고 있기 때문에, 더블 딥의 근거로는 부적절하다는 주장도 있다. (조선일보, 2002.1.20)

3. 충격과 경기변동

1) 총수요충격

경기변동은 대체로 총수요와 총공급의 변화로부터 발생합니다. 총수요와 총공급이 외부의 요인에 의해 변화하는 것을 충격(shock)이라고 합니다. 이제 총수요 측에서 발생하는 충격에 대해 생각해 봅시다.

총수요충격(demand shock)이란 정부지출의 변화나 조세의 증감, 그리고 통화량의 변화와 같이 총수요곡선을 이동시키는 요인들을 말합니다. 즉 총수요충격이란 물가변동에 의해 유발되지 않는 총수요의 모든 변동요인을 말합니다.

[그림 12-3]에서 최초의 균형점은 총수요곡선 AD_0와 총공급곡선 AS_0가 교차하는 E_0점으로 이때의 산출수준은 완전고용수준 Y^*와 일치한다고 가정합시다. [그림 12-3](a)에서 부정적 총수요충격은 총수요를 감소시키므로 총수요곡선을 AD_1으로 이동시키게 됩니다. 총수요가 감소함에 따라 균형점은 E_S로 이동하고 국민소득은 감소하고 물가는 하락합니다. 따라서 E_S

는 경기순환의 저점에 해당한다고 볼 수 있습니다. 경기침체가 장기화됨에 따라 임금이나 기타 생산요소의 가격은 하락하게 되고 이는 총공급곡선을 AS_1으로 오른쪽으로 이동시키게 됩니다. 총공급곡선이 이동함에 따라 균형은 E_L이 되고 국민소득은 원래의 완전고용국민소득수준인 Y^*로 회복하게 됩니다. 이때의 균형점 E_L은 경기회복이 완전히 이루어져 호황까지 도달한 경기순환의 정점으로 이해해도 됩니다.

[그림 12-3] 총수요충격과 영향

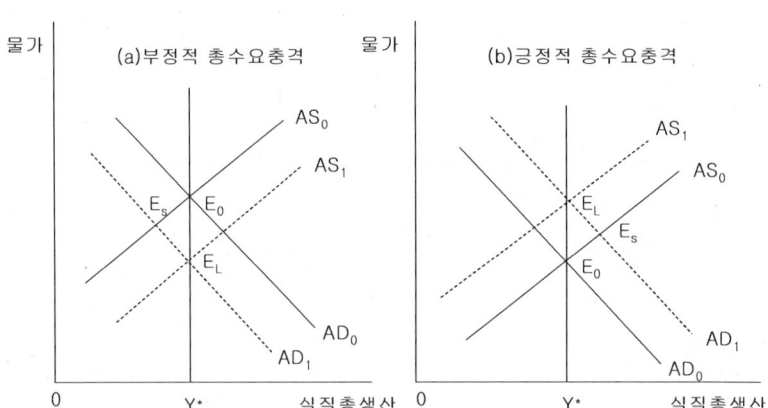

한편 긍정적 총수요충격의 경우는 반대로 생각하면 됩니다. 그림(b)에서 보듯이 긍정적 충격은 총수요곡선을 AD_1으로 오른쪽으로 이동시키게 됩니다. 따라서 새로운 균형점은 E_S가 되고 산출량은 일시적으로 완전고용수준 이상으로 증가하고 동시에 물가는 상승하게 됩니다. 그러나 새로운 균형점 E_S는 장기적으로 유지될 수 없습니다. 즉 물가가 상승하고 산출량이 증대함에 따라 생산요소가격의 상승 등 공급 측의 애로가 발생하게 되고 결국 총공급곡선은 AS_1으로 좌측으로 이동하게 되어 균형은 E_L에서 이루어지게 됩니다.

2) 총공급충격

총공급충격 역시 경기변동을 초래하게 됩니다. 총공급충격이란 생산비용을 변화시킴으로써 총공급곡선을 이동시키는 모든 외생적 충격이라고 할 수 있습니다. 총공급곡선의 이동요인으로 우리는 생산요소의 가격 변화나 기술발전에 따른 생산성의 변화 등이 있음을 이미 알고 있습니다. 자연재해로 인한 농산물 수확의 감소, 노사분규에 따른 비용의 상승 등은 부정적인 총공급충격의 한 예가 될 수 있습니다. 1970년대 두 번에 걸쳐 세계 경제를 침체로 몰아넣었던 오일쇼크의 경우 대표적인 부정적인 공급충격으로 분류됩니다. 물론 이러한 부정적 충격과는 구별되는 긍정적 충격도 가능합니다. 새로운 기술의 발전으로 인한 생산비용의 하락은 긍정적 공급충격의 예가 될 수 있을 것입니다.

이제 총수요곡선에는 변화가 없을 때 공급충격이 경제에 미치는 영향에 대해 생각해보지요. [그림 12-4]에는 부정적 공급충격과 긍정적 공급충격의 변화가 나타나 있습니다. 우선 긍정적 공급충격은 [그림 12-4](a)에서 나타나듯이 총공급곡선을 AS_1으로 오른쪽으로 이동시켜 소득의 증가와 물가의 하락을 수반하게 됩니다.

반면 부정적인 공급충격의 경우 [그림 12-4](b)에서처럼 총공급곡선은 AS_0에서 AS_1으로 좌측으로 이동하게 됩니다. 따라서 균형은 E_0에서 E_L로 이동하게 되고 물가는 상승하고 국민소득은 완전고용수준 이하로 하락하게 됩니다. 이렇듯 부정적 공급충격은 소득의 하락과 물가의 상승이 동시에 발생하는 스태그플레이션(stagflation)을 초래하게 됩니다.

그러나 이러한 새로운 균형점은 장기적으로 유지될 수 없습니다. 부정적 공급충격이 발생하여 산출량이 완전고용수준에 미달되게 되면 임금과 같은 생산요소의 가격이 하락하면서 총공급곡선은 오른쪽으로 이동하여 다시 원래의 AS_0로 복귀하게 됩니다. 결국 장기적 균형점은 원래의 위치인 E_0로 돌아오게 되며 완전고용이 다시 달성되게 됩니다.

[그림 12-4] 총공급충격의 영향

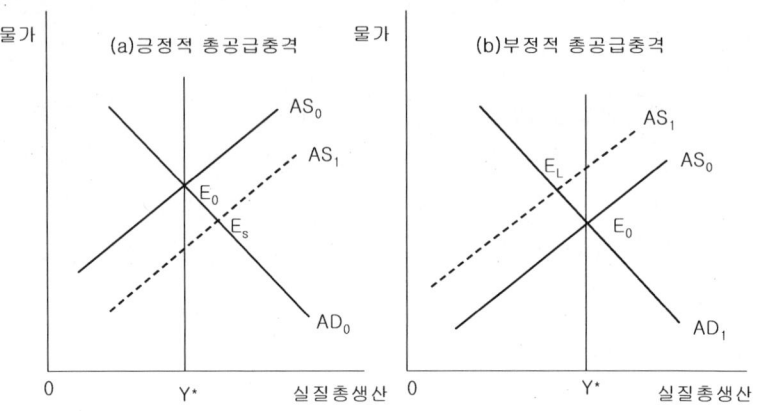

<생활경제뉴스 12-4>

해외언론도 한국경제 장기불황 우려

우리 경제가 스태그플레이션, 더블 딥 등으로 빠져들고 있다는 우려가 잇따르고 있는 가운데 해외 유수 언론들도 한국 경제의 장기불황 가능성을 본격적으로 거론하고 나섰다. 특히 최근 정부가 내놓고 있는 각종 경제정책에 대해서도 비판하는 논조가 이어져 눈길을 끌고 있다.

23일 재정경제부와 한국개발연구원(KDI)에 따르면 미국의 월스트리트저널(WSJ),블룸버그, 뉴스위크와 영국의 파이낸셜타임스(FT) 등 해외 유력 경제지와 시사전문지들은 최근 잇따라 한국 경제에 대해 부정적인 전망을 제시했다. 지난 17일자 WSJ은 지난 8월의 각종 경제지표는 한국 경제가 겉으로 보이는 것보다 더 나쁜 상태일 수 있으며, 앞으로 더 힘든 시기에 직면할 수 있다는 증거를 추가로 제공했다고 지적했다. 이 신문은 또 한국은 일자리 감소와 기업부도 증가, 시들해지는 창업열기 등으로 미뤄 경기둔화가 장기화될 조짐을 보이고 있다고 진단했다.

신문은 지난달 국내 실업률은 3.5%로 작년 같은 달에 비해 0.2%포인트 상승했으며, 체감경기를 나타내는 소비자평가지수는 63.1로 외환위기 당시인 시난 98년 11월의 65.9보다 낮아졌다고 보도하고 물가는 4.8%로 3년 1개월 만에 최고치를 기록했다고 덧붙였다.

블룸버그도 최근 보도에서 실업률 상승으로 소비자신뢰가 떨어져 정부의 내수진작 노력을 더 어렵게 하고 있고, 기업들은 중국으로 빠져나가고 있다며 한국 경제에 적신호가 켜졌다는 분석을 내놨다. 지난 20일자 뉴스위크는 외부 기고문을 통해 한국 경제는 내수와 수출의 격차가 벌어져 매우 취약한 상태라며 정부의 재정지출 확대와 금리인하도 문제 해결에 한계가 있다고 보도했다.

참여정부의 경제정책에 대해 비판하는 외신보도도 이어졌다. 뉴스위크는 한국의 부유층이 노무현 정부가 부유층에 대해 반감을 가지고 있다고 생각해 외국으로 떠나고 있다며 이를 일부 부유층 자본의 '대탈출(exodus)'이라고 표현했다. 뉴스위크는 또 한국 정부는 내수진작을 위해 사회주의적 사고방식에서 벗어나 시장메커니즘이 제 기능을 수행해야 한다는 루처 샤머 모건스탠리투신운용 연구원의 지적을 전하기도 했다. 이밖에 FT는 최근 FTSE그룹이 한국을 선진국지수에 편입하지 않기로 한 소식을 전하며 한국정부가 일관성 없는 정책을 쓰고 있고 기업들을 거시경제의 도구로 사용하고 있다고 꼬집었다. 이 신문은 FTSE그룹이 지난 14일 한국과 대만을 선진국지수 편입 전단계인 '공식 관찰대상국'으로 지정했으나, 양국이 외환시장 자유화, 외국인 소유 규제 등에서 개선할 점이 많아 선진국시장 지위로 상향조정되는 것은 빨라도 오는 2006년 3월에나 가능할 것으로 내다봤다고 전했다.

재경부 관계자는 "국내외 언론이 비관적인 전망을 계속 내놓고 있어 난감하다"며 "그러나 우리 경제는 스태그플레이션이나 일본식 장기불황 등을 거론할 만큼 나쁘지 않다"고 말했다. (동아일보, 2004.9.23)

4. 경제의 자동조절기능

앞에서 우리는 부정적 수요충격이나 긍정적 수요충격의 경우 모두 국민경제는 총공급 측의 변화를 통해 자동적으로 완전고용수준으로 회복될 수 있음을 보았습니다. 또한 공급충격 시 산출량이 완전고용수준에 미달되게 되면 임금과 같은 생산요소의 가격이 하락하면서 총공급곡선은 오른쪽으로 이동하여 다시 원래의 균형으로 복귀하게 됩니다.

이렇듯 경제는 외부의 충격에 의해 균형에서 이탈할 경우 정부의 정책 개입 없이도 자동적으로 균형으로 복귀하는 성향을 보입니다. 이러한 성향을 경제의 자동조절기능(self-correction mechanism)이라고 합니다. 그렇다면 정부는 아무런 역할을 할 필요가 없는 것일까요? 문제는 충격의 여파가 완전히 해소되어 원래의 균형으로 되돌아오는 데에 얼마나 긴 시간이 걸리느냐하는 것입니다. 만일 임금이나 생산요소의 가격과 물가가 신축적이어서 빠르게 조정된다면 완전고용으로 복귀하는 데 걸리는 시간은 그리 길지 않을 것입니다. 그러나 임금이 하방 경직적이어서 자동조절기능이 작동하는 데 긴 시간이 걸린다면 사회적으로 불만이 고조되어 정부의 적극적 개입을 요청하는 목소리가 커지게 될 것입니다. 이 경우 정부는 경제정책을 통해 시장에 개입함으로써 조정기간을 단축시키는 방안을 고려하지 않을 수 없을 것입니다.

5. 경기안정화정책이란

1) 재정정책과 통화정책

경기안정화정책(stabilization policy)은 산출량 및 고용을 완전고용수준에서 일정하게 유지하고자 하는 단기적인 정책으로 장기적인 경제성장정책과는 다릅니다. 경제성장정책은 기술혁신이나 생산성향상 등 주로 총공급곡선을 오른쪽으로 이동시켜 경제성장을 촉진하고자 하는 정책입니다. 반면 경기안정화정책은 경기변동이 발생할 경우 총수요를 조절하여 경기순환의 진폭을 줄이고자 하는 단기적인 정책으로 주로 총수요곡선을 이동시키고자 하는 정책입니다. 이러한 면에서 경기안정화정책을 총수요관리정책(aggregate demand management policy)이라고도 합니다. 이러한 경기안정화정책은 재정정책과 통화(금융)정책으로 구분됩니다.

재정정책(fiscal policy)이란 정부지출과 조세수입을 변화시켜 국민경제의 안정과 성장을 추구하는 정책을 말합니다. 정부지출은 총수요를 구성하는 네 가지 요소 중 하나이므로 정부지출이 증가하면 총수요는 직접적으로 증가합니다. 한편 조세수입의 변화 역시 소비지출의 변화를 통해 총수요에 간접적으로 영향을 주게 됩니다. 즉 정부가 세금을 감면하거나 세율을 인하하게 되면 가계의 가처분소득이 증가하여 소비지출이 증대하게 됩니다. 반대로 세율이 인상되면 가처분소득이 감소하여 소비지출이 줄겠지요. 따라서 정부지출의 증가, 세율인하, 세금감면 등은 총수요를 증대시킨다는 면에서 확대재정정책이라 합니다. 확대재정정책은 총수요를 증대시키므로 총수요곡선을 오른쪽으로 이동시키게 되어 물가가 상승하고 국민소득이 증가하게 됩니다. 따라서 경기가 침체되고 물가불안이 심하지 않을 때 경기부양을 위해 확대재정정책을 사용하게 됩니다.

반면에 정부지출의 감소, 세율인상을 긴축재정정책이라 합니다. 긴축재정 정책은 총수요곡선을 왼쪽으로 이동시켜 국민소득은 감소하지만 물가가 하락하게 됩니다. 따라서 경기가 과열되고 물가불안이 심할 때 경기를 진정 시키기 위해 긴축재정정책을 사용하게 됩니다.

통화정책(monetary policy)이란 통화당국이 통화량이나 이자율을 조절하여 총수요를 조절하고 국민경제의 안정과 성장을 도모하는 정책을 말합니다. 통화당국이 통화공급을 증가시키면 이자율이 하락하고 통화공급을 줄이면 이자율은 상승하게 됩니다. 이자율이 하락하면 소비수요와 투자수요가 늘어나 총수요는 증가하게 되고 반대로 이자율이 상승하면 총수요는 감소합니다.

따라서 통화량을 증가시키거나 이자율을 인하시키는 정책을 확대통화정책이라 하고 경기가 침체되어 있을 때 경기활성화를 위해 사용합니다. 한편 통화량을 감소시키거나 이자율을 인상시키는 정책을 긴축통화정책이라 하며 경기가 과열되어 있을 때 경기를 진정시키기 위해 사용합니다.

<생활경제뉴스 12-5>
"성장잠재력 높이려면 감세해야"

갈수록 약화되는 성장잠재력을 회복하려면 재정확대보다 감세정책이 유리하다는 분석이 나왔다. 여당이 내년 경기부양 해법으로 꺼내든 재정확대가 단기적 부양에는 적합하지만 중장기적으로 경제를 안정시키려면 세금을 깎아 주는 게 낫다는 의미로 해석된다.

28일 국회예산정책처가 작성한 '재정지출 확대와 감세의 경제적 효과분석' 보고서에 따르면 재정확대가 감세보다 소득을 늘리고 성장률을 높이는 효과가 크지만 실업률을 줄이고 중장기 성장잠재력을 높이는 데는 감세가 유리한 것으로 나타났다.

보고서는 1982년부터 올 2.4분기까지 통계청의 노시근로자 가계수지 자료를 토대로 정부지출 승수(정부지출이 1단위 증가 때 소득증가분)와 조세승수를 계산한 결과 각각 3.75와 -2.75로 집계했다. 이는 정부지출을 1조 원 늘리면 3조 7천 500억 원의 국민소득 증가를 가져오고 조세를 1조 원 감면하면 2조 7천 500억 원의 소득이 늘어나는 것이어서 재정확대가 감세보다 국민소득을 늘리는 효과가 크다는 것을 의미한다.

또 산업연관표의 부가가치. 취업 유발계수를 이용해 정책효과를 분석한 결과 재정확대가 감세보다 성장률을 높이는 효과가 컸다. 재정지출을 1조 원 확대하면 성장률은 0.15%포인트 상승했으나 소득세를 1조 원 내리면 성장률은 0.08%포인트, 법인세를 1조 원 내리면 0.013%포인트 오르는 효과가 나타나는 것으로 분석됐다.

그러나 실업률 감소효과는 재정확대보다 소득세 인하가 유리한 것으로 조사됐다. 재정지출을 1조 원 늘리면 실업률이 0.06%포인트 감소하고 1만 3천 28명의 일자리를 만들지만 소득세를 1조 원 내리면 실업률이 0.08%포인트 내려가고 1만 7천 751명의 고용이 창출되는 것으로 분석됐다.

성장잠재력 측면에서도 법인세를 1조 원 인하할 때 실업률이 0.01%포인트 하락하고 고용이 2천 322명 늘어나는 데 그치지만 기업의 설비투자를 촉진해 재정확대보다 중장기적 성장잠재력을 높이는 데 기여한다고 보고서는 강조했다.

보고서는 "재정확대는 적자국채 발행을 통해 재원을 조달하면 그 효과가 감소한다"며 "법인세 인하효과가 성장과 고용 양 측면에서 모두 떨어지는 것은 최근 기업의 설비투자가 부진한 사정을 반영하는 것으로 장기적으로 경제의 총공급 능력을 확대하는 효과가 있다"고 지적했다.

보고서는 특히 "최근 기업들의 설비투자가 외부자본의 차입보다는 자기자본에 근거해 이뤄지고 있는 경향을 감안할 때 향후 법인세 인하가 설비투자를 촉진하는 효과는 더욱 커질 것"이라며 "이는 경제 전반의 성장잠재력에 긍정적인 영향을 미칠 수 있다"고 강조했다. 보고서는 "정부의 재정지출 확대는 장기적인 성장잠재력 확충이라는 목표보다는 단기적인 경기부양 목표에 보다 적합하다"며 "장기적인 경제안정화를 위해서는 재정지출 확대보다는 감세에 의존하는 것이 바람직하다"고 밝혔다.

보고서는 이어 "우리 경제는 경기순환상 수축기이면서 잠재성장률이 약화되고 있는 상황"이라며 "경기부양과 함께 성장잠재력을 확충하기 위한 정책수단의 조합이 필요하다"고 주문했다. (한국일보, 2004.10.28)

<생활경제뉴스 12-6>

내년 재정정책 '확장적' vs '중립적' 논란

내년도 정부의 재정정책이 확장적이냐 중립적이냐를 놓고 논란이 일고 있다. 재경부 차관과 경제정책의 수장인 경제부총리가 하루 사이에 내년도 재정정책을 '중립적'이라고 했다가 '확장적'이라고 하며 오락가락하고 있기 때문이다. 하지만 '중립적'은 지난해에 비해 상대적으로 쓰인 표현이고, '확장적'은 전체 거시경제적 틀에서 봤을 때 여전히 적자재정을 펼칠 계획이기 때문에 나온 표현으로 큰 의미에서는 같은 방향이라는 게 재정경제부의 해명이다.

박병원 재정경제부 제1차관은 31일 재정 긴축·확대 논란과 관련, "내년 재정은 중립적 기조"라며 "지난해와 올해 확장기조에서 중립적 기조로 돌아가는 것"이라고 말했다. 그는 "내년 우리 경제성장률은 잠재성장률 수준인 5%로 되돌아갈 수 있을 것"이라며 "이에 따라 내년도 재정은 올해보다는 긴축적이지만 중립적인 기조로 가겠다는 게 정부 방침"이라고 강조했다.

그러나 이날 낮 한덕수 경제부총리는 한국프레스센터에서 가진 외신기자간담회에서 "잠재성장률 달성을 위해 내년에는 확장적 재정·통화 정책 기조를 유지할 것"이라고 말했다. 그는 "예산·재정정책이 어느 정도가 확장적이냐 하는 것을 규정하기는 어렵겠지만 내년에도 국채발행을 통해 9조 원 정도를 조달해 세출을 지원한다는 측면에서 보면 확장적"이라며 "종합재정수지는 올해와 마찬가지로 경기에 중립적으로 운영할 것"이라고 덧붙였다.

재정경제부에 따르면 국내총생산(GDP) 대비 재정적자 규모는 올해는 -1.5%, 내년에는 -1.3%다. 이에 따라 내년도 예산은 올해에 비해서는 다소 중립적으로 짜여졌지만, 여전히 재정적자정책을 펼치기 때문에 입장 자체는 다소 확장적이라는 게 재경부 관계자의 설명이다.

재경부 관계자는 "차관은 올해에 비해 내년도 예산이 중립적이라고 상대적으로 표현한 것이고 부총리는 금리나 재정·통화 등 거시경제정책을 가져갈 때 내년까지는 실제 GDP가 잠재 GDP를 하회하는 디플레이션 갭이 남아 있을 것으로 예상되는 만큼 전체적인 기조는 다소 확장적으로 갈 것이라고 표현한 것"이라고 말했다.(동아일보, 2005.10.31)

2) 경기안정화정책의 효과

이제 경기안정화정책의 효과를 분석하기로 합니다. 먼저 부정적 총수요 충격이 발생한 경우부터 살펴봅시다. [그림 12-5](a)에서 보듯이 부정적 총수요충격이 발생할 경우 총수요곡선은 AD_0에서 AD_1으로 이동하여 물가는 하락하고 국민소득은 감소합니다. 이때 정부가 경기안정화를 위해 확대재정정책이나 확대통화정책을 사용하면 총수요곡선을 본래의 위치로 환원할 수 있습니다. 따라서 경제가 총수요충격에 의해 균형에서 이탈하는 경우 경기안정화정책은 완전고용을 유지하는 데 효율적일 수 있습니다.

반면에 총공급충격에 의해 경제가 침체에 빠져들 경우 총수요관리를 통한 경기안정화정책은 어려운 선택에 봉착하게 됩니다. [그림 12-5](b)에서 보는 바와 같이 부정적 총공급충격이 발생한 경우 총공급곡선은 AS_0에서 AS_1으로 이동하게 됩니다. 따라서 새로운 균형점은 E_S가 되고 물가의 상승과 산출량의 감소가 동시에 발생합니다. 물론 이 경우 시간이 지나면 앞에서 설명한 경제의 자동조절기능에 의해 원래의 균형으로 복귀하게 됩니다. 그러나 조정과정에서 경제는 물가는 오르고 경기가 침체되는 스태그플레이션이라는 비용을 감수해야만 합니다.

한편 경기안정화정책을 실시하게 되면 단기적으로는 공급충격에도 불구하고 완전고용의 유지가 가능합니다. 즉 확대재정정책이나 확대통화정책을 통해 총수요곡선이 AD_1으로 이동하는 경우 새로운 균형점은 E_L이 되어 완전고용 국민소득수준을 회복하게 됩니다. 그러나 완전고용 국민소득수준을 회복하는 과정에서 물가는 더욱 상승하게 됩니다. 따라서 경제는 경기침체를 회복하는 대가로 물가상승이라는 비용을 부담해야 합니다. 결론적으로 공급충격이 발생한 경우에는 총수요관리정책을 통하여 물가와 국민소득을 동시에 안정시키는 것은 불가능합니다.

[그림 12-5] 경기안정화정책의 영향

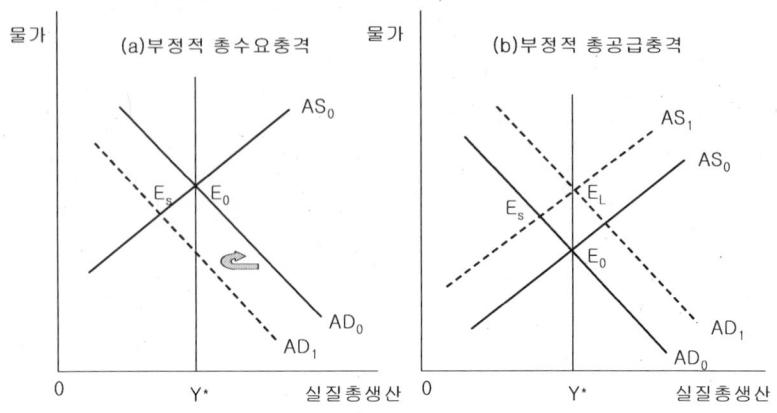

<생활경제뉴스 12-7>

저금리에 재정지출 늘려도 내수침체 여전

"저금리 정책에 재정지출까지 확대했는데도 왜 내수는 꿈쩍하지 않는 가." 금리가 낮아지면 금리 부담이 줄어 투자와 소비가 늘고 경제 활력이 높아진다고 경제학 교과서는 쓰고 있다. 또 재정지출을 늘리면 투자가 늘고 고용이 증가하는 게 경제상식이다. 하지만 지금 한국경제는 이런 상식이 통하지 않는다. 저금리 기조를 유지하고 재정지출을 늘려도 좀처럼 내수침체에서 벗어나지 못하고 있다. 도대체 왜 이렇게 됐을까.

○금리 아무리 낮아도 소비 안 살아

정부와 한국은행은 저금리 기조 유지가 경기회복의 중요한 필요조건이라고 본다. 한덕수(韓悳洙) 부총리 겸 재정경제부 장관이 16일 재경부 간부회의에서 "부동산 투기가 재연돼 금리를 인상해야 하는 상황이 오면 한국경제는 상당한 어려움에 빠질 것"이라고 말했을 정도.

하지만 한은이 2001년 2월부터 지금까지 콜금리 목표를 8차례나 낮췄지만 소비와 투자는 좀처럼 살아날 기미를 보이지 않고 있다. 민간소비를 보여주는 대표적 지표인 소매업 판매는 2003년 1분기(1~3월)부터 작년 4분기(10~12월)까지 8분기 동안 하락세였다. 올 1분기에 간신히 플러스로 돌아섰지만 증가율은 1.2%(전년 동기 대비)로 미약한 수준. 설비투자 역시 본격적인 회복세를 보이지 않는다. 통계청이 발표하는 설비투자 추계는 지난해 1.4% 증가한 데 이어 올해 1분기에도 4.3% 증가에 머물렀다.

저금리 상황이 소비증가로 이어지지 않는 원인에 대해 전문가들은 가계부채와 신용불량자 문제를 우선 꼽는다. 소비자들이 빚을 갚느라 허덕이는 상황에서 금리를 낮춰봐야 소비가 늘어나기를 기대할 수 없다는 것. 세금 등 비(非)소비성 지출 증가와 여윳돈이 줄어든 것도 소비회복 지연의 원인이다. 도시근로자 가구의 비소비성 지출은 지난해 월평균 39만 700원으로 전년에 비해 13.5% 증가했다. 반면 월평균 가처분소득은 지난해 237만 3800원으로 전년에 비해 1.2% 증가하는 데 그쳤다. 지난해 경제성장률 (4.6%)에도 훨씬 못 미친다. 또 저금리로 금리 부담이 줄어드는 사람들 못지않게 이자소득 감소 피해를 보는 사람들이 많다는 점을 고려해야 한다는 지적도 있다.

○ 재정지출 확대해도 민간투자 유발 안 돼

정부는 저금리정책과 함께 재정지출을 늘려 조기에 집행하는 정책을 써 왔지만 이 역시 민간투자를 부추기는 효과를 내지 못하고 있다. 3개월 정도 후의 설비투자 상황을 보여주는 국내 기계수주 증가율은 전년 동기 대비로 볼 때 △지난해 12월 -9.9% △올해 1월 0.8% △2월 -18.8% △3월 -3.3%로 감소세가 이어지고 있다. 건설투자도 비슷하다.

전문가들은 저금리나 재정지출 확대를 통해 기업의 투자심리를 자극하는 것을 기대하기는 힘든 상황이라고 진단했다. 한은 김재천(金在天) 조사국장은 "재정지출 확대가 기대한 만큼 민간부문 지출을 촉진하지 못하는 것은 민간부문이 경기회복을 확신하지 못한 데 따른 것으로 보인다"고 설명했다. LG경제연구원 신민영(申민榮) 연구위원은 "기업 투자가 저조한 것은 국제경쟁이 격화되고 투자수익을 낼 확률은 낮아졌기 때문"이라며 "저금리와 재정지출로 기업의 투자를 부추기기에는 한계가 있다"고 말했다.

○ 단기 부양정책에 대한 회의론

이에 따라 저금리와 재정지출 확대 등 단기적인 경기부양책을 수정하는 방안도 검토해야 한다는 의견이 나오고 있다. 시중자금이 부동산시장 주변을 맴돌면서 집값을 자극하는 상황을 막기 위해서라도 금리를 인상해야 한다는 주장도 있다. 한국금융연구원 박종규(朴宗奎) 연구위원은 "금리를 인상한다고 바로 부동산 가격이 안정되지는 않을 것"이라면서도 "한은이 금리를 경기진작 수단으로만 보지 않는다는 인식을 시장에 심어주기 위해서라도 금리를 어느 정도 올려야 한다"고 주장했다.

재정정책보다는 세금인하가 경기부양에 더 효과적이라는 지적도 나온다. 씨티은행 오석태(吳碩泰) 이코노미스트는 "종합투자계획과 같은 거창한 사업은 절차가 너무 복잡하고 효과도 의문"이라며 "감세정책을 통해 국민이 쓸 돈을 늘려줘야 한다"고 말했다.

단기 경기진작책과 함께 불확실성을 해소하고 구조조정을 마무리하는 등 장기 성장잠재력을 회복하는 노력도 병행돼야 한다는 제안도 나온다. 서강대 곽태원(郭泰元·경제학) 교수는 "현재의 한국경제가 안고 있는 문제들은 경기순환적인 것이 아니라 구조적인 것"이라며 "소비자와 기업하는 사람들이 불안해하지 않도록 해야 한다"고 강조했다.(동아일보, 2005.5.18)

6. 재정정책인가 통화정책인가?

지금까지 살펴본 바와 같이 확대재정정책과 확대통화정책은 모두 총수요곡선을 오른쪽으로 이동시켜 국민소득을 증가시키고 물가를 상승시키는 역할을 합니다. 그렇다면 두 정책의 효과는 똑같을까요? 즉 정부가 어느 정책을 사용해도 상관없는 것일까요? 물론 그렇지 않습니다. 그 이유는 재정정책과 통화정책이 이자율에 미치는 영향이 서로 다르기 때문입니다. 확대통화정책은 이자율을 하락시키지만 확대재정정책은 이자율을 상승시킵니다. 확대재정정책이 이자율을 인상시키는 요인은 두 가지로 생각해 볼 수 있습니다.

먼저 정부가 재정지출을 늘리면 국민소득이 증가하고 물가가 오르게 됩니다. 그러면 거래적 동기의 화폐수요나 예비적 동기의 화폐수요가 증대하게 되어 이자율은 상승하게 될 것입니다.

그 다음으로 정부가 확대재정정책을 사용할 때 재원조달 면에서 아무런 제약이 없는 것은 아닙니다. 즉 정부가 거두어들인 세금보다 많은 정부지출을 하여 재정이 적자일 때는 그 차액을 국공채를 발행하여 재원을 조달하여야 합니다. 물론 이 경우 국공채를 발행하여 민간부문으로부터 돈을 흡수하여 다시 정부지출로 방출하기 때문에 통화량에는 변화가 없습니다. 그러나 국공채의 발행으로 국공채의 공급이 증가하여 국공채가격이 하락하게 됩니다. 국공채의 가격의 하락은 곧 이자율의 상승을 의미하게 됩니다.

결국 확대재정정책은 이자율을 상승시키게 되고 이는 민간부문의 소비수요와 투자수요를 감소시키게 됩니다. 이렇게 확대재정정책이 이자율의 상승을 초래하여 민간의 소비와 투자를 위축시키는 것을 구축효과 (crowding-out effect)라고 합니다.

<생활경제뉴스 12-8>
정부 재정확대 '약발' 논란

정부가 경기부양의 가장 유력한 해법으로 검토하고 있는 재정확대 방안이 과연 기대만큼의 효과가 있겠느냐는 논란이 제기되고 있다. 국내총생산 (GDP) 규모가 700조 원에 달하는 경제규모에서 몇 조 원을 푼다고 얼마나 효과가 나타날 지 의문이고 자칫 국채발행만 늘렸다가는 금리를 높여 오히려 기업의 투자와 가계의 소비를 위축시키는 구축효과(驅逐效果. Crowding-out Effect)가 일어날 것이란 우려가 나오고 있다.

11일 경제계에 따르면 조하현 연세대 경제학과 교수는 '나라경제 8월호' 에 기고한 글에서 "정부의 적자재정 편성의 근거는 총수요를 늘림으로써 경제의 실물변수들에 영향을 미칠 수 있는 케인즈의 이론에서 비롯된 것" 이라며 "정부의 적자재정으로 현재 민간부문의 소득을 늘리면 지출 또한 늘어날 것이란 주장"이라고 말했다.

조교수는 그러나 "현재의 민간소비와 기업투자율 하락은 불확실한 미래에 대응하려는 경제주체들의 합리적인 의사결정의 결과"라며 "이를 간과한 인위적인 경기부양책은 실효성을 얻기 어렵다"고 지적했다. 조 교수는 "정부는 올 상반기에만 87조 원에 가까운 재정을 집행하고 다양한 정책을 내놓았으나 내수를 회복시키는 데는 역부족"이라며 "정부의 개입이 소비에 영향을 미칠 수 없다는 '리카르도의 불변정리' 법칙의 실례"라고 꼬집었다.

LG경제연구원 박래정 연구원은 "재정확대 규모가 어느 정도냐에 달려 있지만 우리나라 GDP 규모로 볼 때 단 몇 조 원을 푼다고 현 추세를 반전시키기는 어려울 것"이라며 "재정확대에만 매달릴 게 아니라 특소세 폐지 등 감세정책과 병행하는 지혜가 필요하다"고 말했다. 박 연구원은 이어 재정확대 차원에서 국채발행을 지나치게 늘렸다가는 오히려 민간소비를 위축시키는 구축효과가 발생할 수도 있음을 경고했다.

삼성경제연구소는 지난주 펴낸 '2004년 하반기 이후 경제전망' 보고서를 통해 "재정지출 확대는 지표성장률을 높이는 효과는 있지만 소비침체를 해결하기에는 역부족"이라며 "일본의 경우 97년 이후 4차례의 재정지출 위주의 경기부양책을 써왔지만 소비진작 효과는 적었다"고 지적했다. 삼성경제연구소는 특히 "적절한 사용처를 찾기 어려운 점이 재정지출의 문제"라고 덧붙였다.

금융연구원 박종규 박사는 "재정지출이 경기부양 효과를 띠고 있는 것은 분명하지만 재정지출을 늘리더라도 현재의 소비와 투자위축 등 내수침체 기조를 반전시키기는 역부족"이라면서 "조금 더 인내하는 게 필요하며 세계경기가 전반적으로 하강국면을 보일 때를 대비해 재정을 아껴야 할 것"이라고 주문했다.(동아일보, 2004.8.11)

요약 및 복습

저축+세금+수입=투자+정부지출+수출 ⇒ 균형상태
저축+세금+수입〉투자+정부지출+수출 ⇒ 경제활동규모 축소
저축+세금+수입〈투자+정부지출+수출 ⇒ 경제활동규모 확대

경기변동(business cycle)이란 경기가 좋아졌다 나빠졌다 하는 경제현상

이 주기적으로 반복되는 현상을 말합니다.

총수요와 총공급이 외부의 요인에 의해 변화하는 것을 충격(shock)이라 합니다.

총수요충격(demand shock)이란 정부지출의 변화나 조세의 증감, 그리고 통화량의 변화와 같이 총수요곡선을 이동시키는 요인들을 말합니다.

총공급충격이란 생산비용을 변화시킴으로써 총공급곡선을 이동시키는 모든 외생적 충격이라고 할 수 있습니다.

경제는 외부의 충격에 의해 균형에서 이탈할 경우 정부의 정책 개입 없이도 자동적으로 균형으로 복귀하는 성향을 보이는데 이를 경제의 자동조절기능(self-correction mechanism)이라고 합니다.

경기안정화정책은 경기변동이 발생할 경우 총수요를 조절하여 경기순환의 진폭을 줄이고자 하는 단기적인 정책으로 주로 총수요곡선을 이동시키고자 하는 정책입니다.

재정정책(fiscal policy)이란 정부지출과 조세수입을 변화시켜 국민경제의 안정과 성장을 추구하는 정책을 말합니다.

통화정책(monetary policy)이란 통화당국이 통화량이나 이자율을 조절하여 총수요를 조절하고 국민경제의 안정과 성장을 도모하는 정책을 말합니다.

확대재정정책이 이자율의 상승을 초래하여 민간의 소비와 투자를 위축시키는 것을 구축효과(crowding-out effect)라고 합니다.

제13장 실업과 인플레이션

1. 실업이란

선진국이나 후진국을 막론하고 국민경제의 중요한 과제는 적정한 고용수준을 유지하는 것입니다. 적정한 고용수준을 유지한다는 것은 국민의 기본생활을 보장하고 생활의 터전을 제공한다는 점에서 단순한 경기대책의 차원을 넘어서 국민의 복지차원에서 다루어야 할 문제이기도 합니다. 실업이란 사람들이 일할 능력과 의사를 가지고 있음에도 불구하고 취업의 기회가 주어지지 않은 상태를 의미합니다. 일할 능력과 의사를 가지고 있음에도 불구하고 취업의 기회를 갖지 못한다는 것은 개인적으로나 사회적으로 큰 손실이 아닐 수 없습니다. 개인적 입장에서 보면 실업이 된 당사자들은 당장 생계와 관련된 생존의 문제에 직면하게 될 뿐만 아니라 기술축적의 기회를 상실하게 됩니다. 더욱이 가장이 실직될 경우 자녀들의 건강이나 교육 안전 등 가정에 미치는 악영향은 매우 클 것입니다.

사회적 입장에서 실업은 자원의 낭비를 초래합니다. 많은 인적자원이 생산활동에서 배제됨으로써 국가경제의 생산과 소비가 그만큼 감소할 수밖에 없기 때문이지요. 미국의 경제학자 오쿤(A.Okun)에 따르면 경기적 실업률이 1% 포인트 증가할 때 마다 실질 GDP가 2.5%내외로 감소한다고 합니다. 이를 오쿤의 법칙이라고 합니다.

실업은 사회불안의 요인이 되기도 합니다. 실업기간이 길어지면서 실업자들이 자신이 쓸모없는 인간이라는 좌절감을 느끼고 실의에 빠지게 되면 범죄나 약물중독에 빠지기 쉽습니다. 결국 실업률이 높아지면 범죄율도 높아지면서 사회는 그 만큼의 비용을 지불하게 됩니다.

<생활경제뉴스 13 -1>
日 '묻지마 살인' …… 40대 실직자, 15층서 초등생 던져

일본의 41세 실직자가 전혀 알지 못하는 초등학생 남자 어린이를 아파트 15층에서 떨어뜨려 살해한 끔찍한 사건이 일본 열도를 충격으로 몰아넣었다.

2일 일본 언론에 따르면 가나가와(神奈川) 현 경찰은 가와사키(川崎) 시내에 사는 이마이 겐지(今井健詞) 씨를 살인 및 살인 미수 혐의로 구속했다. 이마이 씨는 지난달 20일 가와사키 시내에 있는 한 아파트 15층에서 초등학교 3학년 남자 어린이(9)를 난간 밖으로 떨어뜨려 살해한 혐의를 받고 있다. 경찰이 사건 당시 아파트 엘리베이터에 설치된 폐쇄회로TV에 찍힌 수상한 남자의 사진을 토대로 지난달 31일 이마이 씨를 공개 수배했다. 이마이 씨는 도피가 불가능하다고 판단해 공개 수배 하루 만인 1일 경찰에 자진 출두해 범행을 시인했다. 이마이 씨는 경찰에서 "죽이기 위해 떨어뜨렸다"고 진술했다. 그는 어린이를 살해한 지 9일 만에 같은 아파트를 다시 찾아 1층에서 작업하던 여성 청소원(68)을 14층으로 유인해 아래로 떨어뜨리려다 청소원이 반항하자 달아난 것으로 드러났다. 그는 경찰에서 "어린이를 죽였기 때문에 또 찾아갔다"며 "청소원은 우연히 거기 있었기 때문에 던져 죽이려 했다"고 말했다. (동아일보, 2006.4.3)

<생활경제뉴스 13 -2>
"불황 때 자살 급증"

경제가 불황이고 실업자가 늘어날수록 자살률이 높아지는 것으로 조사됐다. 고려대 의대 예방의학교실의 박종순, 이준영, 김순덕 교수팀은 최근 예방의학회지에 발표한 논문에서 "우리나라에서 97~98년 경제 성장률이 급격히 감소하면서 자살률이 급격히 증가했다"면서 "이는 IMF 위기라는 특별한 경제적 상황과 밀접한 관계가 있는 것으로 나타났다"고 밝혔다.

박 교수 등은 1983년부터 2000년까지 통계청이 집계한 연도별 자살률, 실업률, GDP성장률 사이에 어떤 관계가 있는지를 분석했다. 그 결과 경제 성장률과 자살률은 연관성이 81.5%, 실업률과 자살률은 연관성이 82.6%로 높은 것으로 나타났다. 즉 경제 성장률이 떨어질수록, 또 실업률이 높아질수록 자살률이 올라갈 확률이 80%를 넘을 만큼 서로 밀접한 관계가 있다는 뜻이다. 특히 20세 이상 성인의 경우 성장률과 자살률 연관성은 86.5%, 실업률과 자살률 연관성은 87.9%로 아주 높게 나타났다.

연도별로는 외환위기 직후인 1998년 자살률이 인구 10만 명당 19.9명(20세 이상 26명)으로 역대 최고치를 기록했다. 그해 경제 성장률은 마이너스 5.8%로 가장 낮았고 실업률은 7.0%로 가장 높았다. 김순덕 교수는 "외국의 보고와 마찬가지로 우리나라도 자살률이 경제적 번영기에 낮아지고 침체기에 높아져 경제와 밀접한 관련성을 보였다"면서 "경제가 어려울수록 자살을 막는 사회안전망을 마련하는 것이 중요하다"고 말했다. (조선일보, 2003.4.3)

2. 실업률은 어떻게 측정하나?

한 나라의 고용 및 실업문제를 파악하기 위해서는 전체 인구보다는 경제적으로 생산활동이 가능한 인구가 더욱 중요한 의미를 갖게 됩니다. 현재 우리나라에서 작성하는 각종 고용관련 통계는 만 15세 이상의 사람들을 경제적으로 생산활동이 가능한 생산활동가능인구로 간주하고 있습니다. 생산활동가능인구는 다시 노동을 통해 경제활동에 참가하고 있는 경제활동인구(economically active population)와 비경제활동인구(not economically active population)로 나뉘어 집니다. 비경제활동인구는 15세 이상 인구 중에서 취업의사가 없는 사람을 말하는데 가정주부, 학생, 일할 수 없는 노약자 등이 여기에 속하게 됩니다. 경제활동인구는 다시 현재 취업하고 있는가를 기준으로 취업자와 실업자로 구분하는데, 취업자란 주당 1시간 이상 수입을 목적으로 일한 사람이나 자기 집에서 경영하는 농장이나 사업장에서 주당 18시간 이상 일한 무급가족 종사자 등을 말합니다. 따라서 실업자란 경제활동인구 중에서 취업자를 뺀 사람들을 말합니다.

[그림 13-1] 우리나라의 경제활동인구 현황

(2003년)

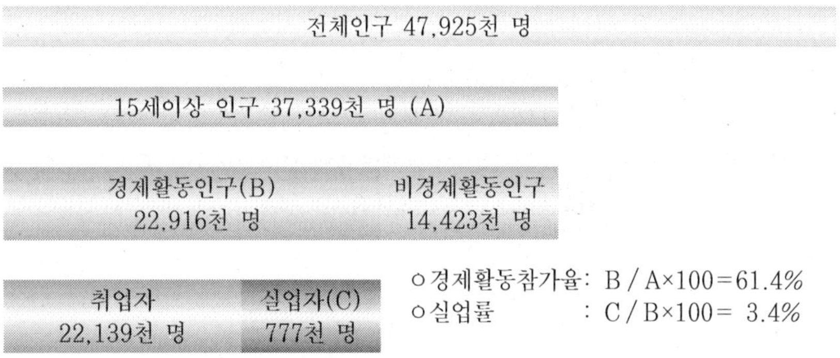

전체인구 47,925천 명

15세이상 인구 37,339천 명 (A)

경제활동인구(B) 22,916천 명	비경제활동인구 14,423천 명

취업자 22,139천 명	실업자(C) 777천 명

○경제활동참가율: B / A×100＝61.4%
○실업률　　　 : C / B×100＝ 3.4%

　　15세 이상 생산활동가능인구 중에서 경제활동인구가 차지하는 비율을 경제활동참가율이라 하고 경제활동인구 중에서 실업자가 차지하는 비율을 실업률이라 합니다.

$$경제활동참가율 = \frac{경제활동인구}{생산활동가능인구}$$

$$실업률 = \frac{실업자수}{경제활동인구수}$$

한편 우리나라 통계청의 노동력 조사방법은 경제활동인구에 포함되는 실업자와 비경제활동인구의 구분에 자의성이 개입될 여지가 높습니다. 통계청에서는 매달 34,000개 표본가구를 선정하여 15세 이상 인구 표본조사를 하는 과정에서 매달 15일이 포함된 1주일 동안에 적극적으로 일자리를 구해 본 적이 있느냐 없느냐를 질문한 결과를 통해 실업자와 비경제활동인구를 구분합니다. 따라서 이 기간 동안에 수입을 목적으로 1시간 이상 일을 하지 못한 사람 중에서 적극적으로 일자리를 구해 본 적이 있으면 실업자로 분류하고 적극적으로 일자리를 구해 본 적이 없으면 비경제활동인구로 분류합니다. 그러나 이러한 실업률의 추계는 실제 실업규모를 과소평가하게 되는 문제점을 안고 있습니다. 즉 직업을 구하고자 노력하였으나 적당한 직업을 찾지 못해 구직활동을 포기한 사람들은 실질적으로 실업상태에 있는데도 이들을 공식적으로 실업자로 간주하지 않기 때문입니다.

[그림 13-2] 취업자와 실업자 및 비고용자

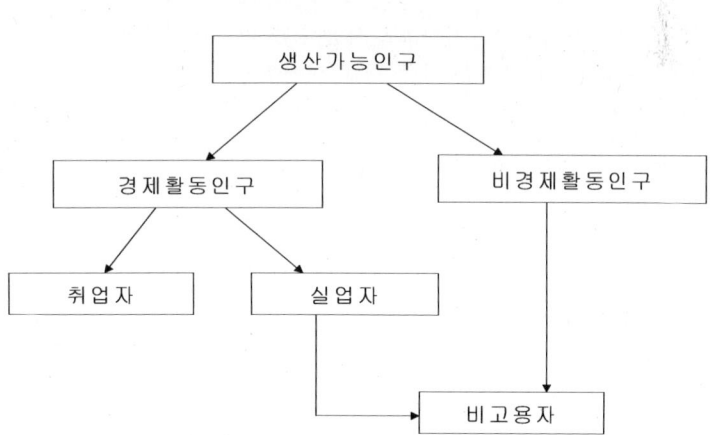

이와 같이 실질적으로는 실업자와 다름없으나 단지 구직활동을 포기했기 때문에 비경제활동인구로 분류되어 실업자 통계에서 빠진 사람들을 실망노동자(discouraged worker)라고 합니다. 또한 이를 숨겨진 실업(hidden unemployment)이라고 합니다. 이러한 사람들까지 실업자로 분류하여 실업률을 구하게 되면 공식통계상의 실업률보다 훨씬 높게 나타날 것이 분명합니다. 이와 같이 실업자와 비경제활동인구의 구분이 모호하기 때문에 비고용률이라는 개념을 이용하여 노동력의 활용도를 살펴보기도 하는데 비고용률이란 비경제활동인구와 실업자의 합을 15세 이상 생산활동가능인구 수로 나눈 것입니다.

$$비고용율 = \frac{비경제활동인구 + 실업자}{생산활동가능인구}$$

<생활경제뉴스 13-3>
'취업준비 · 그냥쉰다' 통계작성 이후 최대

취업준비생과 특별한 이유 없이 그냥 쉬는 사람들이 관련 통계 작성 이후 최대 규모를 기록, 제대로 된 일자리를 찾기 힘든 취업난을 반영했다. 또 15세 이상 생산가능인구 중 취업과 실업 등 경제활동에 참가하지 않는 비경제활동인구가 구직기간 4주 기준으로 사상 처음 1천 500만 명을 넘었다.

20일 통계청에 따르면 지난달 현재 비경제활동인구(구직기간 4주 기준)는 1천 520만 6천 명으로 지난해 같은 달에 비해 2.3% 증가했다. 지난 달 비경제활동인구는 사상 최대 규모다. 비경제활동인구의 활동 상태는 가사가 546만 명으로 가장 많았고 정규교육기관, 입시 및 취업학원 등에 대한 통학 378만 6천 명, 육아 156만 6천 명, 나이가 많은 연로 155만 7천 명, 심신장애 47만 7천 명 등이었으며 '그 외'가 236만 명이었다. '그 외' 활동 상태 중에서는 아프거나 취업이 어려울 정도로 나이가 많지 않지만 취업할 생각이나 계획이 없는 '쉬었음'이 159만 5천 명으로 가장 많았고 취업준비 25민 2천 넝, 신학순비 17만 명, 군 입대 대기 5만 2천 명, 기타 29만 1천 명 등이었다. 특히 '쉬었음'과 취업준비는 2003년 1월 관련 통계를 작성한 이후 월별 기준으로 가장 많았다. 통계청 관계자는 "비경제활동인구의 경우 전체 인구가 증가하기 때문에 늘어나는 것이 자연스러운 추세지만 취업준비나 '쉬었음'은 취업난을 어느 정도 반영하고 있는 것으로 분석된다"고 말했다. 취업·인사 포털업체 관계자는 "자신의 눈높이에 맞는 일자리를 구하려고 자격증 취득 등을 위해 학원에 다니는 사람들이 늘어나고 있을 뿐 아니라 자신이 희망하는 일자리를 얻는 데 실패해 취업을 포기하는 사람들도 증가하고 있다"고 설명했다. (중앙일보, 2006.2.20)

<생활경제뉴스 13-4>
"경기 좋아지면 실업률도 뛴다"

지난 1월 이후 낮아지던 일본의 실업률이 4월엔 큰 폭으로 치솟았다. 3월의 3.1%에서 3.4%로 껑충 뛴 것이다. 모두들 깜짝 놀랐다. 경기가 뚜렷하게 회복되고 있는 가운데 실업률이 이같이 치솟았기 때문이다. 도대체 무슨 연유일까.

그러나 이 질문에 대한 답은 뜻밖에도 '경기가 회복되고 있기 때문'이라는 것이다. 실업률은 경제활동인구 중 일자리를 구하려고 노력했으나 구직에 실패한 사람들의 비율이다. 따라서 놀고 있더라도 구직활동에 나서지 않으면 아예 실업자로 분류되지 않는다. 그런데 침체기엔 일자리를 구해봤자 마땅한 자리를 얻기 힘들기 때문에 구직행위가 활발치 못하다. 그러다 다들 경기가 좋아진다고 하니 놀고 있던 사람들이 우르르 구직전선에 나서면서 실업률을 이렇게 끌어 올리게 되는 것이다. 실제로 최근 일본에서는 여성들을 중심으로 구직자가 크게 늘고 있다. 4월중 여성 실업자는 6만 명이 새로 늘어 32만 명에 달했다. 이는 여성들이 무더기로 직장에서 쫓겨난 때문이 아니라 일없이 지내던 여성들이 구직 활동에 나섰기 때문이다. 시간이 좀 더 지난 뒤 탄탄해진 경기가 이들 구직자를 흡수하기 시작하면 실업률은 다시 낮아질 것이다. 이런 점에서 4월 중 실업률 상승은 시차(時差)에 의한 일시적 현상으로 볼 수 있다. 어쨌든 실업률이 이렇게 높아지자 일본 금융계에서는 그 동안 나돌던 중앙은행의 금리 인상조치가 좀더 늦춰질 것으로 보고 있다. (조선일보)

<생활경제뉴스 13-5>
구직 포기한 '이태백' 급증

재작년 A대학 경영학과를 졸업한 박 모(29) 씨는 숱한 기업체, 금융회사에 입사지원서를 제출했지만 모두 낙방했다. "몇 명 뽑지도 않는 대기업 공채에 해외 MBA(경영학 석사), 공인회계사 출신들이 수두룩하게 원서를 내는데, 그런 경쟁을 어떻게 뚫을 수 있겠어요?" 박 씨는 결국 구직(求職)활동을 한동안 중단하기로 결심했다. 실력을 더 키우지 않으면 번듯한 직장을 구하기가 불가능하다는 판단에서다. 그는 올 가을부터 국내 대학들이 문을여는 MBA 과정에 들어갈 생각이다. 작년에 B대학 영문과를 졸업한 김 모(24) 씨는 취업전선에 나선 지 10개월 만에 다시 학교도서관으로 돌아왔다. 처음에는 웬만한 중소기업체에라도 취직한다는 생각이었지만, 예외 없이 모두 임시직이라 마음이 내키지 않았다. 경기가 풀리면 취업시장이 좀 나아지겠지 하는 막연한 생각으로 요즘 토익(TOEIC) 공부를 하고 있다.

최근 청년층 일자리가 급속히 줄어드는 가운데, 일자리를 포기하는 20대들이 크게 늘고 있다. 4년제 대학을 나오고도 중소·중견 기업에 노크해번번이 고배를 마시자 아예 '구직활동 포기'를 선언하고 빈둥빈둥 놀고 있는 '이태백'들이 허다하다. 16일 통계청이 발표한 '2월 고용동향'에 따르면지난달 20~29세 청년층 취업자 수는 405만 3000명으로, 작년 2월(425만 5000명)에 비해 4.7%(20만 2000명)나 줄었다. 이 같은 감소 폭은 외환위기직후인 1999년 3월(-5.9%) 이후 6년 11개월 만에 가장 큰 것이다.

통계청은 "20대 청년층이 좋은 일자리를 확보하기 위해 장기간 취업 준비를 하는 경우가 늘고 있다"며 "취업 준비에 지친 나머지 구직활동에 실망을 느끼고 단념하는 청년들도 많아지고 있다"고 분석했다. 통계청 자료에 따르면, 지난달 비(非)경제활동인구 중 구직 단념자는 13만 8000명으로작년 같은 기간보다 4000명 증가했다. 구직 단념자 수는 작년 8월 14만 8000명을 기록한 이후 5개월 만의 최대치이며, 지난해 11월부터 3개월 연속 늘어가는 추세다. (조선일보, 2006.3.17)

3. 실업의 유형은

실업은 발생 원인 및 존재 형태에 따라 여러 유형으로 다양하게 구분할 수 있습니다. 일반적으로 실업은 크게 자발적 실업과 비자발적 실업으로 나눌 수 있으며 자발적 실업에는 마찰적 실업과 계절적 실업이 그리고 비자발적 실업에는 구조적 실업과 경기적 실업, 그리고 기술적 실업 등이 포함됩니다.

1) 자발적 실업

자발적 실업(voluntary unemployment)이란 노동의 대가로 받는 현재의 임금수준이 노동하는 고통보다 낮다고 생각하여 노동자 스스로가 취업하기를 거부하는 경우에 나타나는 실업입니다. 노동의 수요와 공급이 균형을 이루는 상태에서 임금이 결정되는 경우에 그 수준 이상으로 임금을 요구하는 사람은 직장을 구할 수 없습니다. 현행 임금수준에서 일하지 않는 사람은 자신의 의사에 따라 실업을 선택한 것으로 보고 이러한 실업을 자발적 실업이라고 합니다.

(1) 마찰적 실업

마찰적 실업(frictional unemployment)은 노동시장이 동태적으로 변화하고, 노동시장에 대한 정보의 흐름이 불완전함에 따라 나타나는 실업으로,

더 좋은 직장이나 직업에 대한 정보를 수집하는 과정에서 일시적으로 실업 상태에 있는 것을 말합니다. 어떤 사람들은 더 좋은 직장으로 옮기기 위해 정보를 수집하는 과정에서 실업상태를 경험하기도 합니다. 또한 대학을 졸업한 지가 얼마 되지 않은 사람들 중에는 적성에 맞는 직장을 구하기 위해 여러 직장을 옮겨 다니는 과정에서 일시적으로 실업상태를 경험하는 경우도 있습니다. 이처럼 사람들이 완전한 정보를 가지고 있지 않는 한 마찰적 실업은 불가피한 현상으로 동적인 경제에서 이러한 종류의 실업은 항상 존재하기 마련입니다. 따라서 한 경제에 마찰적 실업만 존재하는 경우에는 완전고용이 이루어진 상태로 취급하게 됩니다. 또한 마찰적 실업은 더 나은 직장을 찾기 위하여 개인이 스스로 선택한 것이라는 의미에서 자발적 실업으로 간주됩니다.

(2) 계절적 실업

계절적 실업이란 말 그대로 계절의 변화에 따라 발생하는 실업을 의미합니다. 기후나 기타 계절적 변화 그리고 관습 등에 의해 생산 및 상품소비가 변화하면 노동의 수요도 계절적으로 변화하게 됩니다. 계절적 실업은 주로 농업, 수산업 등 1차산업과 건설업에서 발생합니다. 그리고 사회관습이나 계절적으로 반복되는 설날, 추석, 크리스마스 등에 의해 상품소비가 변동함으로써 고용수준이 변하게 되는데 이러한 계절적 실업은 마찰적 실업의 구성 요소로 간주됩니다.

2) 비자발적실업

비자발적 실업(involuntary unemployment)이란 현행 임금수준에서 일할 의사를 갖고 있으나 일자리를 찾지 못해 실업에 빠진 경우를 말합니다. 이러한 비자발적 실업은 그 발생 원인에 따라 다음과 같이 분류할 수 있습니다.

(1) 경기적 실업

자본주의 경제발전 과정을 살펴보면 그 변동 폭이 크건 작건 간에 경기가 주기적으로 변동하여 왔던 것을 관찰할 수 있습니다. 경기적 실업(cyclical unemployment)이란 불경기하에서 생산이 감축됨에 따라 발생하는 실업현상입니다. 이러한 실업이 발생하는 원인은 경제 내에 유효수요가 부족하기 때문이라고 할 수 있습니다. 유효수요가 부족하면 생산물이 판매되지 않고 재고가 누적되므로 기업은 생산을 감축해야 하고 이러한 과정에서 기업은 노동자를 해고할 수밖에 없게 됩니다. 이와 같이 불경기에 따른 실업현상을 경기적 실업이라고 합니다.

이러한 경기적 실업은 그것의 진행과정이 누적적으로 진행되는 특징을 갖고 있습니다. 총수요의 감소로 인하여 실업자가 증가하면 소비수요가 감소하게 됩니다. 실업자들이 소비를 전보다 줄이게 되면 총수요는 더욱 감소하여 기업은 추가적으로 노동자를 해고하여야 할 것입니다. 이와 같이 총수요의 감소와 실업이 누적적으로 진행되면 경제는 불황국면에 빠져들게 됩니다. 따라서 여러 가지 실업 중에서 바로 경기적 실업이 정부가 가장 걱정해야 하는 실업이라 할 수 있습니다.

(2) 구조적 실업

어느 나라에서든 경제가 발전하는 과정에서 경기변동수준과는 무관하게 산업구조의 변동이 발생하게 됩니다. 산업구조가 변화함에 따라 성장산업에서 요구하는 기술과 사양산업에 있던 노동자들의 기술수준이 서로 맞지 않아 사양산업의 노동자들이 성장산업으로 즉시 이동할 수 없어 발생하는 실업을 구조적 실업(structural unemployment)이라고 합니다.

또한 지역 간 불균형 발전이 있을 때 성장지역의 기업들이 요구하는 기술수준과 낙후지역에 거주하는 노동자들의 기술수준이 일치하지 않아서 발생하는 경우나, 기술수준이 일치한다 하더라도 지역간 노동이동이 불완전하여 발생하는 실업 역시 구조적 실업에 포함됩니다.

만약 임금이 완전히 신축적이고 직종 간, 지역 간 이동비용이 매우 낮다면 시장의 조정과정을 통해 이러한 종류의 실업은 신속하게 제거될 수 있을 것입니다. 그러나 실제적으로는 이러한 조건이 충족되기 어려우며 따라서 구조적 실업이 존재하게 됩니다.

(3) 기술적 실업

기술적 실업(technological unemployment)이란 기술이 발전함에 따라 인간의 노동력이 기계로 대체되는 과정에서 발생하는 실업현상을 말합니다. 기술이 발달하면 기계나 로봇 그리고 컴퓨터 등이 인간의 노동력을 대신함으로써 보다 효율적이고 경제적인 생산활동이 가능해집니다. 따라서 기업은 점차로 노동력을 기계나 로봇으로 대체하는 기술집약형 산업구조로 전환하게 되는데, 이 과정에서 노동력에 대한 수요는 점차 감소하게 되어 실업자가 발생하게 됩니다.

이러한 기술석 실업은 그 동안 여러 나라에서 경제정책의 주요한 고려대상이 되지 못하였습니다. 왜냐하면 기술진보는 실업을 야기하는 동시에 다

른 한편으로는 또 다른 일자리를 창출하여 왔기 때문입니다. 예컨대 노동
절약형 기계가 발명되면 그것과 관련된 산업부문에서는 실업이 발생할 수
있지만 노동절약형 기계의 수요가 증가함에 따라 그 기계를 생산하는 산업
부문에서는 고용이 증가할 수 있기 때문입니다. 그러나 최근에는 컴퓨터의
활용이 확산됨에 따라 실업률이 점차로 증가하는 경향이 있다는 연구결과
가 유럽을 중심으로 발표되기도 합니다.

　지금까지 설명한 실업의 원인과 유형 그리고 이에 따른 실업정책들을 정
리하면 [그림 13-3]과 같습니다.

[그림 13-3] 실업의 원인별 유형과 특징

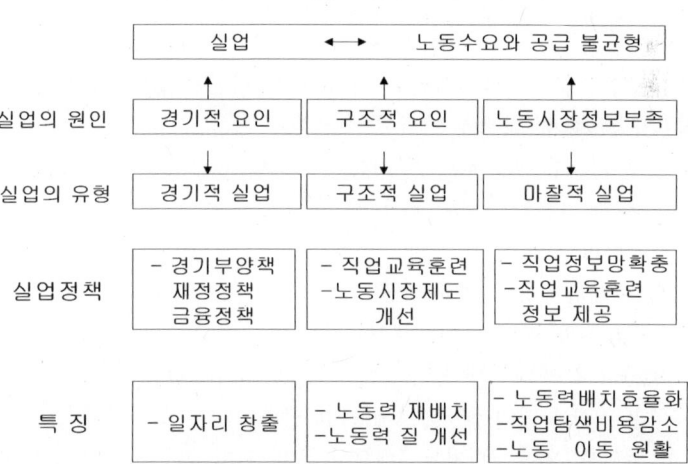

<생활경제뉴스 13-6>

기업 4곳 중 1곳 "신입사원 입사 1년 뒤 절반도 안 남아"

　지방 중소 기계설비회사의 인사 담당자 이 모(43) 씨는 요즘 걱정이 태
산이다. 작년에 뽑은 신입사원의 70%가 1년도 안 돼 회사를 그만뒀기 때
문이다. 신입사원의 집으로 입사 축하 카드를 보내고 가족 초청 행사를 여
는 등 안간힘을 썼지만 역부족이었다. 이 씨는 "아무리 설득해도 급여 수준

신입사원들의 퇴사 이유
(단위: %)

	대기업	중소기업
회사와 안맞아	9.7	19.3
직무와 안맞아	22.6	31.7
급여가 적어	6.5	18.7
개인 사정	22.6	21.0
중복 합격	29.0	
기타	9.7	6.0

자료: 인크루트

에 불만이 있는지 다들 떠나버렸다"고 한숨지었다.

서울 명문대를 졸업한 박 모(32) 씨는 전형적인 '철새 직장인'. 2년 전 대기업에 입사한 그는 "연봉과 복리후생이 기대에 못 미친다"며 6개월 만에 사표를 던지고 광고회사로 옮겼다.

하지만 그곳에서도 '조직문화에서 오는 염증'을 느꼈다. 지난해 다시 직장을 그만둔 그는 새 일자리를 알아보는 중이다

○기업 26% "1년 뒤 절반 이상 떠나"

기업들이 새내기 직장인의 '파랑새 증후군'으로 골머리를 앓고 있다. 파랑새 증후군은 동화극 '파랑새'의 주인공을 빗댄 말로 신입사원이 현재 일에 만족하지 못하고 이상적인 직장을 찾아 떠돌아다니는 현상을 뜻한다. 이들은 정처 없이 직장을 옮겨 다닌다는 뜻으로 '메뚜기족', 현재 직장을 다니지만 꾸준히 다른 직장을 알아본다는 뜻의 '취업 반수(半修)생'으로도 불린다. 1일 취업 인사포털 사이트 인크루트가 전국 362개 기업을 조사한 결과 4곳 중 1곳 꼴인 26%의 기업들은 입사 1년이 지나면 신입사원이 절반도 남지 않았다. 1년 뒤 신입사원 모두가 남아 있는 기업은 3.6%에 불과했다. 중소기업은 사정이 더 어렵다. 1년 뒤 신입사원 절반 이상이 퇴직한 회사의 비중은 중소기업(28.7%)이 대기업(12.9%)의 갑절이나 됐다. 취업이 '하늘의 별따기'만큼 어려운데도 나타나는 이런 현상에 기업들은 황당해 하고 있다.

한 증권사 인사 담당자는 "배짱이 좋은 건지 회사에 문제가 있는 건지 모르겠지만, 입사 1년도 안 돼 나가는 신입사원들은 붙잡기도 어렵다"고 말했다. 그토록 힘들게 잡은 직장을 신입사원들은 왜 쉽게 그만둘까. 인크루트에 따르면 '직장 분위기나 직무, 급여 불만족'이 64.4%로 압도적이었다. 우선 지푸라기라도 잡고 보자는 심정에서 '아무 곳에나' 덜컥 합격은 했지만 직장 생활은 상상했던 것과는 달리 쉽지 않았고 적성에도 맞지 않았다는 것.

인크루트 이광석(李光錫) 대표는 "구직자들이 기업과 직무에 대한 탐색 없이 '묻지 마 지원'을 하기 때문"이라고 풀이했다.

○'파랑새 잡기' 안간힘

기업 신입사원 잡기 백태

가족초청 축하행사 열며

6개월 근속땐 스톡옵션

성적보다 '남들 사람' 뽑아라

기업들은 '파랑새 증후군'에서 벗어나기 위해 나름대로 대책을 마련하고 있다. 채용과 교육, 직무 적응까지 들인 시간과 비용 손실 때문에 멍하니 당할 수만은 없다는 것.

여행사 하나투어는 입사 6개월이 지난 직원에게 스톡옵션(주식 매수선택권)을 준다. 이직률을 낮추고 입사경쟁률도 높이려는 전략이다. 교육업체 ㈜대교도 인턴사원으로 입사한 뒤 1년간 퇴사하지 않고 '잘 다니면' 4, 5일간의 해외연수 혜택을 주고 있다.

인크루트 조사 결과 이처럼 후견인이 일대일로 상담해 주는 멘터링 제도와 직무 교육, 가족 챙기기 등으로 신입사원을 챙기는 기업의 퇴사율은 상대적으로 낮았다. 최근에는 이미 뽑은 직원을 챙기는 것에서 한 발 더 나아가 처음부터 '나가지 않을 사람'만 뽑기 위해 노력하고 있다. 중복 합격으로 경쟁사에 신입사원을 많이 뺏기는 대기업에서 두드러진 현상이다. LG전자는 지난해 초 인사 담당자 등 총 10명으로 구성된 태스크포스를 만들었다. 미리 원하는 인재상을 만들어 취업설명회마다 "우리는 이런 사원을 원한다"고 구직자들에게 전파하는 것이 이들의 임무다. LG경제연구원 강승훈(姜承勳) 선임연구원은 "종신고용이 사라지는 것을 보며 자란 신세대는 불확실한 미래보다는 즉각적인 만족과 보상을 원한다"며 "하지만 입사한 지 얼마 안 돼 퇴직하는 것은 스스로에게 '마이너스'"라고 말했다. (동아일보, 2006.2.2)

4. 자연실업률이란?

자연실업(natural unemployment)이란 노동자들이 마음에 드는 일자리를 얻기 위해 옮겨 다니는 과정에서 발생하는 실업, 즉 마찰적 실업을 말합니다. 따라서 앞에서 설명한 것처럼 한 경제 내에 자연실업만 존재하면 완전고용이 이루어진 것으로 보는 것이 일반적인 관행입니다. 어떤 경제를 들여다보면 시간이 경과함에 따라 실업자 중에서 취업을 하는 사람이 있는가 하면 취업자 중에서 일자리를 잃고 실업상태가 되는 사람도 있습니다. 이렇게 사람들이 일자리를 얻고 잃는 과정이 반복되는 동적인 경제 내에서 일자리를 얻는 사람과 일자리를 잃는 사람의 수가 일치하여 실업자의 수가 변하지 않게 될 때 나타나는 실업률을 자연실업률(natural rate of unemployment)이라고 합니다.

여기서 주의해야 할 점은 자연실업률은 0이 아니라는 것입니다. 왜냐하면 한 경제 내에 아무리 고용률이 높더라도 노동자들의 직장이동이나 직업탐색과정에서 어느 정도의 실업은 여전히 존재하기 때문입니다.

또한 나라들마다 노동시장의 상황이나 제도적 요인 등에 의해 이 자연실업률이 조금씩 다를 수 있습니다. 자연실업률이란 마찰적 실업만이 존재하는 상태에서의 실업률이므로 한 국가내의 마찰적 실업의 크기에 따라 자연실업률의 크기도 달라지게 됩니다. 따라서 자연실업률이 어떤 수준에서 결정되는지를 알기 위해서는 마찰적 실업에 영향을 줄 수 있는 요인들을 살펴볼 필요가 있습니다.

마찰적 실업은 정부의 국민후생증대 정책에 의해 영향을 받을 수 있는데 그 대표적인 예가 바로 실업보험제도입니다. 실업보험제도는 실업으로 인한 고통을 줄여준다는 데 그 기본 취지가 있습니다만 관대한 실업보험제도의 혜택은 오히려 마찰적 실업을 증대시켜 자연실업률을 높이는 결과를 가져올 수 있습니다. 즉 실업보험제도가 잘 갖춰지면 노동자들은 실업으로 인한 고통이 감소하므로 쉽게 현재의 일자리를 그만두고 다른 일자리를 찾으려 할 수 있습니다. 또한 실업상태에 있는 사람들의 경우에는 새로운 일자리를 찾으려는 노력을 게을리할지도 모릅니다. 따라서 실업보험제도가 잘 갖춰진 국가일수록 마찰적 실업이 많아지고 결과적으로 자연실업률이 더 높아지는 현상이 나타납니다.

<생활경제뉴스 13-7>
자연실업률 3%대 …… 환란 전보다 높은 수준
환란 후 高실업은 자연실업률. 경기 영향

최근 우리나라의 높은 실업률은 경기침체와 함께 자연실업률이 높아졌기 때문이라는 연구결과가 나왔다. 한국개발연구원(KDI)의 신석하 연구원은 4일 'KDI 정책연구'에 게재한 '한국의 자연실업률 추정' 논문에서 "지난 2003년 우리나라의 자연실업률은 3.1~3.7% 수준으로 외환위기 이전인 88~97년의 2.6~3.2%보다 높아졌다"고 밝혔다.

자연실업률이란 완전고용 실업률이라고도 불리는데, 장기적으로 물가압력을 유발하지 않는 상태의 최저수준의 실업률을 뜻한다. 신 연구원은 논문에서 한국의 자연실업률이 지난 79~87년에는 3.7~4.0% 수준에 달했으나 88~97년 2.6~3.2%로 떨어진 뒤 환란 당시인 98~2003년에는 4.0~5.3%로 다시 치솟았다고 설명했다. 그러나 지난 2002년 3.2~3.7%로 떨어진 뒤 지난해에도 3%대를 유지했으나 여전히 높은 수준이라고 평가했다. 이에 따라 실제 실업률도 환란 당시인 98~2003년에는 평균 4.7%에 달하던 것이 2002년 3.1%, 2003년 3.3%로 안정됐으나 환란 전인 88~97년의 평균 2.5%보다는 높은 상태라고 지적했다. 그는 아울러 자연실업률과 실제실업률의 차이를 나타내며 경기상황을 반영하는 '실업률 갭'이 최근 커지고 있는 점을 감안하면 최근의 높은 실업률은 자연실업률 상승과 함께 경기침체라는 요인도 겹쳤기 때문이라고 밝혔다.

신 연구원은 "자연실업률은 노동시장의 측면에서 현재 경제상태를 파악하고 경제정책 방향을 수립하는 데 유용한 개념"이라며 "이번 조사 결과는 최근의 실업률이 구조적인 요인과 함께 경기 순환적인 요인이 동시에 작용하고 있다는 사실을 시사했다"고 말했다. (조선일보, 2005.1.4.)

5. 인플레이션이란?

일정기간 동안 물가지수가 증가한 비율을 물가상승률 혹은 인플레이션 율이라고 합니다. 물가의 움직임은 물가지수(price index)라는 지표를 통해 파악할 수 있습니다. 물가지수란 기준시점의 물가를 100으로 잡고 다른 시점의 물가를 이의 백분비로 표시한 지수를 말합니다. 예를 들어 2000년을 기준으로 했을 때 2005년의 물가지수가 157이라면 2005년 물가가 2000년에 비해 57% 증가했다는 것을 의미합니다. 물가지수는 작성목적에 따라 여러 가지 종류를 작성하여 사용하고 있지만 대표적인 물가지수는 소비자물가지수, 생산자물가지수 그리고 GDP디플레이터 등이 있습니다.

소비자물가지수(CPI: consumer price index)는 일반 소비자가 소비생활을 영위하기 위해 구입하는 재화의 가격과 서비스요금의 변동을 종합적으로 측정하기 위해 작성되는 물가지수로서, 서울을 비롯한 36개 주요 도시 가구가 사용하는 대표적인 소비재 509개의 가격을 고려해 평균적인 생계비 내지 소비자의 구매력을 측정하기 위해 작성됩니다. 이에 비해 생산자물가지수(PPI: producer price index)는 기업 상호간에 거래되는 서비스를 제외한 원자재와 자본재 949개 품목을 대상으로 하며 전반적인 상품의 수급 동향과 일반 물가수준을 측정하기 위해 작성됩니다.

한편 생산자물가지수나 소비자물가지수와 함께 국민경제 전체의 물가수준을 나타내는 지표로 GDP디플레이터가 사용되기도 합니다. 우리는 앞에서 명목GDP를 실질 GDP로 나누어 사후적으로 얻어지는 값을 GDP디플레이터라 한다는 것을 공부했습니다. 따라서 GDP디플레이터는 한 나라 안에서 생산된 모든 상품의 가격이 고려 대상이 됩니다. GDP디플레이터는 국민소득에 영향을 주는 모든 물가요인을 포괄하는 종합적인 물가지수라 할 수 있습니다. 그러나 GDP디플레이터는 국내에서 생산된 상품만을 고려 대상으로 하고 있기 때문에 수입상품의 가격동향을 전혀 반영하지 못하는 한계를 갖고 있습니다.

6. 물가지수의 측정은?

물가지수를 구할 때는 모든 상품의 가격을 동등하게 반영하는 것이 아니라 그 비중에 따라 차등을 두어 구하게 됩니다. 즉 각 상품의 비중에 따라 차등을 둔다는 것은 각 상품에 서로 다른 가중치를 준다는 것을 의미하는데 일반적으로 거래량이 많은 상품일수록 더 큰 가중치가 적용됩니다. 결국 생산량이 가중치가 되는 셈이지요.

이제 물가지수의 성격을 이해하기 위해 각 물가지수가 어떻게 구해지는지를 살펴보기로 하겠습니다. 〈표 13-1〉은 2000년과 2005년 두 해의 생산량과 가격을 가상으로 표시하고 있습니다. 이 예를 통해 소비자물가지수와 GDP디플레이터 구하는 법에 대해 알아보기로 하지요.

〈표 13-1〉 2000년과 2005년의 생산량과 가격

	2000년		2005년	
	생산량	가 격	생산량	가 격
쌀	9	50	11	40
의류	10	40	7	60
자동차	6	100	10	150
소비자물가지수	100		128.3	
GDP디플레이터	100		129	

먼저 소비자물가지수는 기준연도의 생산량을 가중치로 삼아 물가의 동향을 파악하는 지수입니다. 먼저 2000년에 쌀 9가마, 의류 10벌 그리고 자동차 6대를 생산하였는데 이를 위해 지출한 금액은 1,450원(9×50＋10×40＋6×100)입니다. 만일 이와 똑같은 상품을 2005년도의 가격으로 구입하려면 1,860원(9×40＋10×60＋6×150)원이 됩니다. 동일한 상품묶음을 2000년 가격으로 구입하면 1,450원이 드는데 2005년 가격으로 구입하면 1,860원이 든다는 말인데 바로 이 둘의 차이가 물가변동을 반영한다고 할 수 있습니다. 따라서 2005년의 소비자 물가지수는 다음과 같이 구할 수 있습니다.

$$2005년\ 소비자물가지수 = \frac{9×40＋10×60＋6×150}{9×50＋10×40＋6×100}$$
$$= \frac{1,860}{1,450} ×100 = 128.3$$

2005년 소비자물가지수가 128.3이라는 것은 기준연도인 2000년의 상품묶음을 구입하는 데 드는 금액이 2000년에 비해 28.3% 더 증가하였음을 의미합니다.

소비자물가지수는 항상 기준연도의 생산량을 가중치로 사용하고 있으므로 물가지수를 구하는 연도가 바뀌어도 가중치는 변하지 않습니다. 생산자물가지수도 같은 방식을 채택하고 있는데 이러한 방식으로 구한 물가지수를 라스파이레스지수(Laspeyres index)라고 합니다.

한편 GDP디플레이터는 기본적으로 물가지수를 구하려는 해의 생산량을 가중치로 삼아 물가의 동향을 파악하는 지수입니다. 따라서 물가지수를 구하려는 해가 변함에 따라 각 상품에 적용되는 가중치는 변하게 됩니다. 우리는 GDP디플레이터가 (명목GDP / 실질GDP)×100으로 구한다는 것을 이미 알고 있습니다. 이와 같은 방식으로 구한 물가지수를 파셰지수(Paasche index)라고 합니다. 위의 〈표 13-1〉에서 2005년 GDP디플레이터를 구하면 129가 됩니다.

$$2005년 \ GDP디플레이터 \ = \ \frac{11\times40+7\times60+10\times150}{11\times50+7\times40+10\times100}$$
$$= \ \frac{2,360}{1,830} \times100=129$$

2005년 GDP디플레이터가 129라는 것은 2005년도에 생산된 최종상품을 구입하기 위해 필요한 금액이 2000년도 가격으로 구입했을 때의 금액보다 29% 더 많다는 것을 의미합니다.

[그림 13-4] GDP디플레이터와 물가지수의 상승률 추이

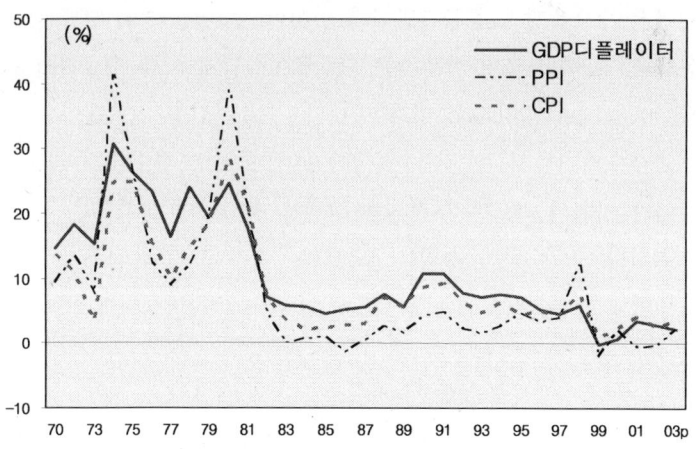

GDP디플레이터와 여타의 물가지수는 산출방식이 서로 다르기 때문에 약간의 차이는 있으나 대체로 같은 방향으로 움직이기 마련입니다. 우리나라의 경우 [그림 13-4]에서 보는 바와 같이 석유파동으로 인하여 물가가 큰 폭으로 오른 1974년과 1980년에는 GDP디플레이터나 PPI, CPI의 상승률이 모두 크게 오른 반면 물가가 안정된 1981년 이후는 대체로 안정적인 추세를 보였으며 외환위기로 인한 환율상승 등의 영향으로 1998년에는 다소 상승하는 모습을 보이고 있습니다.

7. 인플레이션은 왜 발생하게 되나요?

인플레이션이란 일반적인 물가수준이 수년에 걸쳐 현저하게 상승하는 현상을 말합니다. 이러한 인플레이션은 왜 발생하게 될까요? 인플레이션의 발생 원인은 수요측면과 공급측면에서 설명할 수 있습니다. 하나는 총수요가 총공급을 초과함으로써 발생하는 인플레이션인데 이를 수요견인형 인플레이션(demand-pull inflation)이라 합니다. 수요견인형 인플레이션은 경제 내의 초과수요가 존재하는 경우 발생하게 됩니다. 초과수요는 과소비풍조의 만연이나 기업의 과도한 투자의욕 그리고 통화량이 증가하는 경우에 발생하게 됩니다. 또 수출이 수입을 초과하는 경우 그리고 정부가 확대재정정책이나 확대통화정책을 펴는 경우에도 초과수요가 발생하게 됩니다.

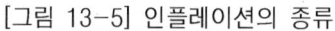

[그림 13-5] 인플레이션의 종류

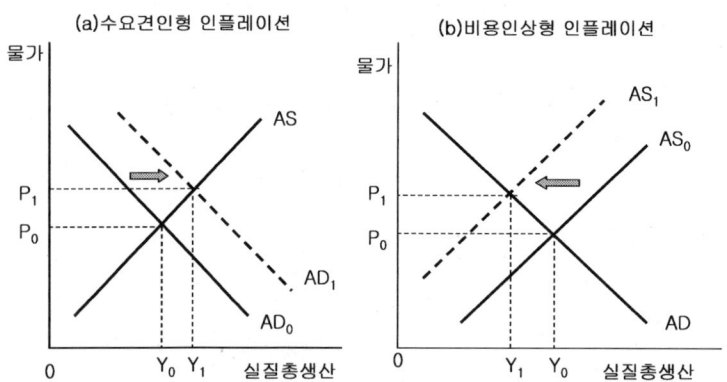

수요견인형 인플레이션은 [그림 13-5]의 (a)에 나타나 있습니다. 총수요가 증가하면 총수요곡선은 AD_0에서 AD_1으로 이동하게 되는데 이때 총공급이 증가하지 못하면 물가가 P_0에서 P_1으로 상승하게 됩니다. 이와 같이 초과수요에 의해 발생하는 인플레이션을 수요견인형 인플레이션이라고 합니다.

한편 임금이나 원자재가격 등 생산비가 상승함으로써 발생하는 인플레이션을 비용인상 인플레이션(cost-push inflation)이라고 합니다. 비용인상형 인플레이션은 [그림 13-5]의 (b)에 나타나 있습니다. 노동조합의 과도한 임금인상 요구나 국제유가 상승 등과 같이 생산비용이 증가하여 총공급이 감소하면 총공급곡선은 AS_0에서 AS_1으로 이동하게 되는데 이 경우 물가는 P_0에서 P_1으로 상승하게 됩니다. 이와 같이 임금이나 부동산가격, 원재료가격 등이 상승하면 기업의 생산비용이 증가하기 때문에 발생하는 인플레이션을 비용인상 인플레이션이라고 합니다.

8. 인플레이션의 폐해

인플레이션이 발생하면 화폐의 가치는 하락하게 됩니다. 화폐가치가 하락하면 어떤 상품을 구매하기 위해 지불해야 하는 화폐 총액이 전보다 많아지게 되어 자연히 생활형편이 쪼들리게 됩니다. 따라서 사람들은 인플레이션을 두려워합니다. 그러나 인플레이션은 모든 사람과 자산에 동일하게 영향을 미치는 것이 아니라 현실경제의 처한 여건에 따라 미치는 영향도 상이하게 됩니다. 인플레이션이 예기치 않게 발생하게 되면 첫째 사회구성원들간에 뜻하지 않게 소득과 부가 재분배되는 결과를 낳게 됩니다. 예를 들어 연 이자율 10%로 돈을 빌려주는 경우를 생각해보지요. 만일 인플레이션율이 15%가 된다면 돈을 빌려준 사람은 오히려 5%의 손해를 보게 되고 돈을 빌린 사람은 이익을 얻게 됩니다. 국민경제 전체를 놓고 볼 때 대표적인 채무자는 기업이고 채권자는 가계라고 할 수 있습니다. 기업을 소유한 사람들이 일반인들보다 부유하다고 하면 인플레이션은 가난한 사람으로부터 부유한 사람에게로 소득을 재분배하는 결과를 낳을 수 있습니다.

또한 인플레이션은 장래에 대한 예상을 어렵게 합니다. 따라서 현실경제에는 불확실성이 커지게 되고 기업은 미래에 대한 확신이 없기 때문에 투자를 줄이게 됩니다.

한편 인플레이션이 발생하는 경우 모든 상품의 가격이 같은 비율로 오르는 것은 아닙니다. 즉 인플레이션으로 상품들의 가격차이가 커지게 되면 가격이 더 오를 것이라고 생각되는 상품, 예컨대 부동산, 골동품, 금 등에 대한 투기가 성행하게 됩니다. 이렇듯 건전한 성격의 투자는 이루어지기 힘들고 투기가 만연하게 되면 사회적으로 큰 비용이 발생하게 됩니다.

<생활경제뉴스 13-8>
인플레 반기는 일본

경제학 교과서에까지 실렸던 '일본경제의 역설(逆說)'이 있다. 이자율이 떨어지면 저축률도 떨어지게 마련이지만 일본에선 상식이 통하지 않았다. 이자율이 떨어지면 사람들은 목표했던 저축액을 채우려고 오히려 허리띠를 더 졸라매 저축했다. 90년대 일본은 '경제이론이 통하지 않는 나라'였다. 세계 최고 외환보유, 최대 무역흑자, 최대 개인 금융자산을 지닌 일본이 장기불황에서 헤어나지 못하는 것부터가 불가사의했다.

▶일본에 또 하나 경제 역설이 진행되고 있다. '인플레이션(물가상승) 반기는 나라' 일본이다. 원유값 인상과 엔저(低)에 따른 인플레 압력이 즐겁기만 하다. 일본 경제는 거품이 꺼진 뒤 부동산과 주식이 반토막 나면서 십 몇 년 동안 디플레이션(물가하락)에 시달려왔다. 그러던 차에 비치는 인플레 조짐이 '디플레 끝'을 알리는 신호라며 좋아하고 있다. 15년 불황의 마지막 관문을 통과했다는 시그널이길 바라는 것이다.

▶6만 종업원을 거느린 도요타 자동차는 일본 최대 사업장이다. 그래서 매년 봄 임금협상 때 가이드라인이 된다. 2000년부터 '베이스 업'(기본급 인상)을 중단했던 도요타가 올해 춘투(春鬪)에서 6년 만에 기본급을 올리기로 했다. 인플레를 부채질하기 위해 우리 전경련 격인 경단련이 앞장서 도요타에 임금 인상을 권했다는 소문이 돌았다.

▶지난주 일본 열도를 가장 뜨겁게 달군 뉴스가 '7년 만의 디플레 탈출'이었다. 올 1월 소비자 물가가 작년 1월보다 0.5% 올랐다는 일본 중앙은행 발표에 여론은 환호했다. 주식시장도 물가 상승을 '축하'해 지난 한 주 동반상승 했다. 일본 소비자 물가는 1998년 7월부터 내리막세에 들어선 뒤 작년 말까지 7년 동안 줄곧 마이너스 행진을 해왔다. 그러다 작년 10월 처음 0.1% 올랐고 올 1월까지 넉 달 내리 상승세를 기록했다.

▶일본 경제가 디플레에서 완전히 벗어났는지는 아직 논란이 있다. 고이

즈미 총리는 "중앙은행의 통화량 조절 결정을 존중한다"면서도 "아직 디플레 탈출을 단언하기 어렵다"고 했다. 자민당도 "성급한 정책 전환이 모처럼 일고 있는 경기회복세를 꺾을 수 있다"고 걱정했다. 모두들 희망의 불씨가 행여 꺼지지나 않을까 몸이 달았다. 후쿠이 일은(日銀) 총재는 "디플레 시대로 되돌아가는 일은 절대 없다"고 못박았다. 지금 일본에서 디플레 탈출의 염원은 하나의 신앙(信仰)이다.(조선일보, 2006.3.12)

9. 인플레이션에 대한 대책은?

수요견인형 인플레이션과 비용인상형 인플레이션은 국민소득에 미치는 영향 면에서 상반된 성격을 갖고 있습니다. [그림 13-6]에서 나타나듯이 수요견인형 인플레이션이 발생하면 국민소득은 증가하지만 비용인상형 인플레이션이 발생하면 국민소득이 감소하여 물가상승과 불경기가 동시에 발생하는 스테그플레이션(stagflation)이 발생하게 됩니다. 따라서 현재 발생하고 있는 인플레이션의 원인이 무엇이냐에 따라 정부의 대응도 달라져야 합니다.

먼저 수요견인형 인플레이션에 대한 대책은 총수요 억제에 핵심이 있습니다. 즉 [그림 13-6](a)에서 나타나듯이 총수요의 증대로 총수요곡선이 AD_1으로 이동하여 인플레이션이 발생한 경우는 통화공급의 감소나 정부지출의 감소와 같은 긴축적 통화 재정정책을 통해 총수요곡선을 AD_0로 돌아오게 함으로써 물가상승요인을 제거하는 것을 의미합니다.

그러나 비용인상 인플레이션의 경우는 물가인상을 억제하기 위해 긴축적인 총수요정책을 취하는 것은 적절한 대응이 되지 못합니다. 그림(b)에서 보는 것처럼 비용인상 인플레이션으로 경제가 E_1점에 있는 상태에서 긴축적인 통화정책이나 재정정책을 통해 총수요곡선을 AD_1으로 이동시키는 경우를 고려해 보지요. 그러면 경제는 E_2점에서 균형을 이루어 물가는 P_0로 하락하지만 국민소득은 Y_2로 더욱 감소하게 됩니다. 이렇게 국민소득이 감소하게 되면 실업이 한층 증가할 것은 분명합니다. 결국 물가를 안정시키면서 국민소득을 증가시킬 수 있는 방법은 총공급곡선을 원래의 위치로 되돌리는 방법뿐입니다. 그러나 정부의 단기 안정화정책이란 총수요에 영향을 주는 정책이기 때문에 부존자원의 크기나 생산성 등에 의해 결정되는 총공급곡선을 통화정책이나 재정정책을 통해 이동시키는 것은 매우 어려운 일입니다.

[그림 13-6] 인플레이션에 대한 대책

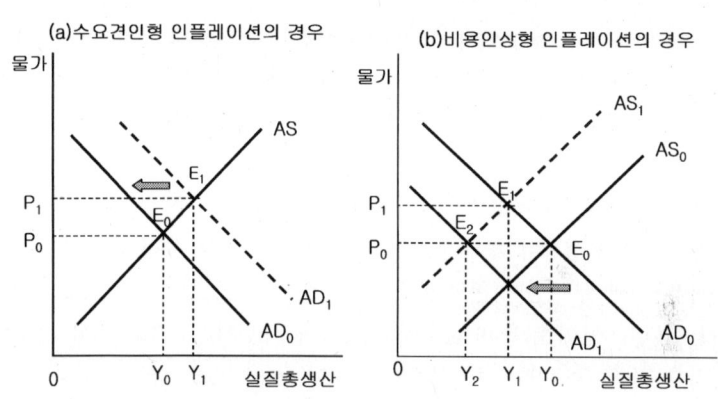

이러한 맥락에서 정부가 임금과 물가의 상승을 직접 규제하는 방안을 고려할 수 있는데 이를 물가관리정책 혹은 소득정책(income policy)이라고 합니다. 예를 들어 임금인상 협상과정에 직접 개입하여 임금인상률에 영향을 주거나 서비스가격 인상을 자제하도록 압력을 가하는 것 등이 그것입니다. 그러나 물가상승의 원인을 무시한 채 상승만을 억제하는 것은 임시방편은 될 수 있으나 근본적인 치유책은 될 수 없습니다. 왜냐하면 임금 및 물가에 대한 정부규제가 해제되면 물가는 바로 상승하게 마련이기 때문입니다. 즉 [그림 13-6](b)에서 총공급곡선이 AS_0에서 AS_1으로 이동하였을 때 물가를 P_0에 묶어둔다면 경제 전체적으로는 초과수요가 발생하게 됩니다. 이러한 불균형은 총공급곡선이 그대로 있는 한 결국 물가상승을 통해 해소될 수밖에 없습니다.

<생활경제뉴스 13-9>
2000년 이후 물가상승 둔화의 5가지 원인

지난 1993~1997년 연평균 5.0%였던 소비자물가상승률은 2000~2005년 3.3%로 낮아졌다. 석유와 농산물 등 가격변동이 심한 품목을 제외한 근원 인플레이션율도 같은 기간 4.6%에서 3.0%로 떨어졌다. 지난해 소비자물가 상승률과 근원 인플레이션율은 각각 2.7%, 2.3%에 그쳤다. 한국은행은 30일 '통화신용정책 보고서'에서 2000년 이후 물가상승률 둔화를 초래한 5가지 요인을 분석했다.

한은은 먼저 내수부진이 지속되면서 수요 면에서 물가상승 압력이 둔화된 점을 꼽았다. 외환위기 이후 일부기간을 제외하고는 소비와 투자 등 내수의 부진이 장기화하고 있다는 것이다.

둘째는 환율절상이 물가안정에 크게 기여하고 있는 점이다. 수출호조와 외자유입 확대로 원화 환율이 전반적으로 하락, 물가를 낮추는 요인으로 작용했다. 지난해엔 유가 급등에도 불구하고 원화절상으로 원화기준 수입 물가는 2.9% 상승하는 데 그쳤다.

셋째는 중국 등으로부터 저가 소비재 수입이 확대되고 있는 점이다. 전체 소비재 수입 가운데 중국산의 비중은 95-97년 11.0%에서 지난해는 32.7%로 급등했다. 이는 국내시장에서의 가격경쟁을 심화시켜 국내제품가격 상승을 억제했다. 또 저임금 외국인근로자 유입으로 단순노무업, 음식업, 비숙련 경공업 등에서 임금상승이 억제되는 효과도 한몫했다.

넷째는 개인서비스부문에서 공급과잉이 발생, 개인서비스요금이 과거에 비해 크게 안정된 점을 들 수 있다. 환란 이후 고용사정 악화로 영세창업이 늘면서 외식업, 학원 등 개인서비스부문의 경쟁이 격화됐으며 실례로 인구 1천 명 당 음식점수는 93~1997년 10.4개였으나 2000~2005년에는 12.7개로 증가했다.

다섯째 요인은 유가상승이 국내물가에 미치는 영향이 과거보다 약화된 점이다. 지난해 1~9월중 세전 휘발유가격은 전년 동기대비 11.3% 상승했으나 소비자판매가격은 3.5% 오르는 데 그쳤다. 시장경쟁 심화 등으로 기업들이 고유가 충격을 제품가격에 전가하지 않고 자체 흡수하려는 경향이 확산된 데다 생산과정에서 석유의존도가 낮아졌기 때문이다.(동아일보, 2006.3.30)

10. 인플레이션과 실업 간의 관계

앞에서 공부한 것처럼 실업은 개인의 입장에서는 생존의 문제이기도 하고 사회적 입장에서 인적자원의 낭비와 사회불안의 요인이 됩니다. 또한 인플레이션이 발생하면 생계비가 오르고 서민들의 가계는 큰 위협을 받게 됩니다. 따라서 인플레이션과 실업의 퇴치는 거시경제정책의 핵심적 과제 중 하나입니다. 문제는 인플레이션을 잡기 위해 긴축정책을 쓰면 실업문제가 발생하고 실업을 해결하기 위한 확대정책을 사용하면 인플레이션이 발생한다는 것입니다.

인플레이션과 실업률 간에 존재하는 안정적인 음(-)의 상관관계(trade-off)는 1958년 영국의 경제학자 필립스(A.W.Phillips)에 의해 연구되었습니다. 필립스는 영국의 통계자료를 통해 19세기 중반부터 20세기 중반에 이르는 동안 인플레이션율과 실업률 간에 상충관계가 있다는 사실을 발견합니다. 인플레이션과 실업률 간의 반비례관계는 연구자의 이름을 따서 필립스곡선이라고 부릅니다.

[그림 13-7] 필립스곡선

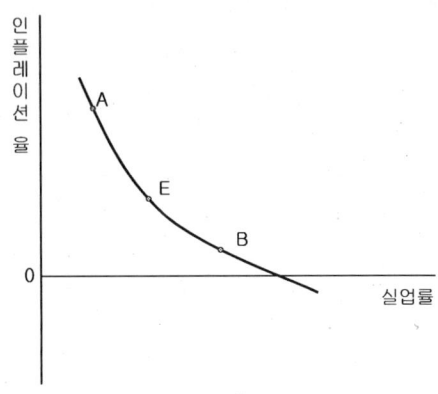

[그림 13-7]은 전통적인 필립스곡선을 보여주고 있습니다. 그림에서 보 듯이 경제가 A점에서 B점으로 이동한다는 것은 인플레이션율이 낮아지고 실업률이 높아진다는 것을 말해줍니다. 그리고 B점에서 A점으로 이동한다 면 실업률은 낮아지지만 인플레이션율은 높아짐을 의미합니다.

필립스곡선이 이러한 우하향의 형태를 갖는 것은 필립스가 관찰했던 기 간 동안의 경기변동이 주로 수요충격에 의해 발생하였음을 시사해줍니다. 만일 공급충격에 의해 인플레이션이 발생한다면 실업이 증가하면서 물가가 상승하는 스태그플레이션이 발생하게 되고 따라서 실업률과 인플레이션율 간에는 양의 상관관계가 나타날 것이기 때문입니다.

필립스곡선은 인플레이션과 실업률 사이에 왜 반비례관계가 성립하는지 를 설명하고 있지는 않지만 완전고용과 물가안정이라는 두 가지 정책목표 사이의 이율배반적 관계를 지적함으로써 경제학자들과 정책입안자들에게 정책판단의 문제를 던져주고 있습니다.

<생활경제뉴스 13-10>

美 1월 실업률 4.7%, 4년 반 만에 최저

미국의 1월 실업률이 4년 반 만에 가장 낮은 수준인 4.7%로 하락, 인플레이션 우려를 낳고 있다고 미 언론들이 3일 밝혔다. 이에 따라 미국이 완전고용을 향해 나아가고 있으며, 근로자들의 임금 인상과 함께 미 연방금리의 추가 인상이 뒤따를 가능성이 높아진 게 아니냐는 분석을 낳고 있다. 지난해 12월 실업률은 4.9%였다. 미 실업률의 이 같은 하락은 구직자들에겐 좋은 소식이나 경영인들에겐 임금인상요구 압박에 직면할 가능성이 높으며, 인플레이션 억제를 위해 금리 인상 요인이 커진 것이라고 전문가들은 분석했다.

버나드 보몰 경제전망그룹(EOG) 이사장은 "지난 2001년 7월 이후 가장 낮은 4.7%의 실업률을 기록함으로써 오는 3월 28일 연방준비제도이사회 (FRB) 회의 때 금리가 4.75%로, 5월 10일 회의 때 5%로 각각 인상될 가능성이 있다"고 전망했다. 앞서 미국의 1월 소비자신뢰지수가 3개월 연속 상승세를 보이며 3년 반 만에 최고치를 기록, 고용지표가 호전될 것이라는 관측이 적지 않았다. (동아일보 2006.2.4)

<생활경제뉴스 13-11>

한국 고통지수 대만의 30배 ······ OECD국가 최고

우리나라의 올해 고통지수는 OECD 국가 중 최고치로 치솟은 것으로 나타났다. 고통지수란 실업률과 소비자물가 상승률을 더한 데서 실질 GDP 증가율을 뺀 것. 지수가 높을수록 국민들이 체감하는 삶의 고통이 가중되고 낮을수록 삶의 고통이 완화된다는 것을 뜻한다.

대우경제연구소는 9일 지난해 1.5에 머물렀던 한국의 고통지수는 IMF사태 이후 실업증가, 경제성장률 급락, 소득감소 등 경제사정 악화로 인해 올해 20.9로 치솟으며 OECD 24개국 중 가장 높은 수치를 기록했다고 밝혔다.

우리나라의 고통지수는 지난 92년 3.3, 95년 -2.4, 96년 -0.1 등 낮은 수준을 유지해왔으나 지난해 금융위기 이후 급격히 악화되고 있다. 이 같은 고통지수는 일본(6.7), 싱가포르(4.0)의 3.1배와 5.2배나 되며 대만(0.7)에 비해서는 무려 29.8배에 달한다.

　　IMF 구제금융을 받은 아시아 3개국 중에서는 인도네시아와 태국의 고통지수가 96.5와 25.1로 우리나라 보다 높았다. 미국(2.8), 독일(10), 프랑스(10), 캐나다(6.7) 등 조사대상 선진 20개국의 평균은 지난해 8.1에서 올해 7.1로 낮아졌다. (조선일보, 1998.11.9)

요약 및 복습

　　15세 이상 생산활동가능인구 중에서 경제활동인구가 차지하는 비율을 경제활동참가율이라 하고 경제활동인구 중에서 실업자가 차지하는 비율을 실업률이라 합니다.

　　실업은 크게 자발적 실업과 비자발적 실업으로 나눌 수 있으며 자발적 실업에는 마찰적 실업과 계절적 실업이 그리고 비자발적 실업에는 구조적 실업과 경기적 실업, 그리고 기술적 실업 등이 포함됩니다.

　　자연실업(natural unemployment)이란 노동자들이 마음에 드는 일자리를 얻기 위해 옮겨 다니는 과정에서 발생하는 실업, 즉 마찰적 실업을 말합니다.

　　일정기간 동안 물가지수가 증가한 비율을 물가상승률 혹은 인플레이션율이라고 하며 물가지수란 기준시점의 물가를 100으로 잡고 다른 시점의 물가를 이의 백분비로 표시한 지수를 말합니다.

　　소비자물가지수와 생산자물가지수처럼 기준연도의 생산량을 가중치로 사용하여 구한 물가지수를 라스파이레스지수라고 합니다.

　GDP디플레이터는 기본적으로 물가지수를 구하려는 해의 생산량을 가중치로 삼아 물가의 동향을 파악하는 지수입니다. 이와 같은 방식으로 구한 물가지수를 파셰지수라고 합니다.

　인플레이션은 발생 원인별로 두 가지로 나누어볼 수 있는데 초과수요에 의해 발생하는 인플레이션을 수요견인형 인플레이션이라고 하고 임금이나 원자재가격 등 생산비가 상승함으로써 발생하는 인플레이션을 비용인상 인플레이션이라고 합니다.

　인플레이션과 실업률 간에 존재하는 반비례관계를 나타낸 것을 연구자의 이름을 따서 필립스곡선이라고 부릅니다.

제14장 환 율

1. 환율이란?

우리나라 사람이 미국 상품을 수입하거나 미국으로 여행을 갈 때는 달러가 필요하게 됩니다. 따라서 국내 수입업자나 해외여행객은 은행에 원화를 제시하고 달러화로 교환하고자 합니다. 반면에 미국 사람이 우리나라를 여행하거나 우리나라 상품이나 주식, 건물 등을 사고자 할 때는 원화가 필요할 것입니다. 이렇듯 외국과의 거래나 해외여행 등을 위해서는 두 나라의 돈을 교환하게 되는데 이때의 교환비율을 환율(exchange rate)이라고 합니다. 예를 들어 미국 돈 1달러를 얻기 위해 우리나라 돈 1000원을 지불해야 한다면 원화 1000원이 원화의 대미달러 환율이 되는 것입니다. 따라서 환율이란 외화 한 단위를 얻기 위해서 지불해야 하는 자국통화의 수량이라 할 수 있습니다.

환율은 어느 나라 돈을 기준으로 하느냐에 따라 두 가지 방법으로 표시됩니다. 먼저 외국 돈 1 단위가 자기나라 돈 얼마와 교환되는가를 표시할 수 있는데 이를 자국통화표시환율, 또는 지급환율이라고 합니다. 반면 자기나라 돈 1단위와 외국 돈 몇 단위가 교환되는가를 나타내는 방법을 외국통화표시환율, 또는 수취환율이라고 합니다. 예를 들어 미국 돈 1달러에 1000원으로 표시하면 자국통화표시환율이고 1원에 1/1000달러와 같이 표시하면 외국통화표시환율입니다. 일반적으로 미국의 달러화가 세계의 중심화폐, 즉 기축통화(vehicle currency)가 되면서 대부분의 국가에서 미 달러를 기준으로 미국 돈 1달러가 자국 돈 얼마와 교환될 수 있는지를 나타내는 자국통화표시환율을 사용하고 있습니다.

<생활경제뉴스 14-1>

[환율 수직상승 불안] 이것만은 알아두자

환율이 수직 상승을 하고 있다. 환율은 한 나라의 수출경쟁력이나 물가에 큰 영향을 주는 데다 최근 해외여행 등이 늘어나면서 일반인들의 생활과도 밀접한 관련을 갖고 있다. 그러나 환율시장 메커니즘은 경제현상 중에서도 유난히 복잡하다.

▼환율은 어떻게 결정되나＝우리나라는 지난 90년 3월부터 국내 외환시장의 수요 공급에 의해 환율이 결정되게 하는 '시장평균환율제'를 채택하고 있다.

시장평균환율(기준환율)은 금융결제원의 자금중개실을 통해 당일 거래되는 은행 간 환율을 거래량으로 가중평균하여 산출한 것으로 다음날 외환거래의 기준이 된다. 다만 우리나라는 환율의 급격한 변동을 막기 위해 은행간 거래환율의 하루 변동 폭을 당일 기준환율을 중심으로 상하 2.25%로 제한하고 있다. 또 환투기로부터 외환시장을 안정시킬 필요가 있을 때는 한국은행이 보유하고 있는 외화를 사거나 팔아서 환율을 조정하고 있다.

▼환율의 종류에는 어떤 것이 있나＝일반인들이나 무역업자들이 외화를 은행에 사고팔 때는 기준환율과 다른 환율이 적용된다. 또 현찰, 여행자수표, 어음, 신용카드 등 결제방법에 따라 환율이 달라진다. 이 중 일반인들이 가장 흔하게 접하는 현찰환율은 △고객이 은행에서 살 때(은행으로서는 현찰매도)는 기준환율+1.5% △팔 때(은행으로서는 현찰매입)는 기준환율-1.5%로 결정된다.

환율이 급격하게 오를 때 은행들은 하루 중에도 수시로 기준환율을 변경, 고시한다.

▼환율상승과 평가절상은 어떻게 다른가＝환율이 상승하면 외국 돈에 비한 우리 돈의 가치가 떨어지므로 평가절하가 된다. 환율이 하락하면 외국 돈에 비해 우리 돈의 가치가 올라가 평가절상 된다.

▼환율이 오르면 경제에 어떤 영향을 주나＝요즘처럼 원화가 평가절하되면 우리나라 수출상품의 가격이 싸지기 때문에 수출경쟁력은 높아진다. 반면 외국상품의 가격은 오르기 때문에 수입물가가 오르게 된다. (동아일보, 1997.8.26)

2. 환율은 어떻게 결정되나요?

환율이란 외환(foreign exchange) 즉 외국 돈의 가격입니다. 일반 상품의 가격이 수요와 공급에 의해 결정되는 것과 마찬가지로 외환의 가격인 환율 역시 외환시장에서 외환에 대한 수요와 공급에 의해 결정됩니다. 그렇다면 외환을 수요하는 사람은 누구이고 공급하는 사람은 누구일까요? 먼저 외국상품을 사려고 하는 사람, 해외에 투자하고자 하는 사람, 외국여행을 하고자 하는 사람들은 달러가 필요하게 됩니다. 따라서 외환에 대한 수요는 우리나라 국민이나 기업이 외국의 상품이나 자산을 사고자 할 때 발생하게 됩니다.

한편 외국인이 우리나라 상품이나 자산을 사고자 할 때는 달러화가 아닌 원화를 필요로 하게 됩니다. 따라서 이들은 원화를 얻기 위해 외환시장에 달러를 공급하게 됩니다. 대표적인 외환의 공급 예로 우리 기업의 수출, 외국기업의 국내투자, 외국인 관광객 등을 들 수 있습니다. 이상을 정리하면 외환의 수요는 자국통화의 공급과 같고 외환의 공급은 자국통화의 수요와 같다고 볼 수 있습니다.

324

이제 환율이 변하면 외환에 대한 수요량과 공급량은 어떻게 변화할지 생각해 봅시다. 환율이 상승하면 외환에 대한 수요량은 감소합니다. 환율이 상승하면 우리나라 사람들이 사고자 하는 외국상품의 가격은 비싸지게 됩니다. 예를 들어 100달러짜리 미국산 청바지를 사기 위해서는 환율이 1000원일 경우는 10만 원을 지불해야 하지만 환율이 1200원으로 상승하는 경우는 12만 원을 지불해야 합니다. 따라서 환율이 상승하면 국내 고객이 지불해야 할 외국상품의 가격이 상승하게 되고 수요의 법칙에 의해 외국상품의 수요량이 감소하게 되어 결국 외환의 수요량도 감소하게 됩니다. 따라서 세로축에 환율을 가로축에 외환의 수요량을 표시한다면 외환의 수요곡선은 우하향하는 형태를 갖게 됩니다.

한편 환율이 상승하면 외환의 공급량은 증가하게 됩니다. 환율이 상승하면 우리나라 사람이 지불해야 할 외국상품의 가격이 비싸지는 반면 외국사람이 지불해야 할 우리나라 상품의 가격은 싸지게 됩니다. 10만 원짜리 우리나라 청바지는 환율이 1000원이었을 경우의 수출가격은 100달러이지만 환율이 1100원으로 상승하게 되면 90.9달러(100,000 / 1100)가 됩니다. 해외시장에서 우리나라 상품의 가격이 싸지면 우리나라 상품의 수출이 증대하기 때문에 외환의 공급량은 증가하게 됩니다. 따라서 외환의 공급곡선은 우상향하는 형태를 갖게 된다는 것을 알 수 있습니다.

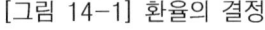

[그림 14-1] 환율의 결정

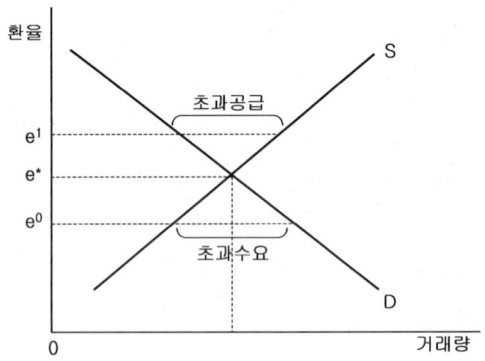

[그림 14-1]은 외환에 대한 수요곡선과 공급곡선을 보여주고 있습니다. 외환시장에서의 균형은 우하향하는 외환의 수요곡선과 우상향하는 공급곡선이 만나는 점에서 이루어지는데 이때의 환율 e^*를 균형환율이라고 합니다. 만일 환율이 균형환율 e^*보다 높은 e^1인 경우는 달러화에 대한 공급량이 수요량보다 더 큰 초과공급이 발생하여 달러화의 가격 즉 환율은 하락하게 됩니다. 반대로 환율이 e^0로 균형환율보다 낮으면 달러화에 대한 초과수요가 발생하여 환율은 상승할 것입니다.

<생활경제뉴스 14-2>
원·달러 환율 1천원 붕괴 …… 연초부터 급락 원인은

새해 벽두부터 원·달러 환율이 장중 1천원 아래로 떨어지는 등 불안한 모습을 보이면서 그 원인에 관심이 모아지고 있다. 단기적으로 올해 환율이 약세를 보일 것이란 전망이 지배적인 분위기로 형성되면서 수출기업의 매도 물량이 연초에 집중되는 모습이다. 중장기적으로도 달러 약세 요인과 원화 강세 요인이 산재해 있어 현재의 분위기가 단기간에 반전되기는 어려울 것이란 분석이 지배적이다.

◇ 심리적 불안-단기 요인 등 부각

3일 금융권에 따르면 연초부터 원·달러 환율이 불안한 모습을 보이는 것은 심리적인 요인이 강하다는 분석이다. 금융연구원 이윤석 박사는 "펀더멘털 측면에서 원·달러 환율이 급변동할 이유는 없다"며 "작년 말 유입된 수출대금이 시장에 유입되면서 달러 매도세가 급증, 원·달러 환율의 급락을 부추기고 있을 수 있다"고 말했다. LG경제연구원 신민영 연구위원은 "최근 원·달러 환율의 급락은 특별한 재료가 있다기보다 올해 환율이 약세를 보일 가능성이 높다는 전망이 지속적으로 제기되면서 시장이 선반영하는 측면이 있는 것 같다"고 지적했다. 삼성경제연구소 정영식 수석연구원도 "원·달러 환율 하락을 예측하긴 했지만 예상보다 빠르고 깊게 현상이 나타나고 있다"고 말했다. 이밖에 수출업체들이 1천 원선 붕괴에 대한 막연한 불안감으로 투매에 가까운 달러 매도에 나서고 있는 점도 단기 불안요인으로 꼽는다.

◇ 달러 약세 요인 산재

전문가들은 올해 달러가 약세를 보일만한 가능성이 산재해 있다고 분석한다. 우선 금리 인상의 종결 가능성이다. 지난해엔 미국이 계속해서 금리를 올리면서 미국 자산에 대한 선호 현상이 있었지만 금리 인상이 일단락되면 달러도 약세로 돌아설 수밖에 없다는 예상이다. 전문가들은 일반적으로 올해 상반기에 미국의 금리 인상이 마무리될 것이란 분석을 내놓고 있다. 특히 3일(현지시간) 미 연방공개시장위원회(FOMC)는 12월 정례회의 의사록을 통해 "향후 추가 금리인상 수준에 대한 의견일치는 부족하지만 인플레이션 억제에 필요한 금리인상 횟수는 아마도 그렇게 많지 않을 것"이라고 밝혀 조기 금리인상 중단 의지를 피력했다. 유럽중앙은행(ECB)을 비롯, 여타 국가들의 중앙은행들이 줄줄이 금리 인상에 나설 수 있다는 점도 달러의 상대적인 약세를 예상하는 대목이다. 하반기 이후 미국의 쌍둥이 적자가 불거질 수 있다는 점도 달러 약세 요인으로 꼽힌다. 미국의 경제 회복세가 올해 정점을 지날 수 있다는 인식이다.

◇ 수출 지속 호전. 달러 넘쳐

고유가와 원화 강세에도 수출기업들의 실적이 지속적으로 호전되는 것은 국내시장에서 달러에 대한 매도세를 강화시키고 있다. 산업자원부에 따르면 지난해 한국의 수출액은 2천847억 달러로 전년보다 12.2%증가하면서 3년 연속 두 자릿수 성장세를 이어갔다. 올해도 수출이 두 자릿수 이상의 성장세를 이어갈 것이란 예상이 지배적이다. 특별히 수입이 늘거나 서비스 부문에서 외화유출이 급증하지 않는 한 외환시장에서 달러공급 우위는 당분간 계속될 전망이다. 외환은행 강지영 이코노미스트는 "중국 경제가 호황을 누릴 것으로 보이는 데다 미국. 유럽. 일본의 경제 회복세도 견고한 것으로 보인다"며 "이 같은 요인이 수출기업의 실적호전으로 이어져 서울 외환시장에서 가장 큰 달러 공급요인으로 작용하게 될 것"이라고 말했다. (동아일보 2006.1.4)

<생활경제뉴스 14-3>
해외여행은 경제에 해로운가요?

며칠만 있으면 즐거운 여름방학이다. 부모가 자녀 방학에 맞춰 가족휴가를 계획하고 있는 사례도 많다. 가까운 계곡이나 바닷가에 놀러가기도 하고 때로는 비행기를 타고 외국으로 여행갈 때도 있다. 특히 과거와 달리 국외여행이 자유로운 데다 동남아시아처럼 가까운 나라들은 여행 가격도 그다지 비싸지 않아 여름만 되면 인천공항 출국장이 시장바닥처럼 북적대는 모습을 흔히 보게 된다. 일부에서는 국외여행에 대해 걱정스러운 얘기를 하기도 한다. 그렇다면 '경제'의 시각에서 볼 때 국내여행과 국외여행이 우리 경제에 미치는 효과를 따져보자.

◆ 환율 안정에 도움 되는 국외여행
= 과연 국외여행은 우리 경제에 주름살만 늘게 하는 걸까?

우선 국외여행은 국내에서 달러를 가지고 나가 국외에서 사용하게 된다. 즉 한국이 수출 등을 통해 어렵게 벌어들인 달러가 다시 국외로 나가게 되는 것이다. 이 때문에 많은 사람들이 국외여행을 하면 국부(國富)가 밖으로 흘러 나간다고 걱정한다. 그러나 현재와 같이 외환보유액이 풍부한 가운데 원·달러 환율이 낮은 상황에 서는 국외여행을 통해 달러를 밖으로 가지고 나가는 것이 경제에 일부 도움이 되기도 한다. 환율이 수요와 공급의 원리에 의해 결정되기 때문이다. 예를 들어 1달러가 1000원인 상황에서 갑자기 달러 공급이 늘어났다고 가정하자. 수요·공급 원리에 따르면 공급이 늘면 가격이 내려가게 된다. 즉 1달러가 900원이 될 수도 있는 것이다.

환율이 내려가면 한국 수출기업들이 가장 큰 타격을 받는다. 여러 나라에서 만든 물건의 품질이 비슷하다면 가능하면 싼 가격에 물건을 사려고 하는 것이 사람 심리다. 외국인 처지에서는 예전에는 1달러만 주면 한국물건 1000원어치를 살 수 있었는데 환율이 떨어지면 900원어치밖에 못 사기 때문에 우리 물건을 사지 않으려고 한다.

국외여행을 통해 한국 사람이 달러를 국외로 가지고 간다면 달러의 공급이 줄어들게 돼 수요·공급 원리에 따라 환율이 올라갈 수 있다. 이렇게 되면 기업들 수출에 많은 도움이 돼 경제에 긍정적인 효과를 낳는다. 또 국외여행은 국내여행보다는 여러 가지 준비물이 많이 필요하다. 겨울에 동남아시아를 여행하는 사람은 수영복을 새로 사야 하거나 여름에 추운 나라를 가는 사람은 모피코트를 새로 구입해야 할 필요도 있다. 여행을 위해 이것저것 물건을 사게 되면 소비가 늘어나게 되는 부수적인 효과도 생긴다.

◆ 국내여행은 경제에 큰 파급효과

＝경제학 이론 중에 '승수이론(乘數理論)'이 란 것이 있다.

하나의 경제변수가 변화한 것이 직·간접으로 다른 변수에 파급효과를 일으켜 경제 전체에 몇 배나 되는 영향을 끼친다는 것이다. 예를 들어 우리가 편의점에서 콜라를 사 먹으면 이것은 콜라를 만드는 회사에 도움이 된다. 콜라를 만드는 회사는 판매를 통해 벌어들인 돈으로 종업원들에게 월급을 주고 이들은 월급으로 쌀을 살 수 있다. 이들이 쌀을 사면 벼농사를 짓는 농부가 돈을 벌게 되고 이 돈으로 자식의 등록금을 내면 학교는 등록금으로 선생님들에게 월급을 줄 수 있게 된다. 즉 한 부분에서 이뤄진 소비가 경제 전체를 여러 번 순환하면서 몇 배나 되는 부가가치를 낳는 것이다.

승수이론을 국내여행에 대입할 수 있다. 예를 들어 한 가족이 제주도로 여행을 떠나 그곳에서 100만 원을 쓰고 왔다면 이것이 제주도 경제에 1000만 원 또는 그 이상의 효과도 줄 수 있는 것이다. 지금까지 국내여행과 국외여행이 경제에 미치는 효과를 살펴봤다. 국외여행의 긍정적인 효과도 있지만 과도한 국외여행 증가는 분명히 경제에 좋지 않은 영향을 끼친다. 달러가 국외로 급격하게 나가면 정작 우리나라가 필요한 순간엔 달러가 모자라서 과거 외환위기와 같은 경제적 충격이 올 수도 있다. 국내여행도 경제적인 관점에서 볼 때 비효율적일 때도 많다. 한국 물가가 동남아시아 국가들보다 비싸기 때문에 국내여행 경비가 국외여행 경비를 훌쩍 넘어설 때도 많기 때문이다. 무엇보다도 가장 '경제'적인 여행은 국내외를 막론하고 주머니 사정을 고려해 많은 공부를 하고 올 수 있는 여행일 것이다.(매일경제, 2005.7.13)

3. 환율 변동의 요인은?

상품시장에서와 마찬가지로 외환시장에서도 외환의 수요와 공급에 변화가 발생하면 즉, 수요곡선과 공급곡선이 이동하면 환율이 변하게 됩니다.

먼저 외환에 대한 수요와 공급에 영향을 주는 요인들을 생각해보지요. 수입의 증가나 우리나라 국민의 해외여행의 증가, 자녀유학의 증가에 따른 해외송금액 증가 그리고 석유와 같은 원자재가격의 상승 등은 모두 외환에 대한 수요를 증가시키는 요인이 됩니다. 외환수요의 증가는 [그림 14-2](a)에서 보듯이 수요곡선을 우측으로 이동시키게 되며 환율은 e^*에서 e^1으로 상승하게 됩니다.

한편 수출의 증대, 외국인 관광객의 증가, 국내 증권시장으로의 외국자본 유입 증대, 외국기업의 국내기업인수 등은 모두 외환의 공급을 증대하는 요인으로 공급곡선을 우측으로 이동시키게 됩니다. [그림14-2](b)에서 나타나듯이 외환공급이 증가하면 환율을 e^*에서 e^1으로 하락하게 됩니다. 이외에도 외환의 수요곡선이나 공급곡선을 이동시키는 여러 요인이 있을 수 있습니다.

[그림 14-2] 외환수요와 공급의 변화

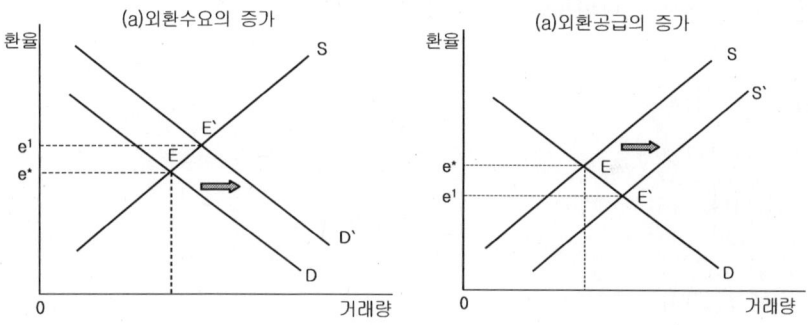

첫째, 국내물가가 오르면 환율이 변하지 않더라도 수출품의 가격이 비싸지고 상대적으로 수입품의 가격이 싸지게 됩니다. 따라서 우리나라의 수출이 감소하게 되고 수입이 증가하게 됩니다. 그만큼 외환의 공급이 감소하고 수요가 증가하게 되어 환율은 상승하게 될 것입니다. 만일 미국의 물가가 오르는 경우는 어떨까요?

둘째는 국내외 경기를 들 수 있습니다. 우리나라의 경기가 호황이고 총소득이 높아지면 소비수요와 투자수요가 늘기 때문에 수입이 증가하게 됩니다. 이는 외환의 수요를 증대시키는 요인이 되어 환율이 상승하게 됩니다. 반대로 미국의 경기가 호황이면 미국의 수입이 증대하고 이는 우리나라의 수출이 증가하는 요인이 되어 외환의 공급이 늘게 되어 환율은 하락하게 됩니다.

셋째는 이자율입니다. 국내 이자율이 오르면 소비수요와 투자수요가 감소하게 되어 상품수입이 감소하게 됩니다. 따라서 외환의 수요는 감소하게 되고 환율은 하락하게 됩니다. 또한 높은 금리 때문에 해외자본이 국내에 유입이 되면서 외환의 공급이 증가됨으로써 환율의 하락을 가져오게 됩니다. 물론 이자율 하락의 경우는 반대의 상황이 벌어질 것으로 예상할 수 있습니다. 만일 우리의 무역상대국인 미국의 이자율이 상승하는 경우는 대미달러 환율에 어떠한 영향을 미칠까요?

마지막으로 환율을 변동시키는 요인으로 사람들의 환율변화에 대한 예상을 들 수 있습니다. 만일 환율 상승이 예상된다면 기업은 수출을 가급적 늦추고 수입은 앞당기는 현상이 발생하게 됩니다. 이에 따라 외환의 공급은 감소하고 수요는 증가하여 환율은 상승할 것입니다. 또한 환율 상승이 예상되면 원화를 팔고 달러를 사들이는 환투기현상이 발생하게 됩니다. 실제로 현실세계에서 단기에 환율이 급변할 때는 이 예상요인에 기인하는 바가 큽니다.

<생활경제뉴스 14-4>
환율 연일 급락. '날개 없는 추락' 이유는

5일 8년 5개월 만에 최저치로 떨어진 원·달러 환율이 6일에도 5거래일째 급락세를 보이며 950원선마저 위협하고 있다. 외환시장 전문가들은 외국인 주식매수세를 우려한 수출기업들이 경쟁적으로 달러를 내다파는 '죄수의 딜레마'에 빠질 경우 920원대 하락도 가능하다고 전망하고 있다. 그러나 원화가 엔화에 대해서조차 초강세를 보이는 데는 투기성도 가미돼 있는 만큼 조만간 월초 수준으로 반등 가능하다는 견해도 나오고 있다.

◇ 원·달러 환율 닷새째 급락. 공급 우위. 달러 약세

 6일 서울 외환시장에서 달러화에 대한 원화 환율은 전날보다 달러 당 3.80원 떨어진 953.50원에 거래를 마감했다. 5거래일간 22.60원 급락하며 8년 반 만에 최저치를 하루 만에 경신했다. 최근 환율 하락세를 이끌고 있는 외국인 주식매수세와 수출기업 네고 증가로 매수세가 급격히 위축되는 양상이다. 외환당국이 최근 사흘간 10억 달러 규모의 개입에 나선 것으로 관측되고 있으나, 좀처럼 달러 매도세를 다잡지 못하고 있는 실정이다. 최근 5거래일간 외국인 주식순매수 규모가 1조3천억 원(약 13억7천만 달러)에 달하고 있는 데다 3대 조선업체의 수주분 57억 달러 등으로 공급이 압도적인 우세를 보이고 있기 때문이다. 미 금리인상 종결 가능성에 따른 달러약세 분위기와 위안·달러 환율의 사상 최저치 경신 행진도 부담으로 작용하고 있다.

◇ 원·엔도 8년래 최저. 금리인상 우려. 환투기도 가미

 원·엔 환율도 급락세를 보이며 8년 4개월 만에 최저치를 기록했다. 이날 원·엔은 전날보다 100엔당 6.89원 급락한 811.59원을 기록, 800원선 진입을 눈앞에 두고 있다. 원·엔이 급락세를 보인 것은 엔·달러의 하락폭 축소에도 불구하고 원·달러 하락세가 이어진 데 따른 것이다. '매파' 성향인 이성태 신임 한국은행 총재의 취임으로 단기간 내 콜금리 인상 전망이 높아진 점이 엔화에 대한 원화 강세를 유도하고 있다. 여기에 수출기업들이 투기성 매도에 나서고 있는 점 역시 원·엔 하락요인으로 꼽히고 있다. 최근 수출기업들이 실제 수출대금보다 많이 선물환 매도를 한 뒤 일부를 되사기 해 환차익을 노리고 있는 실정이다. 지난달 31일 수출기업 선물환 매도 규모는 20억 달러에 달하며 사상 최대치를 기록했다.

◇ '죄수의 딜레마' 920원대 하락 가능

 외환시장 전문가들은 달러 매수심리가 너무 취약해 환율 하락세가 좀처럼 진정되기 어려울 것이라고 전망했다. 지난달 말 외국인 주식배당금 역송금 수요 유입으로 환율이 오를 것이라는 당국의 전망을 믿고 기다리던 기업들이 더 이상 당국에 기대지 않고 달러를 내던지고 있기 때문이다. 다른 기업이 먼저 팔아 환율이 떨어지기 전에 서둘러 팔고 보자는 '죄수의 딜레마' 심리가 재현되며 지난해 초와 같은 급락세가 되풀이될 수 있다는 지적도 나오고 있다. 시중은행 한 외환딜러는 "오늘만큼은 환율이 오를 줄

알고 달러를 샀던 은행이나 기업들이 죄다 손실을 입어 자율적 매수세를 기대하기 어려운 실정"이라며 "투기성 매도세까지 가세하고 있어 당국의 강력한 개입이나 엔·달러 급등이 없다면 원·달러 920원선 하락도 가능할 것"이라고 전망했다.

원·엔 환율 역시 100엔당 800원선으로 밀릴 수 있을 것으로 관측되고 있으나, 추가하락은 어려울 것이라는 견해가 우세하다. 외국인들이 최근 환율 급락과 주가 급등에 따른 차익실현에 나설 수 있는 데다 오버슈팅에 대한 시장 자율적 조정도 가능하다는 관측이다. 일본과의 수출 경쟁력을 우려한 당국이 원·엔 800원선에서 방어선을 구축할 것이라는 전망도 나오고 있다. 지난해 중소 수출기업 2천 100곳이 수출을 포기한 상황을 외면하기 어려울 것이라는 설명이다. 외환은행 구길모 과장은 "엔·달러가 추가로 하락하지 않을 경우 원·달러만 단독으로 10원 이상 더 떨어지기는 어려울 것"이라며 "원·엔 800원대는 충분히 지켜질 것으로 본다"고 말했다.

그러나 시장에서는 당국의 개입은 바람직하지 않다는 당부의 목소리가 더 큰 편이다. 한국금융연구원 이윤성 연구위원은 "원·달러 하락세가 약간 더 이어질 수 있으나, 이달 중으로 970원선으로 복귀할 수 있을 것"이라며 "외국인들이 주식 차익 실현에 나서면서 보유하고 있던 배당금도 함께 역송금하면 수출기업 매도세도 진정될 것"이라고 전망했다. 이 연구위원은 "외환당국이 단기적으로 환율이 10~20원 떨어졌다고 해서 직간접적으로 개입해서는 안 된다"며 "환율이 폭등하는 외환위기와 같은 상황이 아니라면 시장 자율적 반등을 기다려야 할 것"이라고 덧붙였다. (동아일보, 2006.4.6)

<생활경제뉴스 14-5>
1달러=957원! 환율 8년 5개월 만에 최저치 기록

외국인이 서울 증시에서 주식을 사들이면서 주가가 연일 상승세를 보이고 있다. 유가증권시장에서 코스피지수(옛 종합주가지수)는 5일 전날보다 3.13포인트(0.23%) 오른 1388.77까지 상승했다. 코스피지수는 지난 3월 23일 이후 10일 동안 연속 상승, 총 78.94포인트(6.03%)가 올랐다. 10일 연속 상승은 1999년 6월 이후 6년 10개월 만에 처음이다. 이번 상승 랠리는 외

국인 투자가 몰리고 있는 것이 주된 요인으로 작용하고 있다. 외국인 투자
자들은 지난 3월 31일 이후 불과 4거래일 동안 유가증권시장에서 1조 1800
억 원에 육박하는 주식을 순매수했으며, 3월 21일 이후로는 약 1조 6100억
원의 순매수를 기록하고 있다. 메릴린치증권 박찬익 상무는 "2월부터 3월
중순까지 한국 주식을 지나치게 많이 팔았던 외국인들이 한국 투자를 다
소 늘리는 추세"라고 말했다.

　이처럼 외국인 주식 매입 자금(달러)이 대거 풀리면서 원·달러 환율은 급
락세를 보이고 있다. 이날 서울 외환시장에서 원·달러 환율은 전날보다 5.90
원 떨어진 957.30원에 마감했다. 8년 5개월 만에 최저치다. 원화 강세의 틈을
타서 외국투자은행 등 역외(域外)세력들이 달러를 팔고 원화를 사들이는 것
도 환율 하락을 부추기는 요인으로 지적되고 있다. (조선일보, 2006.4.6)

4. 환율은 경제에 어떠한 영향을 주나요?

1) 환율과 무역수지

　환율이 상승하면 수출업자들은 이득을 보고 수입업자들은 손해를 보게
됩니다. 예를 들어 환율이 1000원에서 1200원으로 증가하면 10달러짜리 청
바지를 수출하던 기업은 환율 상승 전에는 청바지 한 벌에 10,000원을 받
았으나 환율이 상승한 후에는 12,000원을 받게 됩니다. 또 이제는 환율이
상승하였으므로 청바지 생산비용이 변하지 않았다면 이제 한 벌당 9달러를
받아도 수출업자는 환율 상승 전보다 800원을 더 받는 셈이므로 가격을 인
하할 수 있을 것입니다. 이는 청바지의 수출가격경쟁력을 높이게 되므로

수출은 증가하게 됩니다.

　그러나 외국으로부터 수입을 하는 것은 어려워집니다. 원유의 배럴당 국제가격이 50달러라고 가정해보지요. 환율이 1000원에서 1200원으로 상승하면 원화로 환산한 수입가격은 배럴당 50000원에서 60000원으로 증가하게 됩니다. 원유가격의 상승은 석유관련 제품의 가격을 증가시키게 되고 이러한 가격증가는 석유제품의 수요를 감소시켜 결국 원유의 수입감소로 연결됩니다. 반대로 환율이 하락하는 경우 수출은 감소하고 수입은 증가하게 되겠지요.

<생활경제뉴스 14-6>

"환율 뚝뚝, 수출기업 눈물 뚝뚝" …… 8년 6개월 만에 930원대로

　24일 원-달러 환율은 선진국의 아시아 통화 절상압력으로 8년 6개월 만에 가장 낮은 930원대로 급락(원화가치 급등)했다. 환율 '940원 붕괴' 소식에 주가는 크게 떨어졌고 기업들, 특히 중소 수출업체들은 비상이 걸렸다.

　원-달러뿐 아니라 원-엔 환율도 지난해 초부터 떨어져 일본제품이 가격경쟁력을 무기로 한국시장을 잠식하고 있다. 이날 서울외환시장에서 원-달러 환율은 직전 거래일(21일)보다 8.8원 떨어진 939.8원으로 마감했다. 1997년 10월 24일(929.5원) 이후 가장 낮은 환율이다. 일본 도쿄(東京)시장에서는 엔-달러 환율이 115엔대로 2엔가량 떨어지는 등 아시아 각국의 통화가치가 동반 상승했다.

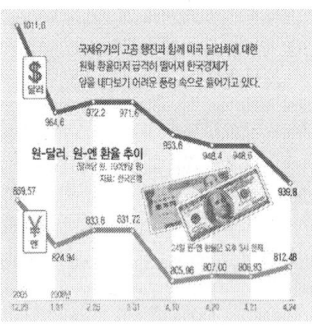

　원-달러 환율의 가파른 하락으로 국내 수출기업들은 가격경쟁력이 약해져 심각한 타격을 받을 전망이다. 이날 코스피지수는 환율 급락과 고유가 악재로 20.37포인트(1.4%) 떨어진 1,430.94로 거래를 마쳤다. 코스닥지수도 5.79포인트(0.83%) 내린 695.70으로 마감했다.(동아일보, 2006.4.25)

2) 환율과 물가

환율의 두 번째 역할은 국내물가에 미치는 역할입니다. 환율의 상승은 수입품들의 국내가격을 상승시켜 물가상승의 원인이 됩니다. 특히 우리나라와 같이 원자재 수입 비중이 높은 나라에서 환율의 상승은 곧 바로 수입품들의 가격상승 효과와 함께 수입 원자재 가격의 상승으로 생산비용을 증대시켜 물가상승을 가져오게 됩니다. 반대로 환율의 하락은 국내물가를 하락시키는 요인으로 작용하게 됩니다.

<생활경제 뉴스 14-7>
韓銀 『소비자물가 작년 7.5% 올라 …… 91년이후 최고』

지난해 소비자물가가 지난 91년 이후 7년 만에 가장 많이 뛰었으며 이러한 물가 급등은 석유제품, 가공식품, 공공요금 등이 주도한 것으로 드러났다. 한국은행이 29일 내놓은 '98년 중 물가변동의 특징'에 따르면 지난해 연평균 소비자물가는 전년에 비해 7.5% 상승, 수해와 공공요금 인상 등으로 농산물과 서비스가격이 치솟았던 지난 91년의 9.3% 이후 최고치를 기록했다. 소비자물가 지난 95년부터 유지해오던 4%대의 안정된 수준에서 벗어나 IMF(국제통화기금) 체제 아래 수입이 줄어든 가계를 더욱 옥죈 것이다. 다행히 작년 2월 중 9.5%까지 치솟던 소비자물가가 환율하락 등으로 3월부터 완만한 내림세로 돌아섰다.

산업별로는 공산품이 97년의 4.3%에서 11.2%로 오르면서 물가상승을 주도했으며 농축수산물은 3.8%에서 6.1%로, 서비스요금은 4.7%에서 5.2%로 상승했다.

한은은 이중 석유제품이 소비자물가를 1.64%포인트 올렸고 이어 가공식품과 공공요금도 소비자물가를 각각 1.25%포인트, 1.28%포인트 끌어올렸다고 설명했다. 또 공공요금은 지난 97년 5.1%에서 지난해 9.5%의 상승률을 기록하며 90년대 들어 최고치를 나타냈으며 품목별로는 ▲도시가스 36.9% ▲시내버스료 22.5% ▲고속버스료 18.1% ▲택시요금 16.8% ▲상수도료 17.6% ▲전기료 9.2% ▲철도요금(무궁화호 기준) 6.3% 등이 크게 올랐다.

이러한 석유제품, 가공식품, 공공요금의 급등은 주로 환율이 오른 데 따른 것이라고 한은은 설명했다. (중략)

한은은 또 지난해 물가변동의 요인을 분석한 결과, 연간 물가상승률에 대한 압력에서 환율상승이 7.9%, 세금이 1.0% 등으로 환율상승과 세금증액이 물가상승의 주요인으로 작용했다고 밝혔다. 반면 국제 원자재 가격(달러화 기준)과 임금의 물가상승률에 대한 압력은 각각 -1.3%, -3.6% 등으로 물가하락 요인으로 작용한 것으로 나타났다. 한편 지난해 연평균 생산자물가 상승률은 전년보다 8.3%포인트 오른 12.2%를 기록, 소비자물가 상승률을 웃돌았으며 이 또한 환율상승이 주된 요인이었다.(동아일보, 1999.1.29)

3) 환율과 외국인투자

우선 외국인 투자자들이 한국의 생산시설에 장기투자하려고 할 때 환율이 낮으면 달러화로 계산된 투자비용이 높게 됩니다. 따라서 이런 경우라면 외국인의 투자는 줄어들게 됩니다. 반면에 환율이 매우 높으면 달러화로 계산된 투자비용이 낮아지므로 투자가 증가하게 됩니다. 우리나라의 경우 IMF 외환위기 이후 국내 주식가격의 폭락과 환율의 상승은 우리나라 기업들이 그만큼 싼 가격에 매각되는 결과를 가져 온 요인이라 할 수 있습니다.

한편 주식이나 채권투자와 같은 단기투자의 경우 현재의 환율도 문제지만 앞으로 예상되는 환율의 변화에 의해 영향을 받게 됩니다. 즉 환율이 크게 상승할 것으로 예상된다면 해외자본은 외국으로 빠져나가게 됩니다. 예를 들어 외국인 투자자가 환율이 1달러에 1000원일 때 20%의 수익률을 예상하고 1만 달러를 우리나라 주식시장에 투자한다고 가정해보지요. 만일

같은 기간 내에 환율이 1달러에 1300원으로 30% 상승된다고 하면 외국인
투자자의 투자수익률은 마이너스가 될 것이기 때문입니다.

<생활경제뉴스 14-8>
"환율 내릴 때 주가는 올라"

우리나라 증시는 대체로 원·달러 환율이 오를 때(원화 약세) 떨어지고,
환율이 내릴 때(원화 강세) 오른 것으로 조사됐다. 11일 증권선물거래소에
따르면 1995년부터 이달 10일까지 약 11년여 동안 원·달러 환율과 코스
피지수(옛 종합주가지수)와의 상관계수는 마이너스인 것으로 나타났다. 상
관계수가 플러스일 경우 환율이 오르면 주가도 같이 오른다는 뜻이다. 상
관계수가 마이너스일 경우 이 반대의 뜻이다.

우리나라에서는 보통 환율이 내리면 기업들의 수출가격이 올라가고 가
격 경쟁력이 떨어져, 경제에 악영향을 미친다는 생각이 다수였었다. 다만
일부에서는 외국인의 증시참여가 본격화된 IMF쇼크 이후로는 환율하락이
외국인 투자자로부터 환차익을 불러일으켜 증시에 호재가 될 수도 있다는
견해가 나왔었는데, 거래소 조사에 따르면 후자가 좀 더 현실에 가까웠다
는 분석이다.

특히 이런 환율과 주가의 엇갈림은 2003년 이후 훨씬 강해졌다고 거래
소는 분석했다. 다만, 증권가에서는 환율하락의 경우 시간이 지날수록 주
가에 반영되는 경우가 많아, 단순히 환율 하락 당시의 주가만으로는 상관
관계를 판단하기 힘들다는 반론도 나오고 있다. (조선일보, 2006.01.12)

<생활경제뉴스 14-9>
환율 급락에 두 번 웃는 론스타

원·달러 환율 급락으로 국내 수출기업들이 아우성치고 있으나, 국내 자
산에 투자한 해외펀드들은 환차익을 기대하며 미소를 짓고 있다. 특히 외
환은행 대주주인 론스타는 환율 급락이 환차익 제공은 물론 외환은행 매
각 작업을 도울 수도 있어 일거양득을 기대할 수 있는 상황이다. 9일 외환
시장에 따르면 지난 7일 원·달러 환율은 6거래일 연속 하락하며 8년 5개

월 만에 최저수준인 953.20원으로 떨어졌다. 원·엔 환율도 8년 4개월 만에 810원선 아래로 하락했다. 원·달러 환율 하락으로 수출채산성 악화를 우려해야 하는 수출기업들로서는 원·엔 하락으로 일본 기업들과의 수출 경쟁에서 뒤처질 가능성마저 걱정해야 하는 이중고에 빠진 셈이다.

그러나 국내 주식에 투자한 해외펀드들은 환율 급락을 환차익 기회로 활용할 수 있어 대조적인 모습이다. 최근 주가가 12거래일 연속 상승한 점을 감안하면 주식 매매 차익도 함께 거둘 수 있어 '꿩 먹고 알 먹고'인 셈이다. 특히 4조 5천억 원의 차익을 올리고도 세금 한 푼 내지 않아 '먹튀' 비난을 받고 있는 론스타가 해외펀드들 가운데 가장 큰 수혜를 입을 것으로 보인다. 론스타가 외환은행 주식을 매입한 지난 2003년10월30일 1천 181.60원이던 환율이 2년 반 동안 무려 228원 가량 급락해 2천 670억 원 가량의 환차익을 올릴 수 있기 때문이다. 우선협상대상자를 발표한 지난달 23일에 비해서도 210억 원 가량 늘어난 규모다. 또한 환율 급락은 론스타의 외환은행 조기매각을 도울 수도 있을 것으로 관측되고 있다. 론스타의 외환은행 지분 매각대금 환전 수요가 달러공급 폭주에 따른 환율 급락을 막을 수 있는 사실상 유일한 대안이기 때문이다. 론스타의 외환은행 매각대금은 약 67억 달러로 최근 환율 급락세를 이끈 현대중공업 등 3대 조선 업체의 수주분 57억 달러와 지난 7일까지 6거래일간 외국인 주식 순매수분 14억 달러를 상쇄시킬 수 있는 규모다.

외환당국으로서는 론스타를 유일한 구세주로 여길 만한 상황이다. 나라 빚이 3년 새 114조4천억 원이나 늘어나며 지난해 248조 원에 달한 데다 한국은행 적자도 1조 8천 776원으로 사상 최대치를 기록한 상태라 수십억 달러를 매수하는 외환시장 개입에 나서기 어려운 형편이기 때문이다. 지난달 초 코메르츠방크의 외환은행 지분 매각대금이 롯데쇼핑의 해외상장에 따른 자금 27억 달러 가운데 7억 달러와 맞교환되며 환율 하락의 완충 역할을 한 점을 감안하면 외환당국이 직·간접적으로 론스타의 조기 환전을 유도할 것이라는 관측도 나오고 있다. 외환시장 한 관계자는 "그동안 외환당국이 롯데쇼핑 자금의 중립적 처리 의사를 밝혀온 점을 감안하면 코메르츠방크와 롯데쇼핑 간 빅딜을 중재했을 가능성이 있다"며 "론스타의 달러 선매수를 유도하기 위한 분위기를 조성할 가능성도 있다"고 말했다. 지난 2003년 헐값매각 논쟁과 검찰 조사 등이 진행되고 있으나, 아직까지 론스타의 외환은행 재매각을 막을 만한 사안은 나오지 않은 상태다. 최근 한

덕수 경제부총리 겸 재정경제부 장관도 검찰 수사와 감사원 감사가 외환은
행 매각문제와 직결된다고 보기 어렵다는 견해를 밝혔다. 그러나 당국은 론
스타의 지분매각이 환율 상승에 도움이 되는 것은 분명하다면서도 환율을
끌어올리기 위해 론스타에 협조하지는 않을 것이라는 입장이다. 정부 한 관
계자는 "외환은행 지분을 매각할 예정인 론스타가 선물환을 통한 달러매수
에 나설 가능성이 있다"며 "환전 일정 등은 론스타가 스스로 알아서 할 일
이지만 외환시장에서는 그런 점도 감안해야 한다"고 말했다. (동아일보,
2006.4.9)

<생활경제뉴스 14-10>

금융시장 불안 확산 …… 금리·환율 상승-주가 폭락

대우사태로 촉발된 금융시장의 혼란이 금융대란설과 투신사 조기 구조
조정설, 엔화강세 등의 대내외 악재까지 겹쳐 좀처럼 진정될 기미를 보이
지 않으면서 확산일로를 걷고 있다. 주가가 하락하면서 종합주가지수 900
선이 무너졌고 원-달러 환율은 5원 이상 올라 3주 만에 1천 200원선을 돌
파했으며 시중금리는 매수세가 실종된 채 호가중심의 상승세로 연중 최고
치를 경신하고 있다. 시장관계자들은 현 상태로는 시장을 안정시킬만한 뾰
족한 대책이 없어 더욱 우려된다며 대우그룹의 워크아웃(기업개선작업)이
가시적인 성과를 내면서 투명하게 처리될 때까지는 시장불안이 계속될 수
밖에 없다고 내다봤다. 17일 주식시장에서는 환율이 급등하는 등 '11월 대
란설'로 촉발된 금융시장 불안이 지속적으로 확산되면서 종합주가지수가
오전 11시 현재 전날보다 20.03포인트가 내린 896.13을 기록했다. 종합주가
지수 900선이 붕괴된 것은 지난 3일(종가) 이후 2주일 만이다. 900선이 무
너지자 거의 투매성 매도로 급락, 한때 23포인트 이상 하락하면서 주가지
수 890선을 위협하기도 하는 등 전날에 이어 급락세가 이어지고 있다.

증시전문가들은 금융시장 불안이 지속되는 한 추세가 상승세로 반전되
기는 힘들 것으로 보인다며 당분간 보수적인 매매전략을 구사하는 것이
바람직할 것이라고 지적했다.

자금시장에서는 전날 시중실세금리가 연중 최고치 행진을 이어간 데 이
어 이날 오전에도 매수세가 없어 호가 중심의 속등세가 이어졌다. 전날 3

년 만기 회사채 유통수익률은 연 10.59%로 마감, 작년 10월 7일 연 10.65%를 기록한 이후 약 11개월 만에 가장 높은 수준을 기록하면서 연중 최고치 행진을 지속했으며 이날 오전에도 10시50분 현재 연 10.70% 까지 상승했다. 3년 만기 국고채 유통수익률도 연 9.60%로 상승하면서 또다시 연중 최고치를 기록했다.

시장관계자들은 각종 금융시장의 악재로 투신사들이 우량회사채까지 매도하는 등 채권시장이 거의 마비상태라며 시장참가자들의 투자심리가 좀처럼 회복될 기미를 보이지 않고 있다고 설명했다. 한편 외환시장에서는 금융시장의 불안기류가 확산되면서 원-달러 환율이 오전 10시 23분 현재 전날 종가보다 6.2원 오른 1천 205원을 기록, 지난 8월 23일(종가기준)이후 약 3주일 만에 1천 200원선으로 올라섰다(동아일보, 1999.9.17)

5. 환율과 국민소득

이제 환율이 변하면 총수요와 총공급은 어떻게 변하는지를 살펴보겠습니다. 환율이 변하면 이는 곧 총수요와 총공급에 영향을 주게 되어 물가와 국민소득이 변하게 됩니다. 그리고 물가와 국민소득이 변하면 이는 다시 환율에 영향을 주게 됩니다. 이러한 과정을 분석해 보기로 하겠습니다.

총수요는 소비지출, 투자지출, 정부지출 그리고 순수출로 구성되어 있다는 것은 이미 앞서 알고 있습니다. 환율의 변화는 이 중 주로 순수출에 영향을 줌으로써 총수요에 영향을 미치게 됩니다. 우리는 환율이 상승하면 수출은 증가하고 수입은 감소한다는 것을 알고 있습니다. 따라서 환율이 상승하면 순수출이 증가하게 되고 이는 총수요의 증가로 이어집니다.

[그림 14-3] 환율상승의 국민소득과 물가에
미치는 영향

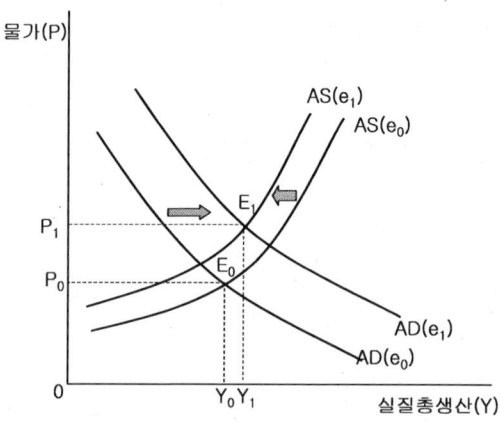

한편 환율의 변화는 총수요뿐만 아니라 총공급에도 영향을 미치게 됩니다. 즉 환율이 오르면 수입원자재나 중간재의 가격이 올라 생산비용이 증가하게 되고 이는 상품의 생산량 감소로 이어지게 될 것입니다. 이는 환율이 상승하면 총공급이 감소할 것이라는 것을 의미합니다. [그림 14-3]에서 환율이 e_0일 경우의 총수요곡선과 공급곡선은 각각 $AD(e_0)$와 $AS(e_0)$로 최초의 균형은 E_0점에서 이루어지고 있다고 가정합시다. 이때 환율이 e_1으로 상승하는 경우 총수요는 증가하고 반면 총공급은 감소하게 됩니다. 따라서 그림에서 총수요곡선은 우측으로 이동하여 $AD(e_1)$이 되고 총공급곡선은 좌측으로 이동하여 $AS(e_1)$이 됩니다. 그 결과 균형점이 E_0에서 E_1으로 변하게 되고 물가는 상승하게 됩니다.

문제는 수요가 증가하고 공급이 감소하여 물가가 오르는 것은 분명한데 국민소득이 증가하는지 감소하는지는 분명치 않습니다. 즉 환율상승으로 인한 총수요의 증가폭이 총공급의 감소폭보다 크다면 국민소득은 증가할 것이나 만일 총공급의 감소폭이 크다면 국민소득은 감소하게 될 것입니다. 그러나 여러 나라의 경험으로 볼 때 환율의 상승은 단기에 국민소득을 증가시키는 경우가 대부분이라고 알려져 있습니다. [그림 14-3]에는 환율의 상승이 국민소득을 Y_0에서 Y_1으로 증가시키는 것으로 나타나 있습니다.

6. 정부정책의 효과

1) 통화정책의 효과

[그림 14-4]에서 최초의 균형점은 총수요곡선과 총공급곡선 AD_0와 AS_0가 만나는 E_0점으로 물가는 P_0 국민소득은 Y_0로 나타나 있습니다. 이때 정부가 화폐공급량을 늘리면 총수요곡선은 우측으로 이동해 AD_1이 되어 새로운 균형점은 E_1이 될 것입니다. 따라서 물가는 P_1으로 상승하고 국민소득은 Y_1으로 증가하겠지요. 이는 앞에서 공부한 폐쇄경제를 가정한 분석결과와 일치합니다.

이제 통화정책이 환율에 영향을 미치는 경우를 고려하면 분석은 달라지게 됩니다. 통화량이 증가하면 이자율이 하락하게 됩니다. 이자율이 하락하면 우선 외국으로부터의 자본유입이 감소하고 국내에 들어온 외국자본의 유출이 발생하게 됩니다. 이는 외환의 공급을 감소시키는 요인이 되어 환율은 상승하게 됩니다. 이렇게 환율이 상승하면 앞에서 공부한 것처럼 수출이 증대하여 총수요곡선은 우측으로 이동하여 AD_2가 되고, 원자재나 중간재 가격이 올라 총공급곡선은 왼쪽으로 이동하여 AS_1이 됩니다. 결국 E_2점이 새로운 균형점이 되는데 이는 폐쇄경제하의 균형점 E_1과 비교해 보면 국민소득과 물가가 한층 더 높은 수준에 이르는 것을 알 수가 있습니다.

즉 개방경제에서는 통화정책의 효과가 더 크게 나타나는 것입니다.

[그림 14-4] 환율과 통화정책

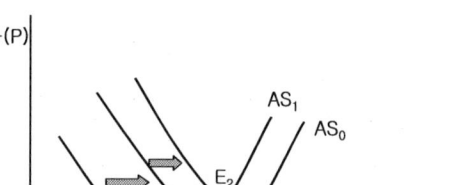
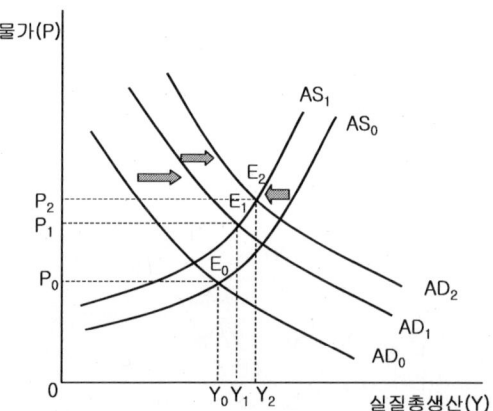

2) 재정정책의 효과

[그림 14-5]에서 최초의 균형점은 총수요곡선 AD_0와 총공급곡선 AS_0가 만나는 E_0점입니다. 이때 정부지출이 증가하면 폐쇄경제를 가정할 경우 총수요곡선은 우측으로 이동하여 AD_1이 됩니다. 따라서 새로운 균형점은 E_1이 되고 물가는 P_1, 국민소득은 Y_1이 됩니다.

이제 개방경제를 가정할 경우는 분석이 달라지게 됩니다. 즉 정부지출이 증가하게 되면 이자율이 상승한다는 것을 우리는 이미 알고 있습니다. 정부지출의 증가로 이자율이 상승하게 되면 해외자본의 국내유입이 증가하게 되어 외환의 공급이 증가하게 되고 환율은 하락하게 됩니다. 환율이 하락하게 되면 그림에서 나타나듯이 총수요곡선은 다시 왼쪽으로 이동하여

AD$_2$가 되고 총공급곡선은 AS$_1$으로 우측 이동하게 됩니다. 따라서 새로운 균형점은 E$_2$가 되고 이는 폐쇄경제하의 균형점 E$_1$에 비해 물가와 국민소득 모두 낮은 수준이 됩니다. 이는 환율하락으로 인한 순수출의 감소가 재정 정책의 경기팽창효과를 상쇄했기 때문이라고 볼 수 있습니다.

[그림 14-5] 환율과 재정정책

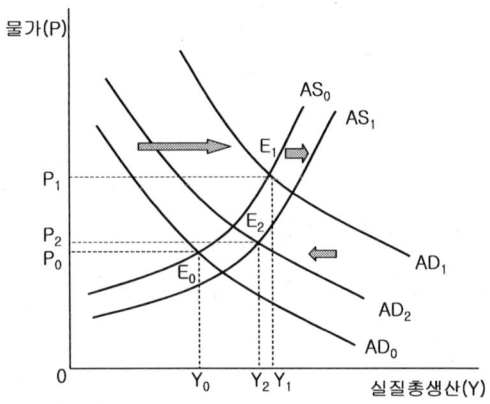

결국 통화정책의 경우는 환율을 상승시켜 순수출을 늘리는 데 비해 재정 정책의 경우는 환율이 하락시켜 순수출을 감소시킨다는 점에서 두 정책의 기본적인 차이가 있습니다. 따라서 변동환율제도하에서는 통화정책이 재정 정책보다 더 나은 경기조절수단이라고 할 수 있습니다.

요약 및 복습

환율이란 외화 한 단위를 얻기 위해서 지불해야 하는 자국통화의 수량이라 할 수 있습니다.

외환의 수요: 수입, 국내기업의 해외투자, 해외여행

외환의 공급: 수출, 외국기업의 국내투자, 외국관광객의 방문

국내물가가 오르면 환율이 변하지 않더라도 우리나라의 수출이 감소하고 수입이 증가하여 환율은 상승하게 됩니다.

우리나라의 경기가 호황이고 총소득이 높아지면 소비수요와 투자수요가 늘기 때문에 수입이 증가하여 환율이 상승하게 됩니다. 반대로 미국의 경기가 호황이면 미국의 수입이 증대하고 이는 우리나라의 수출이 증가하는 요인이 되어 외환의 공급이 늘게 되어 환율은 하락하게 됩니다.

국내 이자율이 오르면 소비수요와 투자수요가 감소하게 되어 상품수입이 감소하게 됩니다. 따라서 외환의 수요는 감소하게 되고 환율은 하락하게 됩니다. 또한 높은 금리 때문에 해외자본이 국내에 유입이 되면서 외환의 공급이 증가됨으로써 환율의 하락을 가져오게 됩니다.

환율이 상승하면 수출은 증가하고 수입은 감소합니다. 반대로 환율이 하락하면 수출은 감소하고 수입은 증대합니다.

환율의 상승은 수입품들의 국내가격을 상승시켜 물가상승의 원인이 되고 반대로 환율의 하락은 국내물가를 하락시키는 요인으로 작용하게 됩니다.

찾아보기

348

· 저자 ·

조윤기   · 약 력 ·

건국대학교 대학원 경제학박사
대진대학교 부설 지역경제연구소장
현 대진대학교 디지털경제학과 부교수

· 주요논저 ·

「노동조합이 직장만족도 및 고착성에 미치는 효과분석」
「한·일 노동시장의 고용조정과정 비교분석」(공저)
「노동시간 단축의 고용효과분석」
「노동조합이 근로시간 및 초과급여에 미치는 효과분석」(공저)
「중소제조업 근로자들의 직장만족도와 이직의향 분석」(공저)
「통일 및 남북협력을 위한 지불의사금액 결정요인분석」
「Estimation of compensating wage differentials and values of a statistical
life in Korea and Japan」
『뉴 케인즈 경제정책』(공역)
『한국노동시장의 이론과 실제』
외 다수

현대생활과 경제학

· 초판 인쇄 │ 2006년 10월 30일
· 초판 발행 │ 2006년 10월 30일

· 지 은 이 │ 조윤기
· 펴 낸 이 │ 채종준
· 펴 낸 곳 │ 한국학술정보㈜
             경기도 파주시 교하읍 문발리 526-2
             파주출판문화정보산업단지
             전화 031) 908-3181(대표)·팩스 031) 908-3189
             홈페이지 http://www.kstudy.com
             e-mail(출판사업부) publish@kstudy.com
· 등   록 │ 제일산-115호(2000. 6. 19)
· 가   격 │ 23,000원

ISBN 89-534-6030-1 93320 (Paper Book)
      89-534-6031-X 98320 (e-Book)